Speth
Boller
Mayländer
Kaier
Hartmann
Härter

Betriebs- und Volkswirtschaft
Berufliches Gymnasium Gesundheit und Soziales
Berufliches Gymnasium Technik

Einführungsphase

Speth
Boller
Mayländer
Kaier
Hartmann
Härter

Betriebs- und Volkswirtschaft
Berufliches Gymnasium Gesundheit und Soziales
Berufliches Gymnasium Technik
Einführungsphase

Merkur
Verlag Rinteln

Wirtschaftswissenschaftliche Bücherei für Schule und Praxis
Begründet von Handelsschul-Direktor Dipl.-Hdl. Friedrich Hutkap †

Verfasser:

Dr. Hermann Speth, Dipl.-Handelslehrer

Dr. Eberhard Boller, Dipl.-Handelslehrer

Etta Mayländer, Studienrätin

Alfons Kaier, Dipl.-Handelslehrer

Gernot B. Hartmann, Dipl.-Handelslehrer

Friedrich Härter, Dipl.-Volkswirt

Fast alle in diesem Buch erwähnten Hard- und Softwarebezeichnungen sind eingetragene Warenzeichen.

Das Werk und seine Teile sind urheberrechtlich geschützt. Jede Nutzung in anderen als den gesetzlich zugelassenen Fällen bedarf der vorherigen schriftlichen Einwilligung des Verlages. Hinweis zu § 52a UrhG: Weder das Werk noch seine Teile dürfen ohne eine solche Einwilligung eingescannt und in ein Netzwerk eingestellt werden. Dies gilt auch für Intranets von Schulen und sonstigen Bildungseinrichtungen.

* * *

3. Auflage 2015

© 2009 by MERKUR VERLAG RINTELN

Gesamtherstellung:
MERKUR VERLAG RINTELN Hutkap GmbH & Co. KG, 31735 Rinteln

E-Mail: info@merkur-verlag.de
            lehrer-service@merkur-verlag.de
Internet: www.merkur-verlag.de
ISBN 978-3-8120-**0591-3**

Vorwort

Das vorliegende Lehrbuch richtet sich an Schülerinnen und Schüler der beruflichen Gymnasien Technik sowie Gesundheit und Soziales. Es orientiert sich dabei an den Eckwerten und Vorgaben der Rahmenrichtlinien für das Unterrichtsfach **Betriebs- und Volkswirtschaft** des Landes Niedersachsen und umfasst alle dort geforderten Lerngebiete und Lerninhalte der **Einführungsphase (Jahrgang 11)**.

Für die Arbeit mit dem vorliegenden Lehrbuch möchten wir Sie auf Folgendes hinweisen:

- Zweck dieses Buches ist es, das komplizierte und abstrakte Stoffgebiet allen Schülerinnen und Schülern zu erschließen. Aus diesem Grund haben wir darauf geachtet, komplexe Themengebiete in kleinere Lerneinheiten mit anschließender zielgerichteter Übungsphase zu gliedern.

- Das Lehrbuch soll helfen, die Lerninhalte in Allein-, Partner- oder Teamarbeit zu erarbeiten, Entscheidungen zu treffen, diese zu begründen und die Ergebnisse verbal oder schriftlich zu präsentieren.

- Zur Vertiefung dienen neben zahlreichen Aufgabenstellungen besonders hervorgehobene Merksätze zu Begrifflichkeiten und Zusammenfassungen. Die Merksätze und Zusammenfassungen sind auch dazu geeignet, die Lerninhalte im Schnelldurchlauf zu wiederholen.

- Zahlreiche Abbildungen, Schaubilder, Beispiele, Begriffsschemata, Gegenüberstellungen und Internet-Adressen erhöhen die Anschaulichkeit und Einprägsamkeit der Informationen.

- Fachbegriffe und Fremdwörter werden grundsätzlich im Text oder in Fußnoten erklärt.

- Ein ausführliches Stichwortverzeichnis hilft, Begriffe und Erläuterungen schnell aufzufinden.

Wir hoffen, mit der Vorlage dieses Buches die erforderlichen Unterrichtshilfen für die praktische Umsetzung der Lerninhalte geben zu können.

Wir wünschen uns eine gute Zusammenarbeit mit allen Benutzern dieses Buches und sind für jede Art von Anregungen und Verbesserungsvorschlägen im Voraus dankbar.

Die Verfasser

Inhaltsverzeichnis

Lerngebiet 1: Ökonomische Aspekte der sozialen Marktwirtschaft untersuchen

1	**Motive ökonomischen Handelns**	11
1.1	Bedürfnisse	11
1.1.1	Begriff Bedürfnisse	11
1.1.2	Arten der Bedürfnisse (Auswahl)	11
1.2	Bedarf	14
1.3	Nachfrage	14
1.4	Güter	15
1.4.1	Begriff Güter	15
1.4.2	Arten der Güter	15
1.5	Ökonomisches Prinzip	16
1.6	Volkswirtschaftliche Produktionsfaktoren	21
1.6.1	Begriff Produktionsfaktoren	21
1.6.2	Produktionsfaktor Natur	22
1.6.3	Produktionsfaktor Arbeit	22
1.6.4	Produktionsfaktor Kapital	23
	1.6.4.1 Begriff Kapital und die Kapitalbildung	23
	1.6.4.2 Kapitalbildung und Investition	25
1.6.5	Produktionsfaktor Bildung	25
2	**Markt und Preis**	29
2.1	Grundbegriffe	29
2.1.1	Markt als Koordinationsinstrument	29
2.1.2	Nachfrageverhalten	31
2.1.3	Anbieterverhalten	34
2.2	Marktformen	37
2.3	Preisbildung	39
2.3.1	Preisbildung bei vollständiger Konkurrenz	39
	2.3.1.1 Vollkommener Markt	39
	2.3.1.2 Gleichgewichtspreis	40
	2.3.1.3 Preismechanismus	43
2.3.2	Preisbildung des Angebotsmonopols	50
	2.3.2.1 Preisbildung des vollkommenen Angebotsmonopols	50
	2.3.2.2 Preisbildung des unvollkommenen Angebotsmonopols	53
2.3.3	Preisbildung des Angebotsoligopols	54
	2.3.3.1 Begriffe	54
	2.3.3.2 Preisbildung des unvollkommenen Angebotsoligopols	54
2.4	Funktionen des Preises	60
3	**Wirtschaftskreislauf**	62
3.1	Einfacher Wirtschaftskreislauf	62
3.2	Erweiterter Wirtschaftskreislauf	63
3.3	Kritik am Modell des Wirtschaftskreislaufs	65

4	**Soziale Marktwirtschaft**.	69

4.1 Begriff der Wirtschaftsordnung 69

4.2 Entstehung der sozialen Marktwirtschaft in der Bundesrepublik Deutschland 70

4.3 Dualismus als geistige Grundlage der sozialen Marktwirtschaft 72

4.4 Grundgesetz und soziale Marktwirtschaft. 74

4.5 Herausforderungen der sozialen Marktwirtschaft 80

4.6 Eingriffsmöglichkeiten des Staates 83

4.6.1 Wettbewerbspolitik 83

4.6.1.1 Auswirkungen von Kooperation und Konzentration 83

4.6.1.2 Sicherung des Wettbewerbs 86

4.6.2 Arbeitsordnung 90

4.6.2.1 Tarifvertrag 90

4.6.2.2 Mitbestimmung. 93

4.6.3 Sozialordnung 98

4.6.3.1 Sozialpolitische Aktivitäten des Staates. 98

4.6.3.2 Arbeitsschutzpolitik. 99

4.6.3.2.1 Überblick 99

4.6.3.2.2 Jugendarbeitsschutz als Beispiel für den sozialen Arbeitsschutz. 101

4.6.3.2.3 Produktsicherheit als Beispiel für den Betriebs- und Gefahrenschutz 102

4.6.3.3 Politik zur Absicherung von Arbeitsrisiken 104

4.6.4 Ökologisch-soziale Marktwirtschaft. 110

4.6.4.1 Begriff der ökologisch-sozialen Marktwirtschaft. 110

4.6.4.2 Ökologische Folgen durch die Nutzung der Natur als öffentliches Gut. 110

4.6.4.3 Nachhaltigkeit des Wirtschaftens 112

Lerngebiet 2: Eine Unternehmensgründung planen

1	**Vorüberlegungen für eine Existenzgründung**.	118

1.1 Grundlegendes. 118

1.2 Geschäftsidee als Ausgangspunkt des Gründungsvorhabens 119

1.3 Orientierung: Klärung der wichtigsten Gründungsvoraussetzungen 120

1.3.1 Persönliche Voraussetzungen des Existenzgründers 120

1.3.2 Markt- und Standortanalyse. 121

1.3.3 Marktpositionierung 122

1.3.4 Kundenanalyse. 124

1.3.5 Wettbewerberanalyse 125

1.3.6 Gesicherte Finanzierung 126

1.3.7 Berechnung der Gewinnschwelle (Nutzenschwelle, Break-even-Point) 126

1.3.8 Chancen und Risiken der unternehmerischen Selbstständigkeit 127

2	**Planung des Existenzgründungsprozesses**.	130

2.1 Festlegung der Unternehmensziele. 130

2.2 Festlegung der Rechtsform des Unternehmens 133

2.3 Festlegung von Kundenkreis und Unternehmensstandort. 133

2.4 Festlegung des strategischen Vorgehens im Markt 134

2.5 Businessplan 136

2.5.1 Begriff und Bestandteile des Businessplans. 136

2.5.2 Funktionen (Aufgaben) des Businessplans 141

3	**Konstitutive Bedingungen der Unternehmensgründung**	143
3.1	Standortfaktoren und Standortprobleme	143
3.1.1	Begriff Standort und maßgebende Standortfaktoren	143
3.1.2	Standortprobleme, dargestellt am Beispiel des Umweltschutzes	145
3.2	Wettbewerber als zentrale Marktteilnehmer	149
3.2.1	SWOT-Analyse	149
	3.2.1.1 Grundlegendes	149
	3.2.1.2 Stärken-Schwächen-Analyse	149
	3.2.1.3 Chancen-Risiken-Analyse	151
	3.2.1.4 Ziele der SWOT-Analyse	151
3.2.2	Benchmarking	153
3.3	Rechtliche Grundlagen der Unternehmen	156
3.3.1	Kaufleute	156
3.3.2	Handelsregister	158
3.3.3	Firma	159
3.4	Rechtsformen der Unternehmen im Überblick	163
3.5	Einzelunternehmung	164
3.6	Offene Handelsgesellschaft (OHG)	168
3.6.1	Begriff, Firma und Gründung der OHG	168
3.6.2	Pflichten und Rechte der Gesellschafter im Innenverhältnis	171
3.6.3	Pflichten und Rechte der Gesellschafter im Außenverhältnis	173
3.6.4	Auflösung der OHG	175
3.6.5	Vor- und Nachteile der OHG	176
3.6.6	Bedeutung der OHG	176
3.7	Kommanditgesellschaft (KG)	180
3.7.1	Begriff, Firma und Gründung der KG	180
3.7.2	Pflichten und Rechte der Komplementäre im Innenverhältnis und im Außenverhältnis	181
3.7.3	Pflichten und Rechte der Kommanditisten im Innenverhältnis	181
3.7.4	Pflichten und Rechte der Kommanditisten im Außenverhältnis	183
3.7.5	Auflösung der KG	184
3.7.6	Vor- und Nachteile der KG	184
3.7.7	Bedeutung der KG	184
3.8	Gesellschaft mit beschränkter Haftung (GmbH)	189
3.8.1	Begriff, Kapital und Firma der GmbH	189
3.8.2	Gründung der GmbH	190
3.8.3	Organe der GmbH	191
3.8.4	Pflichten und Rechte der Gesellschafter	193
3.8.5	Unternehmergesellschaft als Sonderform der GmbH	195
3.8.6	Auflösung und Bedeutung der GmbH	195
3.9	GmbH & Co. KG	196
3.10	Aktiengesellschaft (AG)	201
3.10.1	Begriff, Firma und Gründung der Aktiengesellschaft	201
3.10.2	Organe der Aktiengesellschaft	203
	3.10.2.1 Vorstand	203
	3.10.2.2 Aufsichtsrat	204
	3.10.2.3 Hauptversammlung	205
3.10.3	Pflichten und Rechte des Aktionärs	205
3.10.4	Auflösung der Aktiengesellschaft	206
3.10.5	Bedeutung der Aktiengesellschaft	206

4	**Finanzplan**	213
5	**Interessen unterschiedlicher Anspruchsgruppen (Stakeholder) an das gegründete Unternehmen.**	216
5.1	Begriff Stakeholder und Übersicht über die Stakeholder	216
5.2	Ansprüche an das Unternehmen von außen	217
5.2.1	Ansprüche und Erwartungen der Kunden	217
5.2.2	Ziele und Erwartungen der Lieferanten	217
5.2.3	Interessen der Kreditgeber	218
5.2.4	Ansprüche des Staates	218
5.3	Ansprüche an das Unternehmen von innen	219
5.3.1	Interessen der Eigentümer am Beispiel von Personengesellschaften	219
5.3.2	Aufgaben und Verantwortungsbereiche der Mitarbeiter	219
6	**Shareholder-Konzept**	220
6.1	Begriff Shareholder und Übersicht über das Shareholder-Konzept	220
6.2	Beziehungen zwischen Shareholder-Konzept und Stakeholder-Konzept	221
	Stichwortverzeichnis	223

Lerngebiet 1: Ökonomische Aspekte der sozialen Marktwirtschaft untersuchen

1 Motive ökonomischen Handelns

1.1 Bedürfnisse

1.1.1 Begriff Bedürfnisse

Der Mensch hat zahlreiche Bedürfnisse. Wenn er Durst hat, hat er das Bedürfnis zu trinken. Hat er Hunger, will er essen. Friert er, wird in ihm der Wunsch nach warmer Kleidung und/oder nach einer Behausung wach. Die Reihe der Beispiele ließe sich beliebig fortsetzen. Um noch ein nicht körperliches Bedürfnis zu nennen: Ist es dem Menschen langweilig, hat er z. B. den Wunsch, sich zu unterhalten oder sich unterhalten zu lassen. Er möchte z. B. ein Buch lesen, ein Konzert besuchen, ins Kino gehen oder eine CD hören.

Unter **Bedürfnissen** versteht man Mangelempfindungen der Menschen, die diese zu beheben bestrebt sind. Die Bedürfnisse sind die Antriebe (Motive) für das wirtschaftliche Handeln der Menschen.

1.1.2 Arten der Bedürfnisse (Auswahl)

(1) Gliederung der Bedürfnisse nach der Dringlichkeit

Die wichtigste Unterscheidung der Bedürfnisse ist die nach ihrer Dringlichkeit.

Art der Bedürfnisse	Erläuterungen	Beispiele
Existenzbedürfnisse	Sie sind körperliche Bedürfnisse. Sie müssen befriedigt werden: Ihre Befriedigung ist lebensnotwendig.	Hunger; Durst; das Bedürfnis, sich vor Kälte schützen zu wollen.
Kulturbedürfnisse	Sie entstehen mit zunehmender kultureller, also auch technischer, wirtschaftlicher oder künstlerischer Entwicklung, weil die Ansprüche, die der Einzelne an das Leben stellt, wachsen.	Sich modisch kleiden wollen; der Wunsch nach einem Smartphone; ein eigenes Auto fahren wollen.
Luxusbedürfnisse	Es handelt sich um Bedürfnisse auf Sachgüter oder Dienstleistungen, die sich in einer bestimmten Gesellschaft nur wenige Begüterte leisten können.	Modellkleider, eine Villa mit Schwimmbecken und/oder eine Segeljacht besitzen wollen.

Eine genaue Abgrenzung zwischen Kultur- und Luxusbedürfnissen ist nicht möglich. Gemeinsam ist ihnen, dass ihre Befriedigung **nicht** unbedingt lebensnotwendig ist.

(2) Gliederung der Bedürfnisse nach dem Bedürfnisträger

Die Bedürfnisse können auch danach gegliedert werden, ob ein Bedürfnis eher von einer einzelnen Person ausgeht oder ob Mitglieder einer Gesellschaft gemeinsam (kollektiv)[1] dieses Bedürfnis äußern.

Art der Bedürfnisse	Erläuterungen	Beispiele
Individualbedürfnisse[2]	Sie richten sich auf Güter, die der Einzelne für sich allein (bzw. innerhalb seiner Familie, d.h. seines privaten Haushalts) konsumieren kann.	Die Wünsche, Brot zu essen, Getränke zu sich zu nehmen, ein eigenes Auto zu besitzen.
Kollektivbedürfnisse	Sie werden mit Gütern befriedigt, die allen Mitgliedern der Gesellschaft zur Nutzung zur Verfügung stehen sollten.	Wünsche, auf einer Landstraße Motorrad zu fahren, ein öffentliches Verkehrsmittel zu benutzen, seine Kinder in eine öffentliche Schule zu schicken; das Bedürfnis, in einer sauberen Umwelt zu leben.

Mit zunehmender Industrialisierung ist zu beobachten, dass die Kollektivbedürfnisse wachsen. Die Ansprüche an den Staat werden immer umfangreicher (z.B. Forderungen nach besseren Schulen, mehr Universitäten, mehr Umweltschutz, bessere Krankenhäuser). Allerdings ist damit nicht gesagt, dass nur der Staat in der Lage sei, Kollektivbedürfnisse zu befriedigen. Die Bereitstellung von kollektiv genutzten Gütern kann auch durch private Unternehmen erfolgen (z.B. private Autobahnen, private Telefon- und Eisenbahnnetze, private Universitäten).

(3) Bedürfnispyramide nach Maslow

Der Mensch wird, wenn er vernünftig (rational) handelt, zunächst die Bedürfnisse zu befriedigen suchen, die ihm am dringlichsten erscheinen. Der amerikanische Psychologe Abraham Maslow hat deshalb das Konzept einer Bedürfnispyramide entwickelt. Nach Maslow wird der Wunsch zur Befriedigung der Bedürfnisse einer höheren Pyramidenstufe erst dann erreicht, wenn die Bedürfnisse der Vorstufe weitestgehend befriedigt sind.

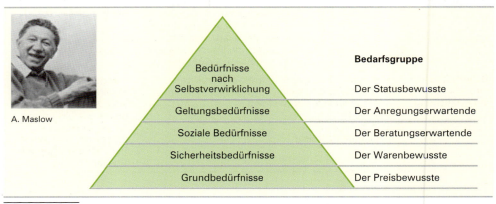

A. Maslow

---

1 Kollektiv: Gesamtheit, Gemeinschaft.
2 Individualbedürfnisse: Bedürfnisse des Einzelnen (von Individuum: Einzelwesen).

Beispiel:

Ein Schüler kauft einen Pullover und erfüllt damit ein **Grundbedürfnis,** weil er nicht frieren möchte. Fordert er bewusst eine gute Faserqualität, so erreicht er damit das **Sicherheitsbedürfnis.** Mit der Auswahl von Farbe und Design befriedigt er das **soziale Bedürfnis** und zum Teil das Geltungsbedürfnis. Beim Einkauf erwartet er Beratung und Anregung zum Kombinieren mit Hemd, Krawatte, Tuch und befriedigt damit sein **Geltungsbedürfnis.** Indem er eine besondere Marke kauft (der Pullover trägt das Label einer Premiummarke) in der Absicht, einen Lebensstil zu erreichen, wird ein Statuskauf vorgenommen. So trägt der Pullover durch die Selbststilisierung zur **Selbstverwirklichung** bei.

Den Zusammenhang zwischen der Bedürfnispyramide nach Maslow, der Bedarfsgruppe und Erwartungen der Bedarfsgruppe am Beispiel des Einkaufens zeigt die nachfolgende Tabelle auf:

Pyramidenstufe	Bedürfnisse der Stufe	Charakterisierung der Bedarfspyramide	Erwartungen der Bedarfsgruppe an das Geschäft
Grund-bedürfnisse	Zum Hungerstillen, zum Durststillen, sich kleiden, wohnen, sich pflegen, sich informieren.	**Preisbewusste:** Schnell und unkompliziert einkaufen können.	Korrektes Angebot, preiswerte Waren im Sortiment und hilfsbereite Mitarbeiter, Informationen.
Sicherheits-bedürfnisse	Ausbildung, Vorräte sammeln, Vorsorge, Gesundheit, Gebrauchssicherheit der Ware.	**Qualitätsbewusste:** Das Suchen nach Qualität und Auswahl, die Warenkenntnis wird ständig erweitert.	Markenprodukte, eine gute Auswahl im Sortiment und Fachkompetenz der Mitarbeiter.
Soziale Bedürfnisse	Beratung, kundenorientiertes Sortiment, besonders für Kinder, behindertengerecht.	**Beratungserwartende:** Kontaktbedürfnisse, eine fachkompetente Bedienung und Service sind hier gefragt.	Erklärbereitschaft, großes Fachsortiment, beratungswillige Mitarbeiter.
Geltungs-bedürfnisse	Atmosphäre, Anerkennung beim Einkaufen.	**Anregungserwartende:** Hier wird Anerkennung erwartet, die persönliche Ansprache durch die Mitarbeiter, Verständnis auch für ausgefallene Wünsche.	Spitzenprodukte im Sortiment und eine individuelle Betreuung.
Bedürfnisse nach Selbst-verwirklichung	Erreichung eines neuen Bewusstseins durch die Ware, Lebensstil, Statuswert, Umschulung, auch Hobbys, Sammeln, Bildungsreisen.	**Statusbewusste:** Hohe Ansprüche, Produkte mit geistiger und sozialer Qualität.	Anregungen zur Selbstverwirklichung und Selbststilisierung, spezielle Auswahl an Waren, besonders engagierte, kompetente und dialogfreudige Mitarbeiter.

1.2 Bedarf

Bedürfnisse hat jeder Mensch. Ob er sie alle befriedigen kann, hängt in der Regel von seinem Vermögen und/oder von seinem Einkommen (Gehalt, Lohn, Rente, Pension, Arbeitslosengeld usw.), also der **Kaufkraft** ab.

Die mit Kaufkraft versehenen Bedürfnisse bezeichnet man als **Bedarf**.

Beispiel:

Der 17-jährige Philipp, der sein monatliches Taschengeld schon aufgebraucht hat, würde sich gerne den neuesten Action-Film im Kino ansehen. Leider bleibt dieser Wunsch zunächst ein Bedürfnis. Erst wenn er zu Beginn des neuen Monats von seinen Eltern seine 50,00 EUR Taschengeld erhält, könnte er sich den Film im Kino anschauen. Das Bedürfnis wird nunmehr zum konkreten Bedarf.

Welcher Teil der mannigfaltigen Bedürfnisse des Einzelnen zum Bedarf wird, setzt voraus, dass sich der Mensch **entscheiden** muss, welche der Bedürfnisse er sich erfüllen möchte. Diese Entscheidung, welche seiner vielen Bedürfnisse er **zuerst** befriedigt, welche später und auf welche er wegen fehlender (finanzieller) Mittel vielleicht ganz verzichtet, ist nicht einfach.

Im Allgemeinen versucht er deshalb, die vorhandenen Bedürfnisse nach **Dringlichkeit** geordnet in eine **Reihenfolge** zu bringen, um diese Wahlentscheidung treffen zu können. Ziel ist es, mit den vorhandenen (finanziellen) Mitteln einen möglichst großen **Nutzen**, also einen möglichst hohen **Grad an Bedürfnisbefriedigung**, zu erzielen. Der Einzelne versucht somit für sein Geld möglichst **viele** Güter zu bekommen und dadurch entsprechend viele seiner vorhandenen Bedürfnisse zu befriedigen.

1.3 Nachfrage

Die **Nachfrage** ist der **Teil des Bedarfs** an Gütern und Dienstleistungen, der **tatsächlich** am Markt **nachgefragt** wird.

Der Bedarf muss nicht in vollem Umfang mit der am Markt tatsächlich nachgefragten Gütermenge übereinstimmen, da unterschiedliche Gründe dazu führen können, dass Güter, die in den Bedarfskreis des Einzelnen fallen, letztlich nicht nachgefragt werden.

Beispiel:

Der Schüler Carsten Clever verspürt in der ersten Pause großen Hunger auf eine Pizzaschnecke, ein Eis und Schokolade.

An der Preistafel des Schulkiosks informiert er sich über das aktuelle Angebot.

Bei Durchsicht seiner Geldbörse stellt er allerdings fest, dass er nur über 1,80 EUR Bargeld verfügt, sodass er nicht alle seine Bedürfnisse mit den ihm zur Verfügung stehenden finanziellen Mitteln befriedigen kann. Zwar könnte er sich theoretisch zwei Schokoriegel und eine Eiskugel kaufen, aufgrund der nach seinem Empfinden zu hohen Preisforderung für eine Eiskugel entscheidet er sich jedoch für drei Schokoriegel, sodass ihm 0,30 EUR verbleiben. Der Bedarf, also die mit Kaufkraft ausgestatteten Bedürfnisse, wurde nicht in vollem Umfang als Nachfrage am Markt (Schulkiosk) wirksam.

Preisliste			
Kakao	0,60 EUR	Pizzaschnecke	2,50 EUR
Kaffee	0,75 EUR	Kleiner Salat	2,75 EUR
Limonade	0,90 EUR	Müsliriegel	0,60 EUR
Orangensaft	1,10 EUR	Schokoriegel	0,50 EUR
belegte Brötchen	0,75 EUR	Eiskugel	0,80 EUR
Nussecke	1,25 EUR		

1.4 Güter

1.4.1 Begriff Güter

Bedürfnisse wollen befriedigt werden. Wer Hunger hat, braucht Nahrung. Wer Durst hat, braucht Getränke, um seinen Durst zu stillen. Wer friert, braucht Kleidung. Wer Neues wissen will, braucht Informationen (z.B. eine Zeitung, das Internet). Und wer krank ist, braucht eine ärztliche Beratung. Der Gebrauch oder Verbrauch aller Sachen und Dienstleistungen, die der Bedürfnisbefriedigung dienen, erhöht das Wohlbefinden des Menschen. Man sagt, dass die Bedürfnisbefriedigung „Nutzen" stiftet.

> Die Mittel, die dem Menschen Nutzen stiften, heißen **Güter**.

1.4.2 Arten der Güter

(1) Freie Güter und wirtschaftliche Güter

Freie Güter. Die freien Güter, d. h. solche, die in unbeschränktem Maße zur Verfügung stehen (z.B. Luft, Sonnenstrahlen, Meerwasser), können von jedem Menschen nach Belieben in Anspruch genommen werden. Sie sind nicht Gegenstand des Wirtschaftens. Allerdings ist zu bemerken, dass sich die Zahl der freien Güter durch den Raubbau an der Natur (Vernichtung der Tierwelt, Verschmutzung der Binnengewässer, der Meere und der Luft) immer mehr verringert. Die ehemals freien Güter werden zu wirtschaftlichen Gütern und es gilt, sie mit Verstand (rational) zu verwalten und zu verteilen.

> **Beispiel:**
>
> Zwischen den Begriffen **Knappheit** und **Seltenheit** besteht ein Unterschied. Malt der Sonntagsmaler Fröhlich z.B. ein Bild, so besteht dieses Bild nur ein Mal auf der Welt. Das Bild ist „selten". Will indessen kein Mensch dieses Bild haben, geschweige denn kaufen, ist das Bild nicht knapp. Knappheit liegt nur vor, wenn die Bedürfnisse nach bestimmten Gütern größer sind als die Zahl dieser verfügbaren Güter.

15

Wirtschaftliche Güter. Die meisten Güter, die der Mensch benötigt, stellt die Natur nur beschränkt zur Verfügung, d. h., sie sind knapp. Mit knappen Gütern muss gewirtschaftet werden. Sie sind dann wirtschaftliche Güter. Sie werden am Markt angeboten und erzielen einen Preis. Die menschliche Bedürfnisbefriedigung richtet sich vor allem auf die knappen Güter.

(2) Sachgüter (materielle Güter), Dienstleistungen und Rechte (immaterielle Güter)

Die Güter können **Sachgüter** (z. B. Lebensmittel, Kleidung, Fahrzeug), **Dienstleistungen** (z. B. Unterricht, Beratung durch einen Rechtsanwalt, Durchführung eines Dauerauftrags durch die Bank) oder **Rechte** (z. B. Planung, Gebrauchsmuster, Firmenwert) sein.

Dienstleistungen und Rechte kann man unter dem Oberbegriff **„immaterielle Güter"** zusammenfassen, Sachgüter stellen **materielle Güter** dar.

(3) Konsumgüter und Produktionsgüter

Art der Bedürfnisse	Erläuterungen	Beispiele
Konsumgüter[1]	Das sind Güter, die der unmittelbaren Bedürfnisbefriedigung dienen. Man spricht deshalb auch von **Gegenwartsgütern**.	Eigentumswohnung, eine Tafel Schokolade, Kühlschrank, eine Kiste Mineralwasser.
Produktionsgüter	Das sind Güter, die zur Produktion von Wirtschaftsgütern benötigt werden. Weil die Produktionsgüter letztlich der Erzeugung von Konsumgütern dienen sollen, heißen sie auch **Zukunftsgüter**.	Rohstoffe, Fabrikgebäude, Verwaltungsgebäude, maschinelle Anlagen, Transportanlagen, Werkzeuge.

1.5 Ökonomisches Prinzip

(1) Notwendigkeit des wirtschaftlichen Handelns

Den unbegrenzten Bedürfnissen des Menschen stehen nur begrenzte Mittel (knappe Güter) gegenüber. Aus der Knappheit der Gütervorräte folgt, dass der Mensch bestrebt sein muss, mit den vorhandenen Gütern vernünftig (z. B. sparsam) umzugehen, um die bestmögliche Bedürfnisbefriedigung zu erzielen. Der Mensch ist gezwungen zu wirtschaften.

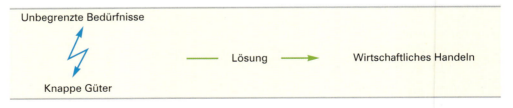

---

1 Konsumieren: verzehren.

- Unter **Wirtschaften** versteht man ein planvolles menschliches Handeln, um eine optimale Bedürfnisbefriedigung zu erreichen.
- Sind die Bedürfnisse größer als die Gütermenge, die zu ihrer Befriedigung bereitsteht, liegt **Knappheit** vor.

(2) Begriff ökonomisches Prinzip

Bei vernünftigem (rationalem) Verhalten erfolgt das Bewirtschaften der knappen Güter nach dem sogenannten **ökonomischen Prinzip**. Zur Umsetzung des wirtschaftlichen Handelns sind zwei Handlungsmöglichkeiten denkbar:

■ Maximalprinzip

Das **Maximalprinzip** besagt: Mit den **gegebenen Mitteln** ist der **größtmögliche (maximale) Erfolg (Nutzen)** anzustreben.

Beispiel:
Das Lebensmittelhaus Hans Wetzel e.Kfm. setzt sich zum Ziel, mit der vorhandenen Anzahl an Mitarbeitern den größtmöglichen Gewinn zu erzielen.

■ Minimalprinzip

Das **Minimalprinzip** besagt: Einen **geplanten Erfolg** (Nutzen) mit dem **geringsten (minimalen) Einsatz an Mitteln** zu erreichen.

Beispiel:
Eine Fast-Food-Kette möchte die Umsatzerlöse des vergangenen Jahres beibehalten. Zugleich soll allerdings die Mitarbeiterzahl drastisch reduziert werden.

- **Unsinnig,** d.h. logisch nicht umsetzbar, wäre die Formulierung des ökonomischen Prinzips dergestalt, dass mit geringstmöglichen Mitteln ein größtmöglicher Erfolg angestrebt werden soll. So ist es beispielsweise undenkbar, ohne jeglichen Lernaufwand alle Prüfungsaufgaben richtig zu beantworten.

(3) Anwendungsbeispiele für das wirtschaftliche Prinzip

■ Private Haushalte

Ein **privater Haushalt** (z.B. ein einzelner Verbraucher [Einpersonenhaushalt] oder eine Familie [Mehrpersonenhaushalt]) handelt dann nach dem ökonomischen Prinzip, wenn er sein Nettoeinkommen (gegebene Mittel) so verwendet, dass er einen höchstmöglichen Nutzen erzielt **(Nutzenmaximierung)** oder ein geplantes Einkommen mit dem geringstmöglichen Arbeitsaufwand erreichen möchte **(Aufwandsminimierung)**.

> **Beispiel:**
>
> Kauft eine Person für ihren Haushalt „blindlings" ein, ohne auf Preise und Qualitäten zu achten, verschwendet sie ihr Haushaltsgeld. Auf diese Weise wird sie für sich und ihre Familie nicht den höchstmöglichen Nutzen erzielen, der mit dem gegebenen Budget (geplante Ausgabensumme) erreichbar wäre. Nach dem ökonomischen Prinzip, und zwar nach dem Maximalprinzip, handelt die Person dann, wenn sie die Preise vergleicht und die jeweils günstigsten Kaufmöglichkeiten wahrnimmt, um so mit dem vorhandenen Budget möglichst viele Güter einkaufen zu können.

■ Betriebe

Ein **Betrieb** richtet sich dann nach dem ökonomischen Prinzip, wenn er mit den geplanten Kosten je Zeitabschnitt einen größtmöglichen Gewinn zu erzielen trachtet **(Gewinnmaximierung)**. Der Betrieb handelt auch dann nach dem ökonomischen Prinzip, wenn er einen geplanten Gewinn mit dem geringstmöglichen Mitteleinsatz erreichen möchte **(Kostenminimierung)**.

> **Beispiel:**
>
> Ein Handwerksmeister, der nicht darauf achtet, dass sparsam mit Material und sorgfältig mit Maschinen und Werkzeug umgegangen wird, verstößt gegen das ökonomische Prinzip, in diesem Fall gegen das Sparprinzip (Minimalprinzip).

(4) Weitere Prinzipien des Wirtschaftens

Neben dem ökonomischen Prinzip werden in neuerer Zeit auch andere Prinzipien genannt.

- ■ Viele kleinere Betriebe (z.B. Einzelhandelsbetriebe, Handwerker) handeln nach dem **Angemessenheitsprinzip**. Sie sind zufrieden, wenn der Betrieb nach Ansicht der Geschäftsinhaber einen **angemessenen Gewinn** abwirft.
- ■ Das **Humanprinzip** zielt auf den Leistungsfaktor Arbeit ab. Es besagt, dass die Arbeit der **Selbstverwirklichung und -bestätigung** dient und sich unter humanen Bedingungen vollziehen soll.
- ■ Das **Prinzip der geringstmöglichen Umweltbelastung** zielt auf die Schonung des Leistungsfaktors **Natur** (Umwelt) ab.

Zusammenfassung

- ■ Unter **Bedürfnissen** versteht man **Mangelempfindungen** der Menschen, die diese zu beheben bestrebt sind. Die Bedürfnisse sind die **Antriebe** (Motive) für das wirtschaftliche Handeln der Menschen.
- ■ Bedürfnisse lassen sich beispielsweise unterscheiden nach der **Dringlichkeit** oder dem **Bedürfnisträger**.
- ■ Die mit **Kaufkraft** versehenen Bedürfnisse bezeichnet man als **Bedarf**.
- ■ Unter **Nachfrage** versteht man den Teil des Bedarfs, der **tatsächlich** am Markt nachgefragt wird.
- ■ Die Mittel, die dem Menschen **Nutzen** stiften, heißen **Güter**.
- ■ Unter **Wirtschaften** versteht man ein planvolles menschliches Handeln, um eine **optimale** Bedürfnisbefriedigung zu erreichen. Bei derartigem Verhalten erfolgt das Bewirtschaften der knappen Güter nach dem **ökonomischen Prinzip**.

Übungsaufgaben

1 1. Bilden Sie zu der folgenden Aussage vier Beispiele und begründen Sie Ihre Ansicht!

„Die Feststellung, dass die Bedürfnisse den ganzen wirtschaftlichen Prozess in Gang setzen, ist eine Vereinfachung und wird der heutigen Wirklichkeit nicht voll gerecht. Es ist nicht immer so, dass zuerst Bedürfnisse vorhanden sind und als solche empfunden und dann durch Kaufentschluss und Kaufkraft zur wirksamen Nachfrage werden, dass dann Güter und Mittel produziert werden, um dem Bedürfnis zu entsprechen. Immer häufiger geht die Produktion einfach neue Wege und schafft Güter, für die zunächst keine Nachfrage vorhanden sein kann, weil niemand diese Güter kennt: Die Nachfrage muss vielmehr erst geweckt werden ..."

(Aus: Störig, Wirtschaft im Entscheidungsbereich, 6. Aufl., Frankfurt/München 1971, S. 27).

2. Nennen Sie je fünf eigene Beispiele für lebensnotwendige und nicht lebensnotwendige Bedürfnisse!

3. Erklären Sie an einem eigenen Beispiel, warum in der Bundesrepublik Deutschland die heutigen Kulturbedürfnisse vor wenigen Jahrzehnten noch Luxusbedürfnisse waren!

4. Erläutern Sie, worin sich die Existenzbedürfnisse von den Kulturbedürfnissen unterscheiden!

2 1. In den Betrieben werden Sachgüter und Dienstleistungen erzeugt.

Aufgaben:

1.1 Erläutern Sie, welchem Zweck die Bereitstellung der Güter durch die Volkswirtschaft dient!

1.2 Ordnen Sie die folgenden Güter den entsprechenden Begriffen zu:
   - Verpackungsmaschine im Verkaufslager,
   - Kacheln für den Swimmingpool eines Privatmannes,
   - Flugreise eines kaufmännischen Angestellten zu einem Badeurlaub,
   - Beratung eines Unternehmers durch den Steuerberater,
   - Kraftstoff für den Betriebs-Lkw,
   - Rennrad einer Verkäuferin zur Freizeitgestaltung,
   - Flasche Apfelsaftschorle.

Verwenden Sie zur Lösung das nachfolgende Schema:

	Sachgüter und Dienstleistungen	
	für Produktion	für Konsum
Dienstleistungen		
Gebrauchsgut (keine Dienstleistung)		
Verbrauchsgut (keine Dienstleistung)		

2. 2.1 Erläutern Sie, worin sich die freien Güter von den wirtschaftlichen Gütern unterscheiden!

   2.2 Bilden Sie hierzu jeweils zwei Beispiele!

3. Es ist nicht selten, dass ein Gut einmal ein Produktionsgut, einmal ein Konsumgut ist. Beispiel: Strom im Industriebetrieb – Strom im Haushalt.

Aufgabe:

Erstellen Sie eine Liste mit weiteren Beispielen (mindestens vier)!

4. Ordnen Sie folgende Mittel der Bedürfnisbefriedigung den Sachgütern oder den Dienstleistungen zu:

Nahrungsmittel, Kohle, Arbeitsleistung des Einzelhandelskaufmanns, Gebäude, Auto, Maschinen, Leistungen des Zahnarztes, Kran, Blumenstrauß, Unternehmertätigkeit.

5. Begründen Sie, warum die Luft und das Wasser zunehmend zu wirtschaftlichen Gütern werden!

6. Übertragen Sie das Schaubild in Ihr Hausheft und füllen Sie es mit jeweils zwei Beispielen aus!

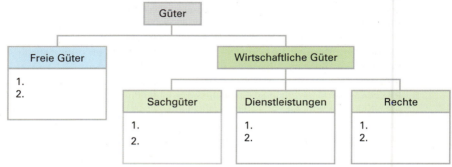

3 Textauszug:

„In den hoch industrialisierten Ländern wird zwar der Mensch dazu erzogen, viel zu konsumieren. So hängt sein Sozialprestige, also das Ansehen, das der Einzelne in der Gesellschaft genießt, von dem Konsumstandard ab, den er sich leisten kann. ‚Es verwundert deshalb nicht, wenn der Einzelne durch Steigerung seines Konsums seine soziale Position zu verbessern oder zumindest zu erhalten sucht und wenn auf diese Weise die Bedürfnisse immer schneller steigen … Es gibt andere Kultursysteme, in denen der Mensch zur Selbstgenügsamkeit erzogen wird. Hier ist keineswegs selbstverständlich, dass die Bedürfnisse mit der Produktion zunehmen'.[1] Aber selbst in den entwickelten Ländern scheint das Wachstum der Bedürfnisse abzuflachen. Wie anders wäre es sonst erklärlich, dass das Problem der Absatzschwierigkeiten und der damit verbundenen Arbeitslosigkeit sich in den Vordergrund schiebt. Die Unternehmen werden gezwungen, den Absatzmarkt planmäßig zu gestalten (Marketing), um ihren Absatz zu sichern und auszuweiten. ‚Es hieße die Augen vor der Wirklichkeit verschließen, wollte man auch hier noch davon sprechen, dass die Bewältigung der Knappheit das einzige und wichtige Problem sei.'"[2]

Aufgaben:

1. Definieren Sie den Begriff Bedürfnis!
2. Teilen Sie die Bedürfnisse
   2.1 nach ihrer Dringlichkeit und
   2.2 nach den gesellschaftlichen Befriedigungsmöglichkeiten ein!
3. Nach weit verbreiteter Auffassung sind die Bedürfnisse der Menschen unbegrenzt. Lesen Sie zunächst den obigen Text durch und nehmen Sie sodann Stellung zu dieser These!

4

1. Nennen Sie zwei eigene Beispiele für das Handeln nach dem ökonomischen Prinzip
   1.1 im privaten Haushalt und
   1.2 im wirtschaftlichen Betrieb!
2. Begründen Sie, warum Minimalprinzip und Maximalprinzip zwei Ausprägungen des wirtschaftlichen Prinzips darstellen!

---

[1] KÜLP, B.: Grundfragen der Wirtschaft, S. 49.
[2] KÜLP, B.: Grundfragen der Wirtschaft, S. 50.

3. Frau Anke Rudolph ist Sekretärin und verdient monatlich 2300,00 EUR netto. Sie legt monatlich 300,00 EUR von vornherein bei ihrer Bank an, den Rest gibt sie für Miete, Lebensmittel, Kleidung, Körperpflege, Genussmittel und Unterhaltung aus. Sie macht regelmäßig Preisvergleiche und informiert sich beim Kauf von Gebrauchsgütern in Verbraucherzeitschriften über Preise und Qualitäten, sodass sie grundsätzlich so preiswert wie möglich kaufen kann.

Aufgabe:

Entscheiden Sie, nach welchem Prinzip **und** nach welcher Ausprägungsform dieses Prinzips Frau Rudolph handelt!

A nach dem wirtschaftlichen Prinzip?   D nach dem Bedarfsprinzip?
B nach dem Minimalprinzip?   E nach dem Angemessenheitsprinzip?
C nach dem Maximalprinzip?

Kreuzen Sie die richtige Antwortkombination an! (Falls Ihnen das Buch nur leihweise überlassen wurde, schreiben Sie die Lösungsnummer bitte in Ihr Heft!)

3.1 A, C   ①   3.3 A, D   ③   3.5 B, E   ⑤   3.7 A, E   ⑦
3.2 A, B   ②   3.4 A, E   ④   3.6 B, D   ⑥   3.8 D, E   ⑧

4. Beurteilen Sie diese Formulierung des ökonomischen Prinzips:
„Mit möglichst geringem Aufwand an Mitteln soll der größtmögliche Erfolg erzielt werden."!

5. Zwischen dem ökonomischen Prinzip und den Prinzipien der Humanisierung der Arbeit und der Schonung der Natur besteht ein inneres Spannungsverhältnis.

Aufgaben:

5.1 Formulieren Sie ein Beispiel, wo es zwischen diesen Prinzipien zu Spannungen kommen kann!

5.2 Diskutieren Sie die Frage, ob zwischen den drei Prinzipien eine Abstufung nach der Dringlichkeit möglich ist!

1.6 Volkswirtschaftliche Produktionsfaktoren

1.6.1 Begriff Produktionsfaktoren

Das Produzieren im volkswirtschaftlichen Sinn, also das Beschaffen, Erzeugen und Verteilen von Gütern, geht auf die Vereinigung der beiden Grundelemente **Natur**[1] und menschliche **Arbeit** zurück. Diese beiden Grundelemente werden daher auch als **ursprüngliche (originäre) Produktionsfaktoren**[2] bezeichnet.

Produktionsfaktoren sind alle Hilfsmittel (Ressourcen), die bei der Produktion mitwirken.

Neben den **originären Produktionsfaktoren Natur** und **Arbeit** setzt der Mensch als weitere Hilfsmittel noch die Produktionsfaktoren **Kapital** und **Bildung** ein, um den Erfolg seiner Arbeit zu erhöhen.

---

1 Da der Boden bei der Produktion eine ganz wesentliche Rolle spielt, wird in der Volkswirtschaftslehre statt vom Produktionsfaktor „Natur" vom Produktionsfaktor „Boden" gesprochen.
2 Faktor: Mitbewirker, mitbestimmender Grund.

21

1.6.2 Produktionsfaktor Natur

- Der **Produktionsfaktor Natur** umfasst die **Erdoberfläche** und **alle von der Natur bereitgestellten Ressourcen** (z. B. Bodenschätze, Wind, Sonne, Klima, Wasser, Pflanzen, Tiere).
- Der Produktionsfaktor Natur dient dem Menschen als **Anbaufaktor**, als **Abbaufaktor** und als **Standortfaktor**.

Anbaufaktor	Die Natur liefert uns den **Boden,** die **Luft,** das **Wasser** und die **Sonnenenergie.** Vor allem der Boden dient der Produktion auf vielfache Weise. In der landwirtschaftlichen Produktion ist er Anbaufaktor, indem mit seiner Hilfe Nahrungsmittel (z. B. Getreide) oder Rohstoffe (z. B. Baumwolle) hervorgebracht werden. Der Boden liefert der Forstwirtschaft den wichtigen Rohstoff Holz (z. B. zur Herstellung von Möbeln, Baumaterialien oder Papier).
Abbaufaktor	Der Boden ist ein Abbaufaktor, indem er uns Rohstoffe wie z. B. Kohle, Erze, Erdgas oder Erdöl liefert. Die Bodenschätze sind jedoch nicht unerschöpflich und es lässt sich absehen, dass diese bald ausgebeutet sein werden. Damit wird sich die Menschheit einem neuen Knappheitsproblem gegenübersehen, dem nicht mit primär wirtschaftlichen, sondern nur mit technischen Mitteln begegnet werden kann (z. B. Entwicklung neuer Technologien zur Erschließung weiterer Energiequellen).
Standortfaktor	Der Boden gibt uns die Flächen, die wir für die Erstellung von Fabrikanlagen, Handelsgeschäften oder land- und forstwirtschaftlichen Betrieben benötigen. Der Boden dient als Standortfaktor.

Für die Produktion wirtschaftlicher Güter sind die übrigen Kräfte der Natur nicht weniger wichtig. Bedeutsamer Produktionsfaktor für die Landwirtschaft ist z. B. das Klima. Die Kräfte der Flüsse dienen der Elektrizitätsgewinnung, die Gewässer der Fischwirtschaft. Mithilfe der Sonnen- und/oder der Windenergie hofft man, in Zukunft ausreichend „saubere" Energie gewinnen zu können.

1.6.3 Produktionsfaktor Arbeit

Der zweite ursprüngliche Produktionsfaktor ist die Arbeit. Wir leben nicht im Schlaraffenland, in dem uns die gebratenen Tauben in den Mund fliegen. Selbst dort, wo uns die Natur Nahrungsmittel liefert, ohne dass sie angebaut bzw. erzeugt werden müssen (z. B. Pilze, Waldbeeren), bedarf es einer gewissen Anstrengung, sie zu suchen, zu pflücken und zuzubereiten. Es sind also geistige und körperliche Anstrengungen des Menschen notwendig.

Manche Arbeiten erfordern vorwiegend geistige Kräfte (anordnende, verwaltende, organisierende Tätigkeiten). Andere Arbeiten wiederum sind vorwiegend körperlicher Natur (Handarbeit, Arbeit an Maschinen, Führen von Fahrzeugen usw.) Im ersten Fall spricht man von **geistiger Arbeit,** im zweiten von **körperlicher Arbeit.**

Arbeit im Sinne der Volkswirtschaftslehre ist die auf Bedarfsdeckung, d. h. auf Erzielung von Ertrag bzw. Einkommen gerichtete **körperliche und geistige Tätigkeit** der Menschen.

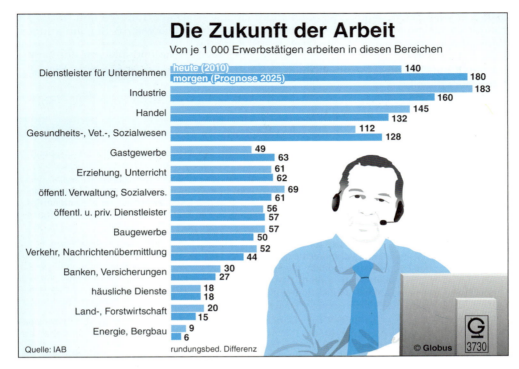

Die Zukunft der Arbeit liegt im Dienstleistungsbereich. Waren dort Mitte der 90er-Jahre weniger als zwei Drittel aller Erwerbstätigen beschäftigt, so sind es heute rund 73 Prozent. Bis zum Jahr 2025 wird ihr Anteil weiter auf fast 77 Prozent steigen. Das geht aus einer Studie des Instituts für Arbeitsmarkt- und Berufsforschung (IAB) hervor. Neue Arbeitsplätze werden vor allem bei den Dienstleistungen für Unternehmen entstehen: Heute sind dort 140 von je 1 000 Erwerbstätigen beschäftigt; im Jahr 2025 werden es 180 von je 1 000 sein. Darin sind auch die Firmen enthalten, deren Dienste vorher von den Industrieunternehmen selbst erbracht wurden und heute unter dem Stichwort Outsourcing vermehrt zugekauft werden.

1.6.4 Produktionsfaktor Kapital

1.6.4.1 Begriff Kapital und die Kapitalbildung

(1) Begriff Kapital

Das Produzieren ist bereits durch **Kombination**[1] der beiden ursprünglichen Produktionsfaktoren **Arbeit** und **Natur** möglich. In der Regel setzt der Mensch jedoch ein weiteres Hilfsmittel – das **Kapital** – ein, um den Erfolg seiner Arbeit zu erhöhen. Solche Hilfsmittel

---

1 Kombination: Zusammenwirken.

sind z. B. Werkzeuge, Jagdwaffen, Transportmittel, Maschinen, Nutztiere und Nutzpflanzungen sowie immaterielle (nicht gegenständliche) Anlagegüter wie z. B. Suchbohrungen, Computerprogramme und Urheberrechte (z. B. Patente).

Unter **Kapital** im volkswirtschaftlichen Sinne verstehen wir **produzierte Produktionsmittel** materieller und immaterieller Art.

Beispiel:

Um uns den Begriff des Kapitals klarzumachen, greifen wir zu einem sehr vereinfachenden naturalwirtschaftlichen[1] Modell.

Angenommen, eine kleine Gruppe Schiffbrüchiger landet auf einer einsamen Insel. Die Leute haben nichts gerettet außer den Kleidern, die sie auf dem Leib tragen. Um ihre Existenz zu sichern, ernähren sie sich tagelang nur von Früchten, Wurzeln und Kleingetier. An den Ufern und in den Bächen gibt es jedoch Fische genug und in den Wäldern lebt Wild in Hülle und Fülle. Da wenig Hoffnung auf Rettung besteht, beschließen die Schiffbrüchigen, einige geschickte Leute vom Früchtesammeln freizustellen, damit diese Angelgeräte und Jagdwaffen herstellen können. Dieser Entschluss bedeutet für die Schiffbrüchigen zunächst teilweisen Verzicht auf die gewohnte Menge Nahrungsmittel, also Konsumverzicht. Nach Fertigstellung der Jagdgeräte (des „Kapitals") erhöht sich jedoch die täglich zur Verfügung stehende Nahrungsmittelmenge (Fisch, Fleisch). Die Befriedigung der Existenzbedürfnisse ist gesichert. Weiterer Konsumverzicht fällt den Schiffbrüchigen leichter, wenn sie z. B. ihren Lebensstandard durch das Anfertigen von Kleidung oder den Bau von Hütten erhöhen wollen.

Durch den vorläufigen Verzicht auf die Produktion von Konsumgütern können Produktionsgüter hergestellt werden. Diese Produktionsgüter erleichtern anschließend die Herstellung von Konsumgütern und erhöhen gleichzeitig die Wirksamkeit der Arbeit (Arbeitsproduktivität). In welchem Umfang die Arbeitsproduktivität gesteigert werden kann, hängt dabei nicht nur von der Menge, sondern auch von der Qualität (dem technischen Fortschritt) der Produktionsgüter ab.

(2) Kapitalbildung

Das mithilfe der beiden ursprünglichen Produktionsfaktoren Arbeit und Natur geschaffene Kapital im volkswirtschaftlichen Sinne stellt einen dritten **abgeleiteten (derivativen) Produktionsfaktor** dar, der der Erleichterung und Erweiterung der Produktion dienen kann.

Die Herstellung von Kapital im volkswirtschaftlichen Sinne erfordert **Konsumverzicht (Sparen)**.

---

1 Eine Naturalwirtschaft ist eine Wirtschaft ohne Geld als Zwischentauschgut.

Die Höhe der Kapitalbildung ist bedeutsam für das **Wachstum der Wirtschaft**.

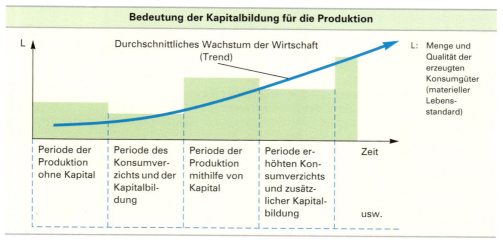

1.6.4.2 Kapitalbildung und Investition

In einer **Geldwirtschaft** erfolgt das **Sparen** i.d.R. nicht durch Vorratsbildung, sondern durch Verzicht auf vollständige Ausgabe des Geldeinkommens. Dort wird also zunächst **Geldkapital** gebildet, das anschließend zur **Investition** (Bildung von **Kapital** im volkswirtschaftlichen Sinne) führen **kann**. Das Sparen führt nämlich nur dann zur Kapitalbildung, wenn die gesparten Mittel von den Wirtschaftssubjekten (den wirtschaftlich Handelnden) in Produktivvermögen investiert werden.

> Die Anlage von Geld- und Sachkapital in Produktivvermögen wird als **Investition** bezeichnet.

1.6.5 Produktionsfaktor Bildung

Mit unserem Schiffbrüchigenbeispiel (vgl. S. 24) haben wir Jahrtausende der Menschheitsentwicklung im Zeitraffer zusammengefasst. Die Menschheit brauchte sehr lange, bis sie es verstand, die Produktion mithilfe von Werkzeugen (Kapital) zu steigern.

Die Schiffbrüchigen konnten die Werkzeuge nur deswegen so schnell bauen, weil sie ein bestimmtes Maß an Bildung im weitesten Sinne, hier also **technisches Wissen** (Know-how,[1] Human Capital[2]), aus der Zivilisation mitbrachten. Umfang und Qualität der Produktion hängen somit nicht nur von den Produktionsfaktoren Natur, Arbeit und Kapital, sondern auch vom **technischen Fortschritt** der wirtschaftenden Menschen ab.

Da Bildung und Ausbildung dem Menschen nicht von vornherein gegeben sind, sondern oft mühevoll erworben werden müssen, handelt es sich bei der Bildung ebenfalls um einen **abgeleiteten** (derivativen) **Produktionsfaktor**.

---

[1] Know-how (engl.): gewusst wie.
[2] Human Capital (engl.): menschliches Kapital (Bildung, technisches Wissen und Können, Ausbildungsstandard).

Unter dem **Produktionsfaktor Bildung** versteht man die Summe an organisatorischem und technischem Wissen (Know-how).

In der Bundesrepublik Deutschland wird – wie in vielen anderen Volkswirtschaften auch – die Ausgestaltung des Bildungssystems im Wesentlichen durch die Bildungspolitik bestimmt. Die **Bildungspolitik** beinhaltet die Gesamtheit aller **finanziellen, personellen** und **inhaltlichen** Entscheidungen, die das gesetzliche Rahmenwerk sowie die **institutionelle und organisatorische Struktur des Bildungswesens** betreffen. Aufgrund der Kulturhoheit der Länder ist das Schulsystem der Bundesrepublik Deutschland sehr **heterogen**. Der Schulbesuch ist für die Dauer von **neun** (bzw. in einigen Bundesländern **zehn**) **Schuljahren Pflicht,** daran schließt sich bis zum achtzehnten Lebensjahr die **Teilzeitschulpflicht** an, sofern nicht eine Vollzeitschule besucht wird. Die **allgemein bildenden** Schulen vermitteln die **grundlegenden Bildungsinhalte** und Lerntechniken, die **beruflichen Schulen** eine Grundausbildung oder eine **Berufsbildung** oder Berufsfortbildung.

Die Bereitstellung des Gutes Bildung bzw. Sicherung eines bestimmten Bildungsniveaus ist ein aus dem **Grundgesetz** ableitbares gesellschaftliches Ziel. Es besteht faktisch ein **Monopol des Staates** als **Bildungsanbieter;** begründet dadurch, dass Bildung als **öffentliches Gut** bezeichnet wird, sowie mit der These, nur der Staat kann die von der Verfassung geforderte **Einheitlichkeit der Lebensverhältnisse** gewährleisten. Schließlich gilt die **persönliche Qualifikation** nach wie vor als **wichtigste Erwerbsquelle** und stellt somit eine wesentliche Grundlage für den **individuellen Wohlstand** dar. Nicht zuletzt deshalb muss eine gezielte Förderung der Bildung von „Humankapital" als Teil einer auf mehr **Chancengleichheit** abstellenden **Vermögenspolitik** angesehen werden.

Mit Blick darauf, dass das Bildungsniveau eines Landes wesentlichen Einfluss auf den Wohlstand dieser Volkswirtschaft hat, werden Ausgaben in diesem Bereich als **Investitionen für die Zukunft** verstanden.

Zusammenfassung

- **Produktionsfaktoren** sind alle Grundelemente, die bei der Produktion mitwirken.
- Wir unterscheiden folgende **Arten von volkswirtschaftlichen Produktionsfaktoren:**

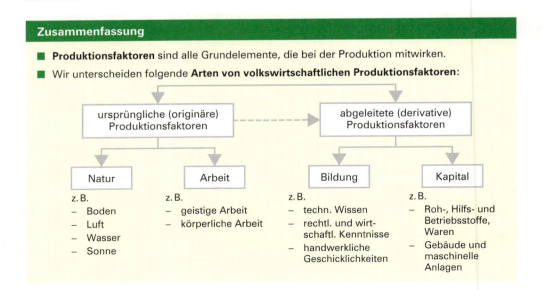

Übungsaufgaben

5   1. Der Anteil der Produktionsfaktoren an einem Gut kann unterschiedlich hoch sein. Übertragen Sie die nachstehende Tabelle in Ihr Hausheft und füllen Sie diese aus, indem Sie die Bedeutung der volkswirtschaftlichen Produktionsfaktoren angeben! (1: große Bedeutung; 2: mittlere Bedeutung; 3: verhältnismäßig geringe Bedeutung)

Gut	Bedeutung der Produktionsfaktoren		
	Arbeit	Natur	Kapital
Ölraffinerie Friseur Bank Spielwarengeschäft Bauernhof			

2. Präsident Lincoln verbot 1865 in den USA die Sklaverei. „Mit einem Schlag hat er damit einen großen Teil des Kapitals zerstört, das der Süden im Laufe der Jahre angesammelt hatte."

Aufgabe:

Nehmen Sie zu dieser Aussage Stellung!

3. Erklären Sie den Vorgang der Kapitalbildung an einem selbst gewählten Beispiel!

4. Begründen Sie, warum angespartes Geldkapital volkswirtschaftlich kein Sachkapital darstellt!

5. Lesen Sie zunächst sorgfältig nachstehenden Text durch!

Das Produzieren geht auf die Vereinigung der beiden Grundelemente Boden (Natur) und Arbeit (Mensch) zurück. Um den Sachverhalt klarzumachen, sei ein einfaches Beispiel gewählt. Angenommen, ein einzelner Mensch lebe auf einer Insel und könne bei normaler Anstrengung pro Tag ein Kaninchen mit der Hand fangen, das er auch am gleichen Tag zur Erhaltung seiner Lebensfähigkeit verzehren muss. Den Rest des Tages muss er schlafen. Es ist ohne Weiteres einzusehen, dass unter diesen Umständen eine Produktionssteigerung, also eine Verbesserung seines **Lebens-** **standards,** nicht möglich ist. Die Wirtschaft unseres Robinsons ist **stationär** (auf gleicher Stufe stehen bleibend). Nehmen wir aber weiter an, dass sich unser Inselbewohner eines Tages dazu entschließt, einen Tag lang zu hungern und währenddessen eine Falle zu bauen. Die Falle erfüllt ihren Zweck und künftig fängt Robinson im Durchschnitt 2 Kaninchen, sodass er sich sogar Vorräte an Trockenfleisch anlegen kann. Die so frei gewordene Arbeitszeit verwendet Robinson zum Bau weiterer Fallen, zur Schaffung von Jagd- und Angelgeräten und zum Bau einer Unterkunft ...

Aufgabe:

Entscheiden Sie, welcher wirtschaftliche Vorgang hier auf einfache Weise beschrieben ist! Kreuzen Sie die **zutreffendste** Antwort an! (Falls Ihnen das Buch nur leihweise überlassen wurde, schreiben Sie die Lösungsnummern bitte in Ihr Hausheft!)

5.1 Der Text beschreibt das Wesen der Produktion. ☐1

5.2 Im Text wird das Wesen der Produktionsfaktoren beschrieben. ☐2

5.3 Im Text werden die volkswirtschaftlichen Produktionsfaktoren definiert. ☐3

5.4 Der Text beschreibt den Begriff „Lebensstandard". ☐4

5.5 Der Text beschreibt die Kapitalbildung im volkswirtschaftlichen Sinne. ☐5

6

1. Unterscheiden Sie die originären und die derivativen volkswirtschaftlichen Produktionsfaktoren!

2. Begründen Sie, warum man den volkswirtschaftlichen Produktionsprozess als sinnvolle Kombination von Produktionsfaktoren bezeichnen kann!

3. Entscheiden Sie in den folgenden Fällen, welcher Bestimmungsgröße die jeweilige Situation zugeordnet werden kann! Tragen Sie bitte eine

   (1) ein, wenn es sich um eine Wachstumsgrenze beim Produktionsfaktor Arbeit,

   (2) ein, wenn es sich um eine Wachstumsgrenze beim Produktionsfaktor Boden,

   (3) ein, wenn es sich um eine Wachstumsgrenze beim Produktionsfaktor Kapital,

   (4) ein, wenn es sich um außerökonomische Faktoren handelt!

   Sollte keine eindeutige Zuordnung möglich sein, tragen Sie bitte eine (9) ein!

a)	Nach neuesten Prognosen werden die Ölquellen rund um den Erdball in ca. 40 Jahren versiegen.	
b)	Widerstände gegen die Anwendung neuester gentechnologischer Erkenntnisse in Deutschland verhindern größeren Ernteertrag in der Landwirtschaft.	
c)	Obwohl die großen Pharmakonzerne viel Geld in die Forschung und Entwicklung gesteckt haben, konnten bislang noch keine Medikamente gegen AIDS entwickelt werden.	
d)	Obwohl die Rahmenbedingungen für Investitionen in Deutschland allgemein als gut beurteilt werden, halten sich die Unternehmen spürbar zurück.	
e)	Viele Experten sehen die Ursachen für fehlendes Wirtschaftswachstum in dem Mangel an Fachkräften. Dies gilt insbesondere für den Bereich der zukunftsträchtigen Informationstechnologie.	
f)	Die hohe Arbeitslosigkeit bedeutet letztlich auch Verzicht auf Wirtschaftswachstum.	

2 Markt und Preis

2.1 Grundbegriffe

2.1.1 Markt als Koordinationsinstrument

(1) Begriff Markt

In einer marktwirtschaftlich orientierten Wirtschaftsordnung stellen alle Wirtschaftssubjekte – also die **Haushalte** (in der Regel als **Nachfrager**) sowie die **Unternehmen** (zumeist in der Rolle der **Anbieter**) – ihrem **Eigeninteresse** folgend **selbstständig** Wirtschaftspläne auf. Dabei versuchen die **Anbieter** (Unternehmen) ihre Pläne am Ziel der **Gewinnmaximierung** auszurichten, wohingegen sich die **Nachfrager** (Haushalte) bei ihren Planungen überwiegend an dem Ziel der **Nutzenmaximierung** orientieren. Die **Gegensätzlichkeit** dieser Planungsgrundlage wird deutlich, wenn man sich vor Augen führt, dass die **Anbieter** im Rahmen ihrer Zielsetzung bemüht sein werden, entsprechend **hohe Preise** durchzusetzen. Die **Nachfrager** demgegenüber versuchen, mit den ihnen zur Verfügung stehenden Mitteln (Budgetgerade) ein möglichst hohes Nutzenniveau zu realisieren, also zu möglichst **niedrigen Preisen** ihren Bedarf zu decken.

Beide „Parteien" sind bestrebt, ihre individuellen Planungen am Markt zu realisieren.

- So ermöglicht der Markt den **Anbietern,** ihre Güter entsprechend ihren Zielvorstellungen anzubieten und sich über die Nachfrage zu informieren.
- Den **Nachfragern** hingegen bietet der Markt die Möglichkeit, sich über das Angebot zu informieren und ihre Kaufentscheidung unter Berücksichtigung der Nutzenmaximierung zu treffen.

Ökonomisch betrachtet versteht man unter **Markt** den Ort, an dem Angebot und Nachfrage aufeinandertreffen.

Letztlich erfolgt über den Markt ein **Ausgleich** zwischen den **entgegengesetzten** Interessen von Anbietern und Nachfragern, da sich als Ergebnis des Marktgeschehens **ein** Preis (der sogenannte Gleichgewichtspreis) bildet, über den die unterschiedlichen Zielsetzungen der Marktteilnehmer „ausbalanciert" werden **(Selbststeuerungsmechanismus des Marktes).**

Anbieter versuchen auf dem Markt ihre Güter abzusetzen. Dabei streben sie nach Gewinnmaximierung. → MARKT ← Nachfrager versuchen auf dem Markt ihre Nachfragepläne zu verwirklichen. Sie streben nach Nutzenmaximierung.

(2) Einteilung der Märkte

In einer Volkswirtschaft gibt es nicht nur einen Markt, sondern eine **Vielzahl** von Märkten, die sich nach verschiedenen Kriterien untergliedern.

Kriterium	Erläuterungen
Marktobjekt	■ **Gütermärkte:** Auf diesen Märkten werden Sachgüter und Dienstleistungen gehandelt. ■ **Faktormärkte:** Marktobjekte sind die Produktionsfaktoren Arbeit (Arbeitsmarkt), Boden (Immobilienmarkt) und Geldkapital als Vorstufe zum Realkapital (Finanzmärkte).
Organisationsgrad	■ **Organisierte Märkte:** Das Marktgeschehen verläuft nach bestimmten, festgelegten Regeln, wobei Zeit und Ort ebenfalls determiniert sind (z.B. Börse, Auktion, Messe). ■ **Nicht organisierte Märkte:** Das Marktgeschehen ist nicht an einen festen Ort oder eine bestimmte Zeit gebunden.
Marktzutritt	■ **Offene Märkte:** Anbieter wie Nachfrager haben freien Zugang zu diesem Markt. Es bestehen keinerlei Zugangsbeschränkungen. ■ **Beschränkte Märkte:** Der Marktzutritt ist an die Erfüllung bestimmter Voraussetzungen (z.B. Konzessionen, Befähigungsnachweise) gebunden. ■ **Geschlossene Märkte:** Der Marktzutritt ist nur einem bestimmten Teilnehmerkreis vorbehalten (z.B. Staat als Nachfrager von Rüstungsgütern).
Vollkommenheitsgrad	■ **Vollkommene Märkte:** Märkte, auf denen es nur einen einheitlichen Preis für ein bestimmtes Gut geben kann. ■ **Unvollkommene Märkte:** Märkte, auf denen es für ein bestimmtes Gut unterschiedliche Preise gibt!
Anzahl der Anbieter und Nachfrager	■ **Polypolistische Märkte:**[1] Vollständige Konkurrenz, d.h., unzählige Anbieter und Nachfrager treten auf dem Markt auf. ■ **Oligopolistische Märkte:**[2] Märkte, bei denen auf einer und/oder beiden Marktseiten wenige Konkurrenten vorhanden sind. ■ **Monopolistische Märkte:**[3] Märkte, bei denen sich auf einer und/oder beiden Marktseiten nur ein Marktbeteiligter befindet.

---

1 Die Vorsilbe poly… bedeutet in Fremdwörtern „viel", z.B. in „Polygamie" die Vielehe.
2 Die Vorsilbe olig… bedeutet in Fremdwörtern „wenig", z.B. in „Oligarchie" die Herrschaft weniger.
3 Die Vorsilbe mono… bedeutet in Fremdwörtern „ein", z.B. in „Monotonie" die Eintönigkeit.

2.1.2 Nachfrageverhalten

Wir wissen aus unserer Lebenserfahrung, dass neben der Qualität der Preis eines Gutes, das wir zu kaufen beabsichtigen, eine entscheidende Rolle spielt. Wir wissen aber auch, dass die Kaufentscheidungen der einzelnen Verbraucher höchst unterschiedlich sind, ganz einfach deshalb, weil ihre Bedürfnisse und ihre Einkommen bzw. Vermögen verschieden sind.

(1) Individuelle Nachfrage[1]

Wir beschränken uns im Folgenden auf den **privaten Haushalt** (den privaten Verbraucher) als Nachfrager nach Konsumgütern. Das **Nachfrageverhalten** des privaten Haushalts hängt von zahlreichen Faktoren ab.

(2) Bestimmungsgründe der individuellen Nachfrage (Beispiele)

Stärke und Rangordnung der Bedürfnisse	Verfügbares Einkommen bzw. Vermögen	Preis des nachgefragten Gutes	Preise anderer Güter	
			Preise von Substitutionsgütern[2]	Preise von Komplementärgütern[3]
Die individuelle Nachfrage nach Gütern ist von Nachfrager zu Nachfrager unterschiedlich, weil Dringlichkeit und Rangordnung der Bedürfnisse (die Bedürfnisstrukturen) verschieden sind.	Die individuelle Nachfrage wird durch das verfügbare Einkommen (z. B. Gehalt abzüglich Steuern und Sozialversicherungsabgaben) sowie die Höhe und Struktur des Vermögens bestimmt und begrenzt.	Bei gegebenem Einkommen und gegebenem Vermögen bestimmt u. a. der Preis eines Gutes, ob und in welcher Menge ein Gut nachgefragt wird.	Bei austauschbaren Gütern (Substitutionsgütern) wird ein Verbraucher bei steigendem Preis des Gutes A die Nachfrage nach dem Gut A einschränken oder ganz einstellen und seine Nachfrage nach dem Substitutionsgut B erhöhen.	Bei **Komplementärgütern** wird der Verbraucher seine Nachfrage einschränken, wenn der Preis eines oder mehrerer Komplementärgüter steigt.

Noch ein Wort zur „Bedürfnisstruktur" des privaten Haushalts. Sie ist keine gleichbleibende (konstante) Größe. Vielmehr ändert sie sich im Zeitablauf durch zahlreiche Umwelteinflüsse (z. B. soziale, wirtschaftliche, technische und politische Veränderungen). In wirtschaftlich und/oder politisch unsicheren Zeiten wird mancher private Nachfrager mehr als üblich sparen, weil er Angst vor der Zukunft (z. B. vor Arbeitslosigkeit oder Altersarmut) hat. Sieht er indessen der Zukunft positiv entgegen, wird er auch geneigt sein, mehr Geld als bisher auszugeben. Weitere Einflüsse auf die Bedürfnisstruktur des privaten Haushalts haben die Werbung, das Verhalten der Nachbarn, der Arbeitskollegen, das mehr oder weniger gute Vorbild prominenter (allgemein bekannter) Personen und die Medien.

---

1 Individuum: der Einzelne.

2 Substitutionsgüter sind austauschbare (gegenseitig ersetzbare) Güter. Beispiele: Butter und Margarine; Heizöl, Erdgas und Holzpellets; Feuerzeug und Streichhölzer; Metall und Kunststoff.

3 Komplementärgüter sind sich gegenseitig ergänzende Güter. Beispiele: Dieselfahrzeug – Dieselöl; Lampe – Glühbirne; Drucker – Papier.

Preis und Nachfrage. Lassen wir alle anderen Bestimmungsgründe der individuellen Nachfrage außer Acht, dann kann man folgende Beziehungen zwischen Preis und nachgefragter Menge annehmen („**Gesetz der Nachfrage**"):

- Mit steigendem Preis eines Gutes sinkt die Nachfrage nach diesem Gut.
- Mit sinkendem Preis eines Gutes steigt die Nachfrage nach diesem Gut.

Das Gesetz der Nachfrage beschreibt das normale Nachfrageverhalten eines privaten Haushalts. Hiervon gibt es auch Ausnahmen. Nimmt ein Nachfrager z. B. den Preis eines Gutes als Qualitätsmaßstab, wird er mit **steigendem Preis** mengenmäßig **mehr**, mit **sinkendem Preis** mengenmäßig **weniger nachfragen (anomale Nachfrage)**. Ähnliche Verhaltensweisen sind auch möglich, wenn ein privater Haushalt steigende (sinkende) Preise erwartet.

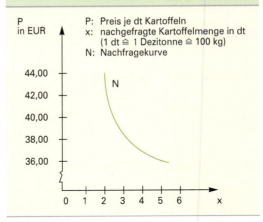

Die **Nachfragekurven** sind von privatem Haushalt zu privatem Haushalt unterschiedlich, weil die Bedürfnisstrukturen und die Einkommens- und Vermögensverhältnisse verschieden sind.

Beispiel:

Legt der Haushalt Müller weniger Wert auf Teigwaren, sondern bevorzugt er Kartoffeln, wird seine mengenmäßige Nachfrage nach Kartoffeln nur geringfügig abnehmen, wenn der Kartoffelpreis steigt. Man sagt, die Nachfrage ist preisunelastisch. Preiselastisch ist hingegen seine Nachfrage nach Teigwaren. Steigen die Preise der Teigwaren, wird der Haushalt Müller weniger oder gar keine Teigwaren mehr nachfragen.

Mögliche Nachfragekurven

vollkommen unelastische Nachfrage (Grenzfall)	unelastische Nachfrage	elastische Nachfrage	vollkommen elastische Nachfrage (Grenzfall)

P: Preis
x: nachgefragte Menge
N: Nachfragekurve

Vor allem bei lebensnotwendigen und für lebensnotwendig erachteten Gütern (Güter des Zwangsbedarfs, z. B. Wasser, Medikamente, Süßstoff für Zuckerkranke, Heizöl).

Vor allem bei nicht lebensnotwendigen Gütern (Güter des Wahlbedarfs, z. B. Ferienreisen, Zweitwagen, Theaterbesuche, Schnittblumen).

(3) Marktnachfrage (Gesamtnachfrage für ein Gut)

Unterstellt man, dass sich die Mehrzahl aller Nachfrager nach dem „Gesetz der Nachfrage" verhält, und fasst man gedanklich alle individuellen Nachfragekurven zusammen, erhält man die Marktnachfragekurve (Gesamtnachfragekurve nach einem Gut). Die Marktnachfragekurve zeigt, wie groß die mengenmäßige Nachfrage nach einem Gut bei unterschiedlichen Preisen dieses Gutes ist.

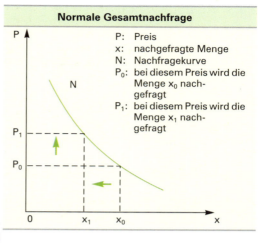

(4) Nachfrageverschiebungen

Eine Nachfragekurve gilt nur für einen bestimmten Zeitpunkt, denn in der Wirtschaft verändern sich die Nachfrageverhältnisse laufend, d.h., die Nachfragekurven verschieben sich. Solche Verschiebungen treten z.B. ein, wenn sich die Bedürfnisse ändern, die Preise anderer Güter steigen oder fallen, die Zahl der Nachfrager wächst oder schrumpft (z.B. aufgrund einer Bevölkerungszunahme oder -abnahme) oder die Einkommen steigen oder fallen.

Zunehmende Nachfrage bedeutet, dass bei gegebenen Preisen mehr nachgefragt wird: Die Nachfragekurve verschiebt sich nach **„rechts"**. **Abnehmende** Nachfrage bedeutet, dass bei gegebenen Preisen weniger nachgefragt wird: Die Nachfragekurve verschiebt sich nach **„links"**.

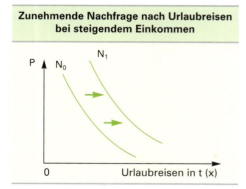
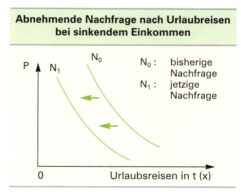

Die Aussage, dass mit steigendem Einkommen die Nachfrage zu- und mit sinkendem Einkommen abnimmt, trifft nur auf die sogenannten **superioren** (höherwertigen) Güter zu. Bei **inferioren** (geringwertigen) Gütern nimmt die Nachfrage ab, wenn die Einkommen steigen.

> **Beispiele: für superiore Güter:**
> Brötchen statt Brot, Butter statt Margarine, Gemüse statt Kartoffeln, Fisch statt Fleisch, exotische Früchte statt einheimischen Obstes.

2.1.3 Anbieterverhalten

Während die Nachfrager das Interesse haben, zu möglichst niedrigen Preisen zu kaufen, ist das Interesse der Anbieter darauf gerichtet, zu möglichst hohen Preisen zu verkaufen. Die Interessenlagen der Marktpartner sind also entgegengesetzt.

(1) Individuelles Angebot

Wir beschränken uns im Folgenden auf das Angebotsverhalten der **privaten Betriebe** (Unternehmen). Das individuelle Angebot wird von zahlreichen Faktoren mitbestimmt.

(2) Bestimmungsgründe des individuellen Angebots (Beispiele)

Zielsetzung des Anbieters	Marktstellung des Anbieters	Tatsächliche und/oder erwartete Marktlage	Kosten und Kosten-struktur des Anbieters
Z. B. Gewinnmaximierung, Kostendeckung, Ausweitung des Marktanteils, Ausschaltung der Konkurrenz, Sicherung eines angemessenen Gewinns, Umweltschutz.	Polypolistisches,[1] oligopolistisches[1] oder monopolistisches[1] Verhalten.	Konjunkturlage, Absatzpreise der Konkurrenz, Stand und Entwicklung der Nachfrage, technische und/oder modische Entwicklung, Konkurrenzbedingungen.	Preise der Produktionsfaktoren (Kosten), technischer Stand (technisches Wissen) des Anbieters.

(3) Kosten als Preisuntergrenze

Bei reproduzierbaren[2] Gütern stellen die **Selbstkosten** je Stück (Stückkosten) i. d. R. die Preisuntergrenze der Anbieter dar, denn auf längere Sicht muss jeder Anbieter seine Gesamtkosten decken, wenn er überleben (am Markt bleiben) will.

Die **Gesamtkosten** setzen sich aus **fixen Kosten** und **variablen[3] Kosten** zusammen.

- **Fixe Kosten** sind Kosten, die sich bei Veränderung der Beschäftigung in ihrer absoluten Höhe nicht verändern.

> **Beispiele:**
>
> Pachten, Mieten und Arbeitsentgelte für die Stammbelegschaft, Grundsteuer.

- **Variable Kosten** sind Kosten, die sich bei Veränderung der Beschäftigung in ihrer **absoluten Höhe verändern.**

> **Beispiele:**
>
> Rohstoffverbrauch (im Industriebetrieb), Umsatz zu Einstandspreisen (Bezugspreisen) im Handelsbetrieb, Arbeitsentgelte für Leiharbeitskräfte.

---

1 Siehe Fußnote 1 bis 3 auf S. 30.

2 Reproduzierbare Güter sind solche, die immer wieder in gleicher Art hergestellt werden können.

3 Variabel (lat., frz.) beweglich, veränderlich.

Mit zunehmender Beschäftigung, d. h. mit zunehmender Kapazitätsauslastung,[1] sinken die Selbstkosten je Stück (Stückkosten), weil der Anteil der fixen Kosten an der einzelnen Leistungseinheit (z. B. Stückzahl eines bestimmten Erzeugnisses, verkaufte Waren) abnimmt. Mit abnehmender Beschäftigung tritt der umgekehrte Effekt ein. Man spricht vom **Gesetz der Massenproduktion**.

Beispiel:

Die Huber KG kann maximal 500 Werkstücke je Periode herstellen. Die variablen Kosten je Stück betragen 200,00 EUR, die fixen Kosten 100 000,00 EUR je Periode.

Hergestellte Menge in Stück	Fixe Kosten in Euro	Variable Kosten in Euro	Gesamtkosten in Euro	Stückkosten in Euro
100	100 000	20 000	120 000	1 200
200	100 000	40 000	140 000	700
300	100 000	60 000	160 000	533
400	100 000	80 000	180 000	450
500	100 000	100 000	200 000	400

Unter bestimmten Bedingungen bieten die Unternehmen ihre Produkte (Sachgüter und Dienstleistungen) unter den Selbstkosten an. Dies ist z. B. bei der Überlegung der Fall, ob ein zusätzlicher Auftrag, der nur unter den Selbstkosten erteilt wird, angenommen werden soll oder nicht. Die **absolute Preisuntergrenze** sind dann die **variablen Kosten**.

(4) Preis und Angebot

Im Folgenden beschränken wir uns auf die Betrachtung des Zusammenhangs zwischen Preis und Angebot. Die Wirtschaftstheorie sieht i. d. R. folgende Beziehungen zwischen Preis und Angebotsmenge („**Gesetz des Angebots**"):

- Mit steigendem Preis eines Gutes steigt das Angebot für dieses Gut.
- Mit sinkendem Preis eines Gutes sinkt das Angebot für dieses Gut.

Das Gesetz des Angebots lässt sich wie folgt begründen: Mit steigenden Absatzpreisen wird der Anbieter versuchen, sein Angebot mengenmäßig auszuweiten, weil er sich zusätzliche Gewinne verspricht. Bei sinkenden Preisen wird er sein Angebot verringern oder (längerfristig) ganz aus dem Markt nehmen, weil die Gewinne sinken oder Verluste entstehen.

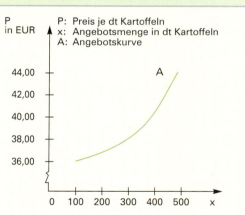

Normales Angebot eines landwirtschaftlichen Betriebs bei unterschiedlichen Preisen

P: Preis je dt Kartoffeln
x: Angebotsmenge in dt Kartoffeln
A: Angebotskurve

---

[1] Kapazität: Leistungsfähigkeit eines Betriebs je Zeiteinheit.

Das **Gesetz des Angebots** beschreibt das **normale Angebotsverhalten**. Es gibt jedoch **wesentliche Ausnahmen**. Nach dem **Gesetz der Massenproduktion** nehmen die Stückkosten bei zunehmender Produktion ab, bei abnehmender Produktion jedoch zu. Marktstarke Unternehmen mit hohem Fixkostenanteil werden daher versuchen, bei zurückgehender Nachfrage ihre Produktion und damit ihr Angebot bei **steigenden Preisen** zu drosseln, um ihre Stückkosten zu decken **(anomales Angebot)**. Umgekehrt sind sie in der Lage, bei zunehmender Nachfrage ihr Angebot auszuweiten und die **Absatzpreise zu senken** (Beispiele: elektrische Küchengeräte, Kofferradios, Taschenrechner, Personalcomputer).

Die **Angebotskurven** sind von Anbieter zu Anbieter unterschiedlich, weil Zielsetzungen, Marktstellungen, Marktsituationen und Kostenstrukturen verschieden sind.

> **Beispiel:**
>
> Das Angebot ist in der Regel vollkommen elastisch, wenn ein Anbieter unterbeschäftigt ist, sodass er bei steigender Nachfrage nicht die Preise erhöhen möchte, um den Absatz nicht zu gefährden. Sein Angebot wird jedoch dann vollkommen unelastisch, wenn er an seiner Kapazitätsgrenze angelangt ist: Er kann die Preise erhöhen, nicht aber sein mengenmäßiges Angebot.

Mögliche Angebotskurven

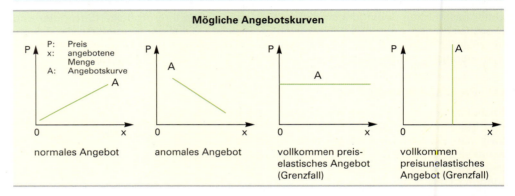

normales Angebot — anomales Angebot — vollkommen preiselastisches Angebot (Grenzfall) — vollkommen preisunelastisches Angebot (Grenzfall)

(5) Marktangebot (Gesamtangebot für ein Gut)

Unterstellt man, dass sich die Mehrzahl aller Anbieter eines Gutes nach dem „Gesetz des Angebots" verhalten und fasst man gedanklich alle individuellen Angebotskurven zusammen, erhält man die Marktangebotskurve (Gesamtangebotskurve für ein Gut). Die Marktangebotskurve zeigt (wie alle Angebotskurven), wie groß das mengenmäßige Angebot für ein Gut bei unterschiedlichen Preisen dieses Gutes ist.

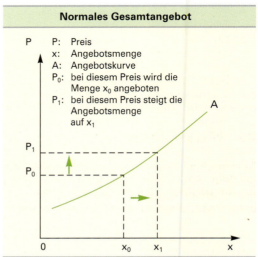

Normales Gesamtangebot

P: Preis
x: Angebotsmenge
A: Angebotskurve
P_0: bei diesem Preis wird die Menge x_0 angeboten
P_1: bei diesem Preis steigt die Angebotsmenge auf x_1

(6) Angebotsverschiebungen

Das Marktangebot für ein Gut verschiebt sich im Laufe der Zeit aus verschiedensten Gründen. Nimmt z. B. die Zahl der Anbieter zu, nimmt auch das Angebot zu. Nimmt die Zahl der Anbieter ab, nimmt auch das Angebot ab, es sei denn, die Kapazitäten der Anbieter verändern sich.

Weitere Gründe für die Zunahme des Angebots sind z. B. der **technische Fortschritt** (aufgrund des Übergangs der Betriebe auf anlageintensivere Produktionsverfahren erweitern sich die Kapazitäten und damit das mögliche Angebot), die **Zukunftserwartungen** der Unternehmer (aufgrund zusätzlicher Investitionen nimmt das Angebot zu) und **Faktorpreissenkungen** (die bisherigen Mengen können nun zu niedrigeren Preisen angeboten werden). Das Umgekehrte gilt, wenn das Marktangebot abnimmt.

Zunehmendes Angebot bedeutet, dass bei gegebenen Preisen mehr angeboten wird: Die Angebotskurve verschiebt sich nach **„rechts"**. **Abnehmendes Angebot** bedeutet, dass bei gegebenen Preisen weniger angeboten wird: Die Angebotskurve verschiebt sich nach **„links"**.

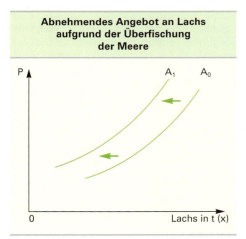

2.2 Marktformen

Die einzelnen Märkte lassen sich nach der **Anzahl** der jeweiligen **Marktteilnehmer** untergliedern. Strukturiert man die Anzahl der Anbieter und Nachfrager auf einem Markt in **quantitativer** Hinsicht in die Kategorien „einer", „wenige" und „viele", so erhält man folgendes Grundschema mit insgesamt **neun** verschiedenen Marktformen.

Zahl der Nachfrager Zahl der Anbieter	einer	wenige	viele
einer	zweiseitiges Monopol	Angebotsmonopol mit oligopolistischer Nachfrage	Angebotsmonopol
wenige	Nachfragemonopol mit oligopolistischem Angebot	zweiseitiges Oligopol	Angebotsoligopol
viele	Nachfragemonopol	Nachfrageoligopol	vollständige (polypolistische) Konkurrenz

▨ vollkommene Märkte[1]　　▨ unvollkommene Märkte

Aus dieser Untergliederung ergeben sich in erster Linie Konsequenzen für die Verteilung der **Marktmacht** zwischen Anbietern und Nachfragern. So dürfte die Marktmacht zwischen Anbietern und Nachfragern bei einem Angebotsmonopol anders verteilt sein als bei einem Nachfragemonopol. Während im ersten Fall die stärkere Verhandlungsposition wegen fehlender Alternativen für die Nachfrager aufseiten des Anbieters liegt **(Verkäufermarkt)**, ist bei der zweiten Marktform der Nachfrager in der besseren Position **(Käufermarkt)**. Diese ungleiche Verteilung von Marktmacht bleibt nicht ohne Folgen für den Preisbildungsprozess am Markt.

Wie sich die Preisbildung in den einzelnen Marktformen vollzieht, ist jedoch nicht zuletzt auch stark abhängig von den **qualitativen** Komponenten eines Marktes und hierbei insbesondere von dem Vollkommenheitsgrad.

Die quantitativen und qualitativen Kriterien zur Markteinteilung lassen sich miteinander kombinieren, wodurch eine Vielzahl unterschiedlicher Märkte gegeneinander abgegrenzt werden kann.

Um den **Preisbildungsprozess** bei unterschiedlichen Marktformen differenzierter zu betrachten, soll der **Grad der Vollkommenheit eines Marktes** nachfolgend mit in die Überlegungen zur Preisbildung einbezogen werden.

Zahl der Anbieter Vollkommenheitsgrad	einer	wenige	viele
vollkommener Markt	vollkommenes Angebotsmonopol	vollkommenes Angebotsoligopol	vollkommene polypolistische Konkurrenz
unvollkommener Markt	unvollkommenes Angebotsmonopol	unvollkommenes Angebotsoligopol	unvollkommene polypolistische Konkurrenz

---

1　Zum Begriff vollkommener Markt siehe Ausführungen S. 39.

2.3 Preisbildung

2.3.1 Preisbildung bei vollständiger Konkurrenz[1]

2.3.1.1 Vollkommener Markt

Für das Vorliegen **eines vollkommenen** Marktes müssen nachfolgende Voraussetzungen erfüllt sein:

Voraus-setzungen	Erläuterungen	Beispiele
Homogenität der Güter	Ein Einheitspreis entwickelt sich nur dann, wenn auf dem Markt vollkommen gleichartige Güter gehandelt werden: Die Güter müssen homogen sein.	Banknoten, Aktien einer bestimmten Aktiengesellschaft, Edelmetalle, Baumwolle eines bestimmten Standards.
Punktmarkt	Angebot und Nachfrage müssen gleichzeitig an einem bestimmten Ort aufeinandertreffen.	Nur die an einem bestimmten Tag bei einem Börsenmakler zusammenlaufenden Kauf- und Verkaufsaufträge bestimmen den Kurs (den Preis) des Tages.
Markttransparenz	Anbieter und Nachfrager müssen eine vollständige Marktübersicht besitzen.	Eine Hausfrau hat dann eine vollständige Marktübersicht, wenn sie die Preise und Qualitäten aller angebotenen Waren kennt. – Ein Anbieter besitzt die vollkommene Marktübersicht, wenn ihm die Kaufabsichten aller Kunden bekannt sind. (Vollständige Markttransparenz findet sich folglich nur an der Börse.)
Unendlich schnelle Reaktionsfähigkeit	Anbieter und Nachfrager müssen sofort auf Änderungen der Marktsituation reagieren können.	Der Börsenspekulant hat jederzeit die Möglichkeit, sich telefonisch an der Börse über den Stand der Nachfrage, des Angebots und der Kurse zu informieren (Markttransparenz). Zugleich hat er die Möglichkeit, z.B. bei steigenden Kursen mehr anzubieten oder weniger nachzufragen (schnelle Reaktionsfähigkeit).
Keine Präferenzen[2]	Käufer und Verkäufer dürfen sich nicht gegenseitig bevorzugen.	■ Eine **sachliche Präferenz** liegt vor, wenn ein Käufer der Meinung ist, dass das Produkt des Herstellers A besser als das des Herstellers B ist, auch wenn beide Produkte objektiv gleich (homogen) sind. ■ Eine **zeitliche Präferenz** ist gegeben, wenn z.B. ein Käufer den Lieferer A bevorzugt, weil dieser schneller liefern kann. ■ Von **räumlicher Präferenz** spricht man z.B., wenn die räumliche Nähe des Marktpartners zu Bevorzugungen führt. ■ **Persönliche Präferenzen** bestehen z.B. dann, wenn ein Kunde ein Geschäft aufgrund besonders kulanter und freundlicher Bedienung bevorzugt.

Fehlt nur **eine** der genannten Bedingungen, spricht man von einem **unvollkommenen Markt**. Annähernd vollkommene Märkte sind die Ausnahme, unvollkommene Märkte die Regel.

---

1 Es handelt sich hierbei um ein vollkommenes Polypol.
2 Präferenz: vorrang, Bevorzugung.

2.3.1.2 Gleichgewichtspreis

(1) Bildung des Gleichgewichtspreises

Um uns den Vorgang der **Preisbildung bei vollständiger Konkurrenz (auf einem vollkommenen polypolistischen Markt)** zu verdeutlichen, greifen wir zu einem einfachen Beispiel.

Beispiel:

Die Warenbörsen erhalten von den Käufern und Verkäufern Kauf- oder Verkaufsaufträge. Dabei können Käufer und Verkäufer ihre Aufträge limitieren, d.h. begrenzen. Ein Käufer kann z.B. den Warenmakler[1] beauftragen, eine bestimmte Warenmenge höchstens zu 62,00 EUR je Gewichtseinheit zu kaufen. Sollte der Kurs (der an der Börse festgelegte Preis) am Kauftag höher sein, wird der Auftrag nicht ausgeführt.

Ein Verkäufer kann den Warenmakler beauftragen, eine bestimmte Warenmenge zu mindestens 61,00 EUR zu verkaufen. Ist der Kurs (Preis) am Verkaufstag niedriger, wird der Auftrag ebenfalls nicht ausgeführt. Werden die Kauf- und Verkaufsaufträge nicht limitiert, werden die zum Kauf nachgefragten bzw. die zum Verkauf angebotenen Waren „bestens", d.h. zu dem am Abschlusstag gültigen Kurs (Preis) ge- oder verkauft.

Angenommen nun, bei einem Warenmakler laufen für eine Weichweizensorte einheitlicher Qualität folgende Aufträge ein:

Kaufaufträge (Nachfrage)	Verkaufsaufträge (Angebot)
50 dt[2] bestens	30 dt bestens
45 dt zu 61,00 EUR höchstens	45 dt zu 61,00 EUR mindestens
20 dt zu 62,00 EUR höchstens	85 dt zu 62,00 EUR mindestens
70 dt zu 63,00 EUR höchstens	40 dt zu 63,00 EUR mindestens
20 dt zu 64,00 EUR höchstens	35 dt zu 64,00 EUR mindestens

Der Warenmakler hat nun die Aufgabe festzustellen, bei welchem Preis (Kurs) der höchste Umsatz erzielt werden kann. Dazu muss festgestellt werden, welche Umsätze (Menge · Preis) bei den einzelnen Preisen möglich sind:

Mögliche Preise (Kurse)	Durchführbare Kaufaufträge (Nachfrage)	Durchführbare Verkaufsaufträge (Angebot)	Umsetzbare Menge
60,00 EUR	205 dt[3]	30 dt[5]	30 dt
61,00 EUR	205 dt	75 dt	75 dt
62,00 EUR	160 dt[4]	160 dt	160 dt
63,00 EUR	140 dt	200 dt	140 dt
64,00 EUR	70 dt	235 dt	70 dt

In diesem Beispiel beträgt der vom Makler festgesetzte Preis 62,00 EUR je dt, weil hier der größtmögliche Umsatz getätigt werden kann. Man spricht vom **Gleichgewichtspreis.**

---

1 Ein Makler ist ein Kaufmann, der Geschäfte für andere vermittelt. Für seine Tätigkeit erhält er eine Maklergebühr (Courtage), die von beiden Vertragspartnern (Käufer, Verkäufer) je zur Hälfte zu zahlen ist.

2 1 dt: Dezitonne (100 kg).

3 Bei einem Preis (Kurs) von 60,00 EUR wollen alle Auftraggeber kaufen, auch diejenigen, die eigentlich einen höheren Kurs zu zahlen bereit sind.

4 Bei einem Preis von 62,00 EUR kaufen die Auftraggeber nicht mehr, die höchstens 61,00 EUR anlegen wollten. Die Käufer, die nicht limitiert haben, kaufen jedoch zu jedem Kurs.

5 Es verkaufen nur die Auftraggeber, die nicht limitiert haben. Alle anderen wollten einen höheren Preis erzielen.

Der **Gleichgewichtspreis** bringt Angebot und Nachfrage zum Ausgleich, er „räumt den Markt".

(2) Auswirkungen des Gleichgewichtspreises

Der Gleichgewichtspreis ist in der Lage, die **unterschiedlichen Interessen** der **Anbieter** und **Nachfrager** auszugleichen. Die **Anbieter** haben ein Interesse daran, möglichst **hohe Preise** zu erzielen. Das Interesse der **Nachfrager** hingegen besteht darin, die nachgefragten Güter zu möglichst **niedrigen Preisen** zu erhalten.

Zu beachten ist, dass die Anbieter, die einen **höheren Preis als den Gleichgewichtspreis** (Marktpreis) erzielen wollen, und die Nachfrager, die nur einen **niedrigeren Preis als den Gleichgewichtspreis** bezahlen wollen, **leer ausgehen**.

Die Marktteilnehmer jedoch, die zum Zuge kommen, befinden sich in unterschiedlichen Situationen.

- Diejenigen Anbieter, die auch zu einem niedrigeren Preis als zu dem Gleichgewichtspreis verkaufen würden, erzielen einen zusätzlichen Gewinn, den man als Anbieterrente bezeichnet. Handelt es sich bei diesen Anbietern um Hersteller bzw. Verkäufer von Produkten, deren Produktion Kosten verursacht hat, spricht man von **Produzentenrente**.
- Die Käufer hingegen, die auch einen höheren Preis als den Gleichgewichtspreis zu zahlen gewillt wären, erzielen eine **Nachfragerrente**. Handelt es sich um Nachfrager nach Konsumgütern, spricht man von der **Konsumentenrente**. Sie stellt für die Nachfrager nach Konsumgütern (also vor allem die privaten Haushalte) einen **Nutzengewinn** dar.

Beachte:

Handelt es sich um reproduzierbare Güter (immer wieder neu herstellbare Güter),[1] kommt in den Preisforderungen der Anbieter die Höhe ihrer Produktionskosten[2] zum Ausdruck. Je höher die Produktionskosten jedes einzelnen Anbieters sind, desto höher wird i. d. R. auch seine Preisforderung sein. In den Preisvorstellungen der Käufer kommen, falls es sich um Konsumgüter handelt, ihre individuellen Nutzenvorstellungen zum Ausdruck. Je höher der individuelle Nutzen des nachgefragten Gutes ist, desto mehr ist der einzelne Nachfrager zu zahlen bereit.

---

[1] Bei nicht reproduzierbaren Gütern (z.B. Sammlungen von Mineralien, Versteinerungen oder Briefmarken, Kunstgegenständen und Boden) spielen die Anschaffungskosten als objektive Größe für die Anbieter nur eine geringe Rolle. Ihre Preisvorstellungen sind mehr oder weniger subjektiv bestimmt.

[2] In den Produktionskosten ist ein angemessener Unternehmergewinn, Zinsen für das investierte Eigenkapital, eine Risikoprämie und ein Unternehmerlohn für die geleistete Arbeit enthalten. Die „Produzentenrente" stellt also einen Zusatzgewinn dar.

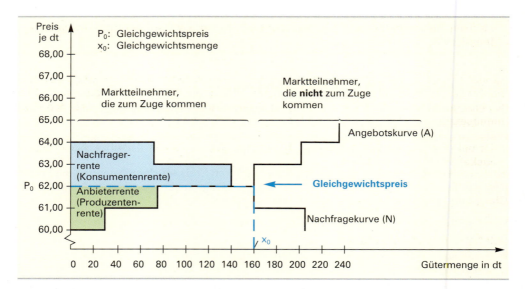

Wenn man sich nun vorstellt, dass sehr viele (theoretisch „unendlich" viele) Anbieter und Nachfrager auf dem Markt sind, verschwinden die „Treppen" aus der Angebots- und aus der Nachfragekurve. Es ergibt sich folgendes Bild:

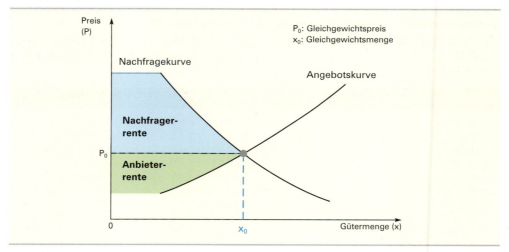

(3) Auswirkungen anderer Preise als der Gleichgewichtspreis

Ganz wesentlich ist die Erkenntnis, dass jeder andere als der Gleichgewichtspreis (Einheitspreis) den Markt nicht räumen kann. Setzt der Warenmakler beispielsweise einen Kurs von 61,00 EUR je dt fest, beträgt die Nachfrage 205 dt, das Angebot nur 75 dt (Unterangebot bzw. Übernachfrage: **Angebotslücke**).[1] Der Börsenmakler wird also den **Preis heraufsetzen.**

---

1 Siehe Tabelle auf Seite 40.

Ist bei einem gegebenen Preis das Angebot kleiner als die Nachfrage (**Angebotslücke**), wird der Preis steigen.

Umgekehrt ist es, wenn der Warenmakler beispielsweise einen Preis von 63,00 EUR je dt bestimmt. Dann beläuft sich das Angebot auf 200 dt, die Nachfrage lediglich auf 140 dt (Überangebot bzw. Unternachfrage: **Nachfragelücke**).[1] Der Makler wird also den **Preis herabsetzen**.

Ist bei einem gegebenen Preis die Nachfrage kleiner als das Angebot (**Nachfragelücke**), wird der Preis sinken.

2.3.1.3 Preismechanismus

(1) Preisgesetze

Weder Angebot noch Nachfrage bleiben im Laufe der Zeit unverändert. So mag es z.B. sein, dass die **Nachfrage** nach bestimmten Gütern und Dienstleistungen bei einem gegebenen Preis **zunimmt**, weil die Einkommen der Nachfrager gestiegen sind oder weil die Nachfrager künftige Preissteigerungen erwarten. Umgekehrt kann die **Nachfrage** zu einem bestimmten Preis **abnehmen**, weil die Einkommen gesunken sind (z.B. aufgrund von Arbeitslosigkeit) oder die Nachfrager Preissenkungen erwarten.

Eine **Zunahme der Nachfrage** wirkt sich in einer Verschiebung der Nachfragekurve nach „**rechts**" aus, eine **Abnahme der Nachfrage** in einer Verschiebung der Nachfragekurve nach „**links**".

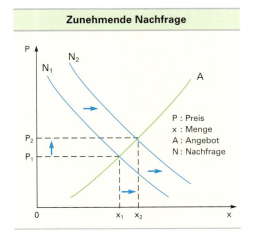

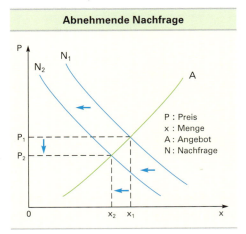

---
1 Siehe Tabelle auf Seite 40.

Im Normalfall gelten auf vollkommenen polypolistischen Märkten folgende **„Preisgesetze"**:

- Bei gleichbleibendem Güterangebot führt die **Zunahme der Nachfrage** zu **steigenden Preisen**.
- Bei gleichbleibendem Güterangebot führt die **Abnahme der Nachfrage** zu **fallenden Preisen**.

Desgleichen kann der Fall eintreten, dass das Angebot bei einem bestimmten Preis und bei gleichbleibender Nachfrage zu- oder abnimmt. So geht z.B. das Angebot landwirtschaftlicher Produkte bei Missernten zurück, während es bei Rekordernten zunimmt.

Die **Zunahme des Angebots** wirkt sich in einer Verschiebung der Angebotskurve nach **„rechts"** aus, eine **Abnahme des Angebots** in einer Verschiebung der Angebotskurve nach **„links"**.

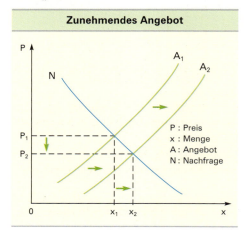

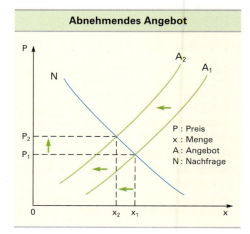

 Im Normalfall gelten auf vollkommenen polypolistischen Märkten folgende **„Preisgesetze"**:

- Bei gleichbleibender Nachfrage führt die **Zunahme des Angebots** zu **sinkenden Preisen**.
- Bei gleichbleibender Nachfrage führt die **Abnahme des Angebots** zu **steigenden Preisen**.

Diese sogenannten **Preisgesetze** werden jedoch nur dann wirksam, wenn man von einer normalen Nachfragekurve (also vom Gesetz der Nachfrage, siehe S. 32) und von einer normalen Angebotskurve (also vom Gesetz des Angebots, siehe S. 35) ausgeht.

(2) Bedeutung der Preisgesetze

Die bisherigen Überlegungen zeigen, dass in einer freien Marktwirtschaft Preis, Angebot und Nachfrage, kurz: die **Märkte**, die Volkswirtschaft selbsttätig (automatisch) **steuern**. Was für die Güterpreise gilt, trifft im Modell auch auf die übrigen Marktpreise zu. So wird der **Arbeitsmarkt** über die **Löhne** (Preise für die Arbeitskraft) reguliert. Ist das Arbeitsangebot hoch und die Arbeitsnachfrage niedrig, wird eben der Lohn so lange sinken, bis der „Markt geräumt" ist. Gleichermaßen werden die **Kreditmärkte** mithilfe des **Zinsmechanismus** gesteuert. Ist das Kreditangebot niedrig, die Kreditnachfrage hoch, wird der Zins so lange steigen, bis auch hier die Kreditnachfrage dem Kreditangebot entspricht. Somit erübrigen sich jegliche staatliche Eingriffe in das Marktgeschehen.

Zusammenfassung

- Unter **Nachfrage** versteht man den auf dem Markt erscheinenden Bedarf.
- Die **Nachfrage** nach einem Gut steigt (sinkt) mit sinkendem (steigendem) Preis dieses Gutes (normale Nachfrage).
- Unter **Angebot** versteht man die auf dem Markt erscheinenden Kaufwünsche der Wirtschaftssubjekte.
- Das **Angebot** für ein Gut steigt (sinkt) mit steigendem (sinkendem) Preis des Gutes.
- Unter **Markt** versteht man den ökonomischen Ort, an dem sich Angebot und Nachfrage treffen.
- Auf einem **polypolistischen Markt** treten viele Anbieter und Nachfrager auf.
- Das Steuerungsinstrument freier Märkte ist der **Preis,** der sich aufgrund der Angebots- und Nachfrageverhältnisse ergibt.
- Ein **Gleichgewichtspreis (Einheitspreis)** entsteht nur dann, wenn auf einem freien polypolistischen Markt die **Prämissen (Voraussetzungen)** der **vollkommenen Konkurrenz** gegeben sind:
  - Homogenität der gehandelten Güter,
  - Punktmarkt,
  - Markttransparenz,
  - schnelle Reaktionsfähigkeit der Marktteilnehmer,
  - keine Präferenzen.
- Wer als Anbieter nicht bereit ist, zum Gleichgewichtspreis seine Güter zu verkaufen, wird ebenso vom **Marktgeschehen ausgeschlossen,** wie die Nachfrager, die nicht bereit sind, den Gleichgewichtspreis zu zahlen.
- Bei einem **unvollkommenen polypolistischen Markt** entstehen **unterschiedliche Preise** für ein Gut.
- Auf vollkommen polypolistischen Märkten gelten bei normalem Angebot und normaler Nachfrage folgende „Preisgesetze":
  - Bei gleichbleibender Nachfrage steigt (sinkt) der Preis mit sinkendem (steigendem) Angebot.
  - Bei gleichbleibendem Angebot steigt (sinkt) der Preis mit steigender (sinkender) Nachfrage.

Übungsaufgabe

7
1. Unterscheiden Sie die Begriffe

   1.1 vollkommener Markt – unvollkommener Markt;

   1.2 polypolistischer Markt – oligopolistischer Markt – monopolistischer Markt!

2. Nennen Sie die einzelnen Prämissen des vollkommenen Marktes und begründen Sie, warum die einzelnen Prämissen erfüllt sein müssen, wenn für ein Gut nur ein Gleichgewichtspreis (Einheitspreis) existieren soll!

3. Charakterisieren Sie das Wesen des vollkommenen polypolistischen Markts und begründen Sie, warum das vollkommene Polypol einen theoretischen Grenzfall darstellt!

4. Auf dem Markt für Vitamine herrscht bezüglich einer bestimmten Vitaminart folgende Nachfrage- und Angebotssituation:

Preis der Vitaminart in EUR:	30,00	25,00	20,00	15,00	10,00	5,00
Nachgefragte Stücke in 100:	0	1	3	5	7	9
Angebotene Stücke in 100:	6,5	5,5	4,5	3,5	2,5	1,5

   Lösungshinweis: Zeichnen Sie die Angebots- und Nachfragekurve je 5,00 EUR bzw. je 100 Stück ≙ 1 cm und bestimmen Sie den Gleichgewichtspreis und die zu diesem Preis umsetzbaren Stückzahlen!

   Aufgaben:

   4.1 Ermitteln Sie, wie viel EUR der Gleichgewichtspreis beträgt!

   4.2 Begründen Sie das Zustandekommen des Gleichgewichtspreises!

5. Die Polypolpreisbildung stellt einen Ausgleichsmechanismus zwischen den gegensätzlichen Interessen der Anbieter und Nachfrager dar.

   Aufgaben:

   5.1 Erläutern Sie, welches die gegensätzlichen Interessen der Anbieter und Nachfrager sind!

   5.2 Begründen Sie, warum es sich bei der Polypolpreisbildung um einen Mechanismus, d. h. um ein sich selbstständig regelndes System, handelt!

6. Begründen Sie, wie sich folgende Datenänderungen auf den Gleichgewichtspreis bei vollständiger und vollkommener Konkurrenz auswirken! Es wird unterstellt, dass sich alle übrigen Bedingungen nicht ändern. Angebot und Nachfrage verhalten sich normal.

   Aufgaben:

   6.1 Die Gewerkschaften setzen Arbeitszeitverkürzungen bei vollem Lohnausgleich durch. Die Unternehmer ersetzen die ausgefallenen Arbeitsstunden vollständig durch Neueinstellungen.

   6.2 Die Nachfrage nach Kalbfleisch geht zurück, weil die Verbraucher fürchten, dass die Züchter die Tiere mit gesundheitsschädlichen Stoffen mästen.

   6.3 Der Staat senkt die Kostensteuern.

   6.4 Rationalisierungsmaßnahmen der Unternehmer führen zu steigender Produktivität.

   6.5 Die Verbraucher fürchten Preiserhöhungen; sie sparen deshalb weniger.

7. Bei einem Makler an einer Warenbörse gehen folgende Kauf- und Verkaufsaufträge ein:

Kaufaufträge	Verkaufsaufträge
10 t bestens	15 t bestens
15 t zu 80,00 EUR höchstens	10 t zu 81,00 EUR mindestens
5 t zu 81,00 EUR höchstens	20 t zu 82,00 EUR mindestens
20 t zu 82,00 EUR höchstens	5 t zu 83,00 EUR mindestens
30 t zu 83,00 EUR höchstens	25 t zu 84,00 EUR mindestens
25 t zu 84,00 EUR höchstens	30 t zu 85,00 EUR mindestens

Aufgabe:

Ermitteln Sie, welchen Kurs der Warenmakler festlegt!

8. Angenommen, auf einem Wochenmarkt treten folgende Anbieter frischer und absolut gleichwertiger Pfifferlinge auf, wobei jeder Anbieter 10 kg auf den Markt bringt. Die Mindestpreisvorstellungen der Anbieter sind:

Anbieter:	A	B	C	D	E	F
Preis je kg in EUR:	10,00	11,00	12,00	13,00	14,00	15,00

Als Nachfrager treten 50 Hausfrauen auf, die höchstens Folgendes ausgeben und je 1 kg kaufen wollen:

Hausfrauen:	1 – 10	11 – 20	21 – 30	31 – 40	41 – 50
Preisvorstellung je kg in EUR:	13,00	12,50	12,00	11,50	11,00

Aufgaben:

8.1 Zeichnen Sie die Angebots- und Nachfragekurve! Stellen Sie den Gleichgewichtspreis fest!

8.2 In diesem Beispiel haben wir zwar so getan, als ob es sich um einen vollkommenen polypolistischen Markt handle. Begründen Sie, warum das in Wirklichkeit jedoch nicht der Fall ist.

9. Eine Bedingung für „vollständige Konkurrenz" ist, dass die Marktteilnehmer keine sachlichen, zeitlichen, räumlichen oder persönlichen Präferenzen haben.

Aufgaben:

Kennzeichnen Sie als Lösung die nachfolgenden Fälle mit einer

(1), wenn sachliche Präferenzen vorliegen,

(2), wenn zeitliche Präferenzen vorliegen,

(3), wenn räumliche Präferenzen vorliegen,

(4), wenn persönliche Präferenzen vorliegen,

(9), wenn keine Präferenzen vorliegen.

9.1 Karl Müller möchte 100 000,00 EUR auf einem Sparkonto anlegen. Aus mehreren Angeboten entscheidet er sich für das Institut, das ihm die beste Verzinsung garantiert.

9.2 Die Schülerin Anke Engelke möchte sich einen neuen Sportwagen kaufen. Dabei entscheidet sie sich wegen der längeren Lieferzeit nicht für das günstigste Angebot.

9.3 Die Autoversicherung für ihr neues Auto schließt Frau Engelke – ohne weitere Informationen einzuholen – bei ihrem Bekannten ab.

9.4 Fritz Schwabe beauftragt eine Preisagentur mit dem Kauf einer Waschmaschine.

9.5 Aufgrund seiner Bewerbungen für eine Ausbildung zum Bankkaufmann erhält Carsten Clever mehrere Zusagen. Um Fahrtkosten zu sparen, entscheidet er sich für den Ausbildungsbetrieb in seinem Wohnort.

9.6 Der Informatiker Bernd Bits möchte seine Bankgeschäfte von zu Haus aus erledigen. Aus mehreren Angeboten, die alle den gleichen Service bieten, wählt er das kostengünstigste aus.

9.7 Nachdem Carsten seine Ausbildungsstelle bei der Ulmer Volksbank angetreten hat, eröffnen seine Eltern dort ein Depot.

10. **Text 1:**

Es gibt auf die Dauer weder unverkäufliche Mengen bei den Produzenten (kein Angebotsüberhang) noch eine Nachfrage, die bei diesem Preis nicht befriedigt wird (kein Nachfrageüberhang).

Man muss dabei aber sehen, dass die Koordination durch den Preis in einem bestimmten Sinn unsozial ist: Ein steigender Preis „rationiert" die Nachfrage und beschränkt in der Tendenz die Nachfrage der weniger Kaufkräftigen. Wegen dieser unsozialen Rationierungsfunktion des Preises werden bei der Koordination der Wirtschaftspläne von Produzenten und Konsumenten also eher die Bedürfnisse der kaufkräftigen Nachfrager berücksichtigt als die Wünsche aller Verbraucher. So wird teures Hundefutter produziert, während manche Menschen sich kein Fleisch kaufen können.

Text 2:

Der Preis ist weiterhin ein ideales Instrument, die für die Entscheidungen von Produzenten und Konsumenten notwendigen Informationen zu liefern. Verschiebt sich z. B. die Nachfragekurve nach rechts (Erhöhung der Nachfrage), so wird bei dem alten Preis ein Nachfrageüberhang entstehen und die Konkurrenz unter den Nachfragern wird den Preis in die Höhe treiben ...

Text 3:

Die Information durch den Preis genügt jedoch nicht, es muss auch erreicht werden, dass die Produzenten das Gewünschte produzieren. Dazu ist ein Sanktionssystem erforderlich, das in einer Marktwirtschaft durch die freie Verfügbarkeit der erzielten Gewinne geschaffen wird. Anbieter, die sich einer veränderten Marktlage schneller anpassen als ihre Konkurrenten, werden durch vorübergehend höhere Gewinne oder geringere Verluste belohnt.

Aufgaben:

10.1 Entscheiden Sie, welche Preisfunktion im Text 1 beschrieben wird!

10.2 Erläutern Sie, welche Kritik die Autoren dieses Textes an der beschriebenen Preisfunktion üben!

10.3 Entscheiden Sie, von welcher Preisfunktion im Text 2 die Rede ist!

10.4 Erläutern Sie das Sanktionssystem in einer Marktwirtschaft!

11. Folgende Nachfragekurven sind gegeben:

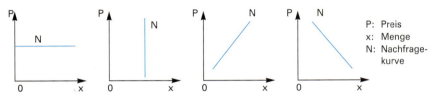

P: Preis
x: Menge
N: Nachfragekurve

Aufgaben:

11.1 Bezeichnen Sie diese Nachfragekurven mit den Begriffen normale, anomale, vollkommen elastische und vollkommen unelastische Nachfrage und nennen Sie jeweils ein praktisches Beispiel!

11.2 Nennen Sie mindestens 5 Bestimmungsgründe der Nachfrage!

11.3 Erklären Sie die Begriffe individuelle Nachfrage und Marktnachfrage!

11.4 Zeigen Sie Gründe auf, die zur Erhöhung der Marktnachfrage (Verschiebung der Nachfragekurve nach „rechts") führen!

11.5 Zeigen Sie Gründe auf, die zur Verringerung (Abnahme) der Marktnachfrage führen!

12. Folgende Angebotskurven sind gegeben:

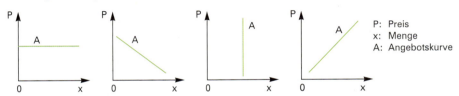

P: Preis
x: Menge
A: Angebotskurve

Aufgaben:

12.1 Bezeichnen Sie diese Angebotskurven mit den Begriffen normales, anomales, vollkommen elastisches und vollkommen unelastisches Angebot und nennen Sie jeweils ein praktisches Beispiel!

12.2 Nennen Sie mindestens 5 Bestimmungsgründe des Angebots!

12.3 Erklären Sie die Begriffe individuelles Angebot und Marktangebot!

12.4 Zeigen Sie Gründe auf, die zur Erhöhung des Marktangebots (Verschiebung der Angebotskurve nach „rechts") führen!

12.5 Zeigen Sie Gründe auf, die zur Verringerung (Abnahme) des Marktangebots führen!

2.3.2 Preisbildung des Angebotsmonopols

2.3.2.1 Preisbildung des vollkommenen Angebotsmonopols

(1) Begriff vollkommenes Angebotsmonopol

Im Sprachgebrauch werden alle marktbeherrschenden Unternehmen bzw. staatlichen Betriebe als „Monopole" bezeichnet. Theoretisch liegt ein Monopol jedoch nur dann vor, wenn ein einziger Anbieter oder Nachfrager auf dem Markt ist.[1] Wir wollen uns im Folgenden auf das Angebotsmonopol beschränken.

- Ein **Angebotsmonopol** liegt vor, wenn einem **einzigen Anbieter** eine **Vielzahl von Nachfragern** gegenübersteht.
- Ein **vollkommenes Angebotsmonopol** ist gegeben, wenn der Monopolist nur **ein homogenes Gut** anbietet und darüber hinaus alle sonstigen Bedingungen des **vollkommenen Marktes** gegeben sind.

Das vollkommene Monopol ist somit ein theoretischer Grenzfall. Unter den Bedingungen des vollkommenen Marktes kann es nur **einen einheitlichen Monopolpreis** geben, ein Fall, der in Wirklichkeit nur äußerst selten anzutreffen sein wird. In der Regel sind nämlich die Angebotsmonopolisten in der Lage, Preisdifferenzierung zu betreiben, d.h. für ein und dasselbe Gut unterschiedliche Preise zu verlangen. (Näheres siehe Kapitel 2.3.2.2., S. 53f.)

(2) Monopolpreisbildung

Da der Angebotsmonopolist definitionsgemäß der alleinige Anbieter eines Gutes ist, vereinigt er die **Gesamtnachfrage** nach einem Gut auf sich. Dies bedeutet, dass er sich der Gesamtnachfragekurve gegenübersieht.[2] Diese Gesamtnachfragekurve wird auch als **Preis-Absatz-Kurve** bezeichnet, weil aus ihr ablesbar ist, welche **Gütermengen** die Käufer bei **alternativen Monopolpreisen** zu kaufen beabsichtigen.

In der Realität kennt der Monopolist das Nachfrageverhalten seiner Kunden nicht genau, wenngleich mithilfe der heutigen Marktforschungsmethoden Aussagen darüber gemacht werden können, wie die Nachfrager auf geplante Preis- oder Angebotsmengenänderungen eines Monopolisten voraussichtlich reagieren werden.

Im Gegensatz zum polypolistischen Anbieter, der aufgrund seiner verschwindend geringen Marktmacht den Absatzpreis als gegeben, d.h. als „Datum" hinnehmen muss, kann der Angebotsmonopolist den Absatzpreis für das von ihm angebotene Gut frei **(autonom)** bestimmen: Er kann **Preispolitik** betreiben.

Natürlich ist für den Monopolisten auch **Mengenpolitik** möglich. Dann allerdings muss er den Preis hinnehmen, der sich auf dem Markt bildet. Die **Festsetzung** von **Preis und Angebotsmenge** zugleich ist **nicht möglich**.

---

1 Bei einem **Nachfragemonopol** sieht sich ein Nachfrager zahlreichen Anbietern gegenüber (z.B. Bundeswehr – Zulieferebetriebe). Ein zweiseitiges Monopol (bilaterales Monopol) weist nur einen Anbieter und einen Nachfrager auf (z.B. näherungsweise Arbeitgeber einerseits und Gewerkschaften andererseits).

2 In den folgenden Überlegungen unterstellen wir, dass die Gesamtnachfrage für ein Gut linear verläuft, d.h., dass mit steigendem Preis weniger, mit sinkendem Preis mehr nachgefragt wird.

> **Beispiel:**
>
> Angenommen, die Erdöl exportierenden Staaten (OPEC) setzen den Preis für Erdöl, nicht aber die Fördermengen fest. In diesem Fall müssen sie abwarten, welche Mengen bei dem gegebenen Preis auf dem Weltmarkt absetzbar sind. Vereinbaren sie hingegen bestimmte Fördermengen, müssen sie die Preisbildung dem Weltmarkt überlassen.
>
> Unterstellt, sie würden Preis und Fördermengen (Angebotsmengen) festlegen. Dann ergeben sich zwei Möglichkeiten, wenn man von dem unwahrscheinlichen Fall absieht, dass sie den Preis getroffen haben, zu dem die Käufer genau die geförderten Mengen zu kaufen bereit sind.
>
> **Fall 1:** Der autonom festgelegte Monopolpreis ist in Bezug auf die geförderten (angebotenen) Mengen zu hoch: Die Erdölproduzenten bleiben auf einem Teil ihrer Fördermengen „sitzen". Wollen sie diese absetzen, müssen sie die überschüssigen Mengen auf freien Märkten (den „Spot-Märkten") zu niedrigeren Preisen verkaufen.
>
> **Fall 2:** Der gewählte Preis ist in Bezug auf die geförderten (angebotenen) Mengen zu niedrig. Es entsteht eine Angebotslücke, sodass der Weltmarktpreis auch ohne Zutun der Produzenten steigt. Soll eine Preissteigerung vermieden werden, muss die Fördermenge gesteigert werden.

Um feststellen zu können, welchen Preis ein Monopolist festlegen muss, um seinen Gewinn zu maximieren bzw. seinen Verlust zu minimieren, greifen wir zu einem vereinfachenden Beispiel. Folgende Voraussetzungen sollen gelten:

- Es herrschen die Bedingungen des vollkommenen Markts.
- Dem Monopolisten ist die Preis-Absatz-Kurve bekannt. Sie verläuft linear.
- Es entstehen fixe und proportional-variable Kosten.
- Der Monopolist richtet sich nach dem (kurzfristigen) Gewinnmaximierungsprinzip.
- Lager werden nicht gebildet (Produktionsmenge entspricht der Angebotsmenge).

> **Beispiel:**
>
> Die Preis-Absatz-Funktion eines vollkommenen Monopols lautet: $x = \dfrac{8\,000 - 2P}{1\,000}$
>
> Dabei bedeuten x: hergestellte sowie angebotene Menge (Produktionseinheiten) und P: Preis. Die fixen Kosten belaufen sich auf 1 500 Geldeinheiten (GE) je Periode, die proportional-variablen Kosten auf 1 000 GE je Produktionseinheit (x).

Ausbringungsmenge (x)	Preis (P)	Umsatz (U = P · x)	Gesamtkosten (K)	Gewinn bzw. Verlust (U − K)	Grenzkosten (K')	Grenzumsatz (U')	Kritische Punkte
0	4 000	—	1 500	− 1 500			
					1 000	3 500	Gewinnschwelle
1	3 500	3 500	2 500	− 1 000			
					1 000	2 500	
2	3 000	6 000	3 500	2 500			
					1 000	1 500	Gewinnmaximum
3	2 500	7 500	4 500	3 000			
					1 000	500	
4	2 000	8 000	5 500	2 500			
					1 000	− 500	
5	1 500	7 500	6 500	1 000			
					1 000	− 1 500	Gewinngrenze
6	1 000	6 000	7 500	− 1 500			
					1 000	− 2 500	
7	500	3 500	8 500	− 5 000			
					1 000	− 3 500	
8	—	—	9 500	− 9 500			

Erläuterungen zur Tabelle:

Unter den Bedingungen des vollkommenen Angebotsmonopols erhält man folgende Ergebnisse:

- Variiert der Monopolist den Absatzpreis, hängt die Umsatzentwicklung von der jeweiligen Nachfrageelastizität[1] ab. Ist die **Elastizität größer als 1**, so führen **Preissenkungen** zu **steigenden Umsätzen** und **Preiserhöhungen** zu **sinkenden Umsätzen**. Ist die **Elastizität** hingegen **kleiner als 1**, so führen **Preissenkungen** zu **sinkenden Umsätzen, Preiserhöhungen** jedoch zu **steigenden Umsätzen**. Das **Umsatzmaximum** ist erreicht, wenn die Elastizität der Nachfrage 1 beträgt.

- Der **Umsatz** ergibt sich, indem man den Absatzpreis (P) mit der bei diesem Preis nachgefragten Menge (x) multipliziert.

- Der **Grenzumsatz** ergibt sich, indem man den **Umsatzzuwachs je Produktionseinheit** errechnet.

  Der Grenzumsatz (Grenzerlös) ist der zusätzliche Erlös je Produktionseinheit.

- Bei einer Ausbringungsmenge von 0,5 Produktionseinheiten erzielt der Monopolist Kostendeckung **(Gewinnschwelle).**

- Dehnt der Monopolist seine Beschäftigung (seine Ausbringungsmenge) weiter aus oder senkt er weiterhin seinen Absatzpreis, tritt er in die Gewinnzone ein. Hier ist der Umsatz höher als die Gesamtkosten (Gesamtbetrachtung).

- Das **Gewinnmaximum** ist erreicht, wenn die Differenz zwischen Umsatz und Gesamtkosten am größten ist, im Beispiel also bei 3 Produktionseinheiten.

- Die **Grenzkosten** erhält man, indem man den **Kostenzuwachs je Produktionseinheit** errechnet.

  Unter **Grenzkosten** sind die zusätzlichen Kosten zu verstehen, die dann entstehen, wenn die Beschäftigung des Betriebs um eine Produktionseinheit erhöht wird.

  Bei einem **linearen Gesamtkostenverlauf** sind die **variablen Stückkosten den Grenzkosten gleich.**

- Aus der Stückbetrachtung lässt sich entnehmen, dass im Gewinnmaximum die **Grenzkosten** dem **Grenzumsatz** (Grenzerlös) gleich sein müssen.

  Dies ist leicht einzusehen. Ist der **zusätzliche Umsatz höher als die zusätzlichen Kosten,** muss bei weiterer Ausbringung der **Gesamtgewinn steigen.** Betragen z. B. der zusätzliche Umsatz (der Grenzumsatz) 1 500 GE, die zusätzlichen Kosten (die Grenzkosten) jedoch nur 1000 GE, so nimmt der Gesamtgewinn um 500 GE zu (bzw. der Gesamtverlust um 500 GE ab). Wird die Beschäftigung (die Ausbringung) weiter erhöht, steigt der Gesamtgewinn so lange, bis der Grenzumsatz den Grenzkosten gleich ist. Ist der **zusätzliche Umsatz niedriger als die zusätzlichen Kosten,** muss der **Gesamtgewinn sinken.**

  Betragen z. B. der zusätzliche Umsatz (der Grenzumsatz) 500 GE, die zusätzlichen Kosten (die Grenzkosten) 1 000 GE, nimmt der Gesamtgewinn um 500 GE ab (bzw. der Gesamtverlust um 500 GE zu).

  Das **Gewinnmaximum** des vollkommenen Angebotsmonopols ist erreicht, wenn die Grenzkosten dem Grenzumsatz gleich sind (Gewinnmaximierungsregel).

---

1 Unter der (direkten) **Preiselastizität der Nachfrage** versteht man das **Verhältnis** einer **prozentualen Nachfrageänderung** (Mengenänderung Δx) nach einem bestimmten Gut zu einer **prozentualen Preisänderung** (ΔP) dieses Gutes.
   – Sind die Änderungen der nachgefragten Menge prozentual (relativ) größer als die prozentualen Preisänderungen (die Elastizität ist größer als 1), spricht man von **elastischer Nachfrage.**
   – Sind die Änderungen der nachgefragten Menge prozentual (relativ) kleiner als die prozentualen Preisänderungen (die Elastizität ist kleiner als 1), spricht man von **unelastischer Nachfrage.**
   Die **Preiselastizität der Nachfrage** ist im **Normalfall negativ,** weil Preiserhöhungen ein (stärkeres) Sinken bzw. Preissenkungen ein (stärkeres) Steigen der mengenmäßigen Nachfrage nach sich ziehen.

2.3.2.2 Preisbildung des unvollkommenen Angebotsmonopols

Ebenso wie die polypolistischen Märkte sind auch die monopolistischen Märkte in der Regel **unvollkommen,** d. h., es fehlen eine oder mehrere Prämissen des vollkommenen Marktes.

> Ein **unvollkommenes Monopol** liegt vor, wenn das Monopolunternehmen in der Lage ist, **Preisdifferenzierung**[1] – auch **Preisdiskriminierung**[2] genannt – zu betreiben, indem es die „Konsumentenrente" abschöpft.

Es können folgende Arten der **Preisdifferenzierung** unterschieden werden:

Arten	Kriterien	Beispiele
Sachliche Preisdifferenzierung	■ Nach dem Verwendungszweck des Gutes; ■ nach der gekauften Menge; ■ nach der Produktgestaltung.	Strom für private Haushalte – Strom für Industriebetriebe; Staffelrabatte; Preise für Standardmodelle – für Luxusmodelle bei Autos.
Persönliche Preisdifferenzierung	■ Nach den Einkommen der Kunden; ■ nach der Gruppenzugehörigkeit.	Differenzierte Arztrechnungen; Niedrigere Eintrittspreise für Schüler, Studenten und Schwerbehinderte.
Räumliche Preisdifferenzierung	Nach der räumlichen Verteilung der Käufer.	Angebotspreise im Ausland niedriger als im Inland (Dumping); Zonenpreise (z. B. Benzinpreise).
Zeitliche Preisdifferenzierung	Nach der zeitlichen Verteilung der Nachfrage.	Tagstrom- und Nachtstromtarife; Urlaubsreisen zur Haupt- und Nebensaison; Kinovorführungen unter der Woche oder am Wochenende.
Verdeckte Preisdifferenzierung	Nach den künstlich geschaffenen Meinungen bei den Käufern.	Vortäuschung von Produktunterschieden.

> **Beispiel:**
>
> Ein Angebotsmonopol sieht sich einer Nachfragekurve gegenüber, wie sie in den nachstehenden Abbildungen wiedergegeben wird.
>
> Die Preisdifferenzierung (ein Produkt wird zu verschiedenen Preisen verkauft) setzt voraus, dass die Käufer voneinander entweder räumlich oder sachlich (Inländer – Ausländer, Endverbraucher – Wiederverkäufer) getrennt werden können. Falls es unserem Monopolisten gelingt, beispielsweise 3 Abnehmergruppen voneinander zu scheiden und seine Preise auf 1 400 GE, 1 200 GE und 1 000 GE festzusetzen, so beträgt sein Umsatz 3 x 1 400, 1 x 1 200 und 1 x 1 000 GE, zusammen also 6 400 GE. Betragen seine Gesamtkosten bei einem Umsatz von 5 Produktionseinheiten 3 600 GE, so macht er einen Gewinn von 2 800 GE. Ohne Preisdifferenzierung würde der Monopolist lediglich einen Umsatz von 5 000 GE erzielen (5 x 1 000 GE). In diesem Fall beliefe sich sein Gesamtgewinn nur auf 1 400 GE (siehe linke Abbildung S. 54).

---

1 Differenzieren (lat.): abstufen, unterscheiden.
2 Diskriminieren (lat.): unterschiedlich behandeln, herabsetzen.

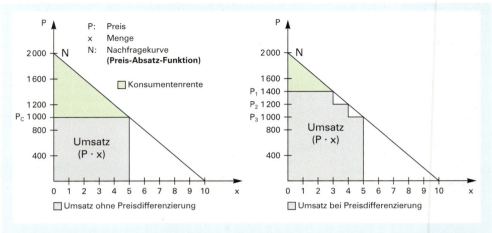

Je weiter die Preisdifferenzierung durchgeführt werden kann, desto größer ist der Gesamtgewinn. Die **absolute Preisuntergrenze** ist die Höhe der **Grenzkosten:** Jede weitere Produktionsausdehnung verursacht mehr zusätzliche Kosten als zusätzlich erlöst wird.

2.3.3 Preisbildung des Angebotsoligopols

2.3.3.1 Begriffe

- Beim **Oligopol** treten auf dem Markt nur **wenige Anbieter** und/oder **wenige Nachfrager** auf. Der **einzelne Oligopolist** hat somit einen **großen Anteil** am **Gesamtangebot** bzw. an der **Gesamtnachfrage** auf dem Markt.

- Das Oligopol kann auf einem **vollkommenen Markt** oder auf einem **unvollkommenen Markt** auftreten.

Im Folgenden beschränken wir uns auf die Darstellung der Preisbildung des Angebotsoligopols auf einem unvollkommenen Markt **(unvollkommenes Angebotsoligopol),** da diese Marktform – neben dem Polypol auf dem unvollkommenen Markt – in der Realität am häufigsten anzutreffen ist (z. B. Märkte für Mineralöl, Automobile, Waschmittel, Zigaretten).

2.3.3.2 Preisbildung des unvollkommenen Angebotsoligopols

(1) Möglichkeiten der Preisbildung

Beim Angebotsoligopol ist der Marktanteil der einzelnen Anbieter so groß, dass er auf den **Marktpreis Einfluss nehmen** kann. Jeder Anbieter besitzt dabei einen mehr oder weniger großen **autonomen (monopolistischen) Bereich,** der es ihm gestattet, **Preispolitik** zu betreiben, ohne dass die Konkurrenz reagiert oder reagieren muss. Wird der Bereich überschritten, muss der Anbieter mit einer Reaktion der Konkurrenten rechnen.

> **Beispiel:**

Sachverhalt:

Angenommen, in einer Volkswirtschaft teilen sich drei Autohersteller den Kraftfahrzeugmarkt mit drei verschiedenen Typen.

| Dem **Anbieter A** ist es gelungen, bei einem Teil der Käufer durch Reklame, Formgestaltung und Leistung die Vorstellung zu erwecken, dass sein Auto besonders robust, preiswert und wirtschaftlich sei. Sein Preis liegt bei 5000 GE. | Der zweite **Anbieter B** kann einen Preis von 6000 GE verlangen, weil er eine gehobene Käuferschicht davon zu überzeugen verstand, dass sein Autotyp auch verwöhnten Ansprüchen genügt. | Der dritte **Anbieter C** schließlich wendet sich mit seinem Produkt an die schwächeren Einkommensschichten und fordert einen Preis von 4000 GE. |

Preisspielraum des Oligopolisten am Beispiel des Anbieters A:

- Unter den gegebenen Bedingungen kann Anbieter A seinen Preis nicht höher als 6000 GE festsetzen, denn bei einem Preis von 6000 GE und darüber würde er alle seine Kunden verlieren, weil diese nunmehr den Wagen des Anbieters B kaufen.
- Senkt A seinen Preis auf 4000 GE, so gewinnt er alle Kunden des C, weil diese nun den (zumindest vermeintlich) besseren Wagen kaufen wollen.
- Bei Preisen zwischen 4000 und 6000 GE befindet sich das Unternehmen A also in der Situation des Mengenanpassers. Zwischen diesen Preisen ist – behalten die Konkurrenzunternehmen ihre Preise bei – das Unternehmen in seiner Preisgestaltung mehr oder weniger frei. Eine Preiserhöhung des Anbieters A von 5000 GE auf z. B. 5500 GE wird zwar einen Verlust an Kunden bringen, weil mancher sich jetzt entschließt, etwas mehr und länger zu sparen, um dann den Wagen des Unternehmens B zu kaufen. Senkt A seinen Preis von 5000 GE auf beispielsweise 4500 GE, können zwar Kunden gewonnen werden, aber nicht allzu viele, da der Preis von 4500 GE für die meisten Käufer des C-Typs immer noch zu hoch ist.

Mögliche Reaktion der Konkurrenten:

Diese Aussagen gelten nur, wie bereits gesagt, wenn die Konkurrenten des A ihre Preise unverändert lassen. Setzt nämlich B seinen Preis auf 5500 GE herunter, nachdem A im Vorfeld den Preis auf 5500 GE angehoben hat, verliert A einen Großteil seiner Kunden an B, falls er seinen Preis nicht ebenfalls zurücknimmt. Weitere Preissenkungen von A und B müssten endlich auch den Anbieter C veranlassen, seinen Preis zu reduzieren, wenn er nicht seinerseits seine Kunden an A und B abgeben will.

Preis-Absatz-Kurve des Oligopolisten

Die Preis-Absatz-Kurve des Oligopolisten wird in Wirklichkeit geschwungen verlaufen. Auch wird er bei einer Preiserhöhung über 6000 GE nur allmählich Kunden verlieren, bei einer Preissenkung unter 4000 GE nur allmählich Kunden hinzugewinnen.

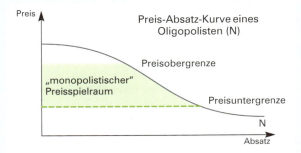

- Bei der Preisbildung des unvollkommenen Angebotsoligopols muss ein Anbieter (Oligopolist) sowohl die **Reaktion der Nachfrager** als auch die (wahrscheinliche) **Reaktion der Konkurrenten** berücksichtigen.
- Aufgrund von Präferenzen,[1] die ein Produkt bei den Kunden besitzt, hat der Oligopolist einen **„monopolistischen" Preisspielraum,** innerhalb dessen er eine **eigenständige Preispolitik** betreiben kann.
- **Überschreitet** der Oligopolist die **Preisobergrenze** erheblich, verlieren die Präferenzen ihre Wirkung und das **Produkt verliert Marktanteile**.
- **Unterschreitet** der Oligopolist die **Preisuntergrenze** erheblich, gewinnen die Präferenzen an Bedeutung und das **Produkt gewinnt Marktanteile** hinzu.

(2) Mögliche Strategien der Anbieter beim unvollkommenen Angebotsoligopol

Weil auf oligopolistischen Märkten ein Preiswettbewerb nicht ohne Risiko ist und dazu führen kann, dass alle Anbieter Nachteile erleiden, wird der Preis als Wettbewerbsinstrument häufig ausgeschaltet und durch absatzpolitische Maßnahmen (z. B. Kundendienst, Garantien, Qualität, Werbung) ersetzt. Oligopolistische Märkte sind daher häufig von **Preisstabilität** geprägt.

Da die Anbieter in einem unvollkommenen Angebotsoligopol bei ihrer Preispolitik mit Reaktionen der Konkurrenten rechnen müssen, gibt es auf solchen Märkten für die Anbieter bezüglich des Preises prinzipiell zwei Strategien: **Verdrängungswettbewerb oder Kooperation.**

■ Verdrängungswettbewerb

Löst ein Anbieter einen Preisunterbietungsprozess („Preiskampf") aus und senken daraufhin alle übrigen Anbieter ebenfalls die Preise, so führt dies bei allen Anbietern zu einer Gewinnminderung bzw. zu Verlusten, ohne dass sich die Marktanteile der einzelnen Anbieter wesentlich ändern. Der „Preiskrieg" ist nur dann von „Erfolg" gekrönt, wenn ein Konkurrent, weil er die geringeren Preise durch eine Kostenreduktion nicht auffangen kann, aus dem Markt ausscheidet. In diesem Fall können die verbleibenden Anbieter ihre Marktanteile ausweiten mit entsprechenden Gewinnmöglichkeiten.

■ Kooperationsstrategie

Werden Preisänderungen vorgenommen, übernimmt ein Unternehmen die **Preisführerschaft**. Die übrigen Anbieter verstehen dies dann als Signal, die Preise ebenfalls zu erhöhen oder zu senken **(Parallelverhalten)**. Häufig wechselt die Preisführerschaft zwischen den Anbietern ab (z. B. bei Benzinpreiserhöhungen, Erhöhungen der Gaspreise usw.). Teilweise kann es auch zu **Preisabsprachen** („Frühstückskartell", „Gentlemen's Agreement") kommen. Preisabsprachen sind gesetzlich verboten.

---

[1] Präferenz: Vorrang, Vorzug.

Zusammenfassung

- Ein **vollkommenes Angebotsmonopol** liegt vor, wenn einem einzelnen Anbieter eines homogenen Produkts eine sehr große Zahl von Nachfragern gegenübersteht.

- Unterstellt man, dass der Monopolist nach dem Gewinnmaximierungsprinzip handelt, setzt er für sein Produkt einen Absatzpreis fest, bei dem der Grenzerlös den Grenzkosten gleich ist **(Gewinnmaximierungsregel)**.

- Statt **Preispolitik** kann der Monopolist auch **Mengenpolitik** betreiben, d.h., er legt die Absatzmenge fest, bei der die Gewinnmaximierungsregel erfüllt ist.

- Ein unvollkommenes Monopol ist in der Lage, seine Absatzpreise zu differenzieren. Mithilfe der **Preisdifferenzierung** schöpft der Angebotsmonopolist einen Teil der Konsumentenrente ab.

- Beim **Oligopol** treten auf dem Markt nur wenige Anbieter und/oder wenige Nachfrager auf.

- Ein **unvollkommenes Angebotsoligopol** liegt vor, wenn auf einem unvollkommenen Markt wenige Anbieter vielen Nachfragern gegenüberstehen.

- **Oligopolisten** müssen bei Preisänderungen zum einen die **Reaktion der Nachfrager** und zum anderen die **Reaktion ihrer Konkurrenten** berücksichtigen.

- Innerhalb **bestimmter Preisgrenzen** kann der Oligopolist eine **eigenständige Preispolitik** betreiben.

- Mögliche **Strategien der Anbieter** beim unvollkommenen Angebotsoligopol sind:

	kooperative Strategie	
Preisstarrheit	Preisführerschaft (evtl. mit Parallelverhalten)	Abgestimmtes Verhalten (Preisabsprachen)

nicht kooperative Strategie
Verdrängungswettbewerb über einen „Preiskrieg".

Übungsaufgaben

8

1. Definieren Sie den Begriff Angebotsmonopol!

2. Erläutern Sie, warum das vollkommene Angebotsmonopol als ein theoretischer Grenzfall zu bezeichnen ist!

3. Erläutern Sie, warum der Angebotsmonopolist sein Gewinnmaximum dann erzielt, wenn der Grenzerlös (Grenzumsatz) den Grenzkosten entspricht!

4. Hohe Monopolpreise führen in der Regel dazu, dass Substitutionskonkurrenz aufkommt. Dies aber bedeutet, dass die Nachfrage nach dem Monopolgut elastischer wird. Die Folge ist, dass die Marktmacht des Monopolisten abnimmt.

   Aufgabe:

   Interpretieren Sie diese Aussagen!

5.

Ausbrin-gungs-menge (x)	Preis (P)	Umsatz (U = P · x)	Gesamt-kosten (K)	Gewinn bzw. Verlust (U − K)	Grenz-kosten (K')	Grenzum-satz (U')	Kritische Punkte
0	60 000		450 000				
15	52 500				15 000		
30	45 000				15 000		
45	37 500				15 000		
60	30 000				15 000		
75	22 500				15 000		
90	15 000				15 000		
105	7 500				15 000		
120	—				15 000		

Aufgabe:

Vervollständigen Sie die obige Tabelle und berechnen Sie die Gewinnschwelle, das Gewinnmaximum sowie die Gewinngrenze!

6. Erklären Sie den Begriff unvollkommenes Angebotsmonopol!

7. Erläutern Sie Aufgabe und Arten der Preisdifferenzierung und suchen Sie nach eigenen Beispielen!

8. Das Städtische Theater (800 Sitzplätze) in Neustadt hat unter Abzug der Subventionen im Durchschnitt fixe Kosten in Höhe von 10 000,00 EUR je Theaterabend. (Die variablen Kosten sind so gering, sodass sie kostenrechnerisch vernachlässigt werden können.)

Die Theaterleitung erwartet, dass die Besucher auf Preisänderungen wie folgt reagieren werden:

Preis je Karte in EUR:	20,00	19,00	18,00	17,00	16,00	15,00	14,00
Zahl der verkauften Karten:	500	550	600	650	700	750	800

Aufgaben:

8.1 Angenommen, die Theaterleitung will die Karten zu einem Einheitspreis verkaufen und den abendlichen Gewinn maximieren. Ermitteln Sie rechnerisch den Preis je Abendkarte, der den gewinnmaximalen Kartenverkauf erbringt! Stellen Sie hierzu eine Kosten-Leistungs-Tabelle nach folgendem Muster auf:

Zahl der Besucher	Preis je Abendkarte	Umsatz	Kosten	Verlust bzw. Gewinn
500	20,00 EUR	10 000,00 EUR	10 000,00 EUR	−
550	19,00 EUR	10 450,00 EUR	10 000,00 EUR	+ 450,00 EUR
⋮	⋮	⋮	⋮	⋮

8.2 Ermitteln Sie, wie viel Karten unverkauft bleiben, wenn der gewinnmaximierende Einheitspreis (Monopolpreis) festgesetzt wird! (Begründung!)

8.3 Angenommen, die Theaterleitung handelt nicht nach dem Gewinnmaximierungsprinzip, sondern nach dem Kostendeckungsprinzip.

    8.3.1 Entscheiden Sie, welchen Preis sie verlangen wird!

    8.3.2 Ermitteln Sie, wie viel Kunden dann keine Karte erhalten können! Beurteilen Sie, ob es sich in diesem Fall um eine Angebots- oder um eine Nachfragelücke handelt! (Begründen Sie Ihre Antwort!)

8.4 Erläutern Sie, warum in diesem Beispiel Gewinn- und Umsatzmaximum identisch sind!

8.5 Die Theaterleitung gelangt zur Ansicht, dass der Gewinn durch Preisdifferenzierung bei ausverkauftem Haus erhöht werden kann. Sie teilt die vorhandenen Plätze in drei Ränge ein. Für den Rang I (500 Plätze) verlangt sie 20,00 EUR je Karte, für den Rang II (200 Plätze) 16,00 EUR und für den Rang III (100 Plätze) 14,00 EUR.

    8.5.1 Erläutern Sie, ob alle Karten verkauft werden! (Begründen Sie Ihre Antwort!)

    8.5.2 Berechnen Sie den Gesamtgewinn! (Rechnerisch nachweisen!)

8.6 Entscheiden Sie, welche Art des Angebotsmonopols im Fall 8.5 vorliegt!

9

1. Erklären Sie, warum auf oligopolistischen Märkten i. d. R. Ruhe an der „Preisfront" herrscht!

2. Lösen Sie nachfolgendes Kreuzworträtsel!

(1) Alleiniger Marktteilnehmer; (2) Sie wird unter anderem durch die Anzahl der Marktteilnehmer beeinflusst; (3) Eine Mineralwasserquelle ist ein Beispiel für ein ... Monopol; (4) Die Nachfrager verfügen über die bessere Verhandlungsposition; (5) Eine Form der Preisdifferenzierung; (6) Sie sind von der Ausbringungsmenge unabhängig, haben aber Einfluss auf die Gewinnschwelle; (7) Er liegt außerhalb des „monopolistischen Spielraums"; (8) Ein Monopolist auf einem vollkommenen Markt in Abhängigkeit von seiner Handlungsweise; (9) Ein Monopolist auf einem vollkommenen Markt in Abhängigkeit von seiner Handlungsweise.

3. Entscheiden Sie in den nachfolgenden Fällen, ob sich die Aussagen

(1) nur auf das vollkommene Angebotsmonopol,

(2) nur auf das unvollkommene Angebotsmonopol,

(3) nur auf das vollkommene Angebotsoligopol,

(4) nur auf das unvollkommene Angebotsoligopol bezieht!

Tragen Sie bitte eine (9) ein, wenn eine genaue Zuordnung nicht möglich ist!

a)	Es besteht die Gefahr des „Schlafmützenwettbewerbs".	
b)	Anbieter betreiben Produktdifferenzierung.	
c)	Es bildet sich für ein Produkt grundsätzlich nur ein Einheitspreis.	
d)	Hier kommt es zu einer engen Aktions-Reaktions-Verbundenheit.	

59

e)	Die Anbieter müssen auf Aktionen ihrer Konkurrenz nicht mehr unbedingt reagieren.
f)	Die Nachfrager entscheiden letztlich, ob sie das Produkt kaufen oder nicht.
g)	Anbieter konkurrieren um die Kaufkraft der Nachfrage.

2.4 Funktionen des Preises

(1) Funktionen (Aufgaben) des Preises bei vollständiger Konkurrenz

Bei vollständiger Konkurrenz hat der Preis folgende Funktionen:

Ausgleichsfunktion	Der Gleichgewichtspreis ist der Preis, bei dem der höchstmögliche Umsatz erzielt wird. Alle Nachfrager, die den Gleichgewichtspreis bezahlen wollen (oder können), und alle Anbieter, die zum Gleichgewichtspreis verkaufen wollen (oder können), kommen zum Zuge. „Der freie Preis räumt den Markt".
Signalfunktion	Sie äußert sich darin, dass der freie Marktpreis den Knappheitsgrad eines Gutes anzeigt (signalisiert). Steigt der Preis, so wird erkennbar, dass ■ sich entweder das Güterangebot bei gleichbleibender Nachfrage verknappt hat, ■ sich die Nachfrage bei gleichbleibendem Güterangebot erhöht hat oder ■ die Nachfrage schneller als das Güterangebot gestiegen ist. Der fallende Preis zeigt die gegenteilige Marktsituation an.
Lenkungsfunktion	Der freie Marktpreis steuert das Angebot und damit die Produktion auf diejenigen Märkte hin, auf denen die größte Nachfrage herrscht und folglich die höchsten Preise (und damit Gewinne) erzielt werden können. **Beispiel:** Sinkt die Nachfrage nach Rindfleisch zugunsten der Nachfrage nach Geflügelfleisch, werden die Rindfleischpreise sinken und die Geflügelpreise steigen. Die Landwirte stellen sich auf die Produktion von Geflügelfleisch um und schränken die Produktion von Rindfleisch ein.[1]
Erziehungsfunktion	Da der Preis bei vollkommener polypolistischer Konkurrenz vom einzelnen Nachfrager nicht beeinflussbar ist, zwingt er die Produzenten, ihre Kosten zu senken, wenn sie rentabel anbieten wollen. Die Verbraucher werden dazu erzogen, möglichst sparsam (möglichst preisgünstig) einzukaufen, wenn sie ihren Nutzen maximieren wollen.

(2) Einschränkung der Preisfunktionen auf monopolistischen Märkten

Die **Preisfunktionen** bei **vollständiger Konkurrenz** werden durch **Monopole** und **Oligopole ganz oder teilweise außer Kraft gesetzt.**

---

1 Garantiert der Staat Mindestpreise, verliert der Preis seine Lenkungsfunktion.

Ausgleichsfunktion der Preise	Sie kann aufgehoben werden, weil ein Monopolist den Preis so festsetzen kann, dass ein Nachfrageüberhang entsteht (der Preis ist zu niedrig), sodass Auftragsbestände und Lieferfristen entstehen. Es ist aber auch möglich, dass der Monopolist den Preis so hoch festlegt, dass bei Aufrechterhaltung der Mindestkapazitätsausnutzung auf Lager gearbeitet werden muss. Sowohl im Fall des zu hohen als auch im Fall des zu niedrigen Preises wird der **Markt** durch den Preis **nicht geräumt**.
Signalfunktion der Preise	Sie ist auf monopolistischen Märkten eingeschränkt, da der Monopolpreis autonom von den marktbeherrschenden Unternehmen festgesetzt wird. So muss z. B. eine Monopolpreiserhöhung nicht unbedingt auf eine Zunahme der Nachfrage zurückzuführen sein. Es ist vielmehr möglich, dass die Monopolpreiserhöhung auf eine künstliche Verknappung des Angebots durch den Monopolisten (z. B. durch ein Kartell) zurückzuführen ist.
Lenkungsfunktion der Preise	In der Regel kann von einer Lenkungsfunktion des Preises auf monopolistischen Märkten nicht gesprochen werden. Bei polypolistischer Konkurrenz soll z. B. eine zunehmende Nachfrage über eine zunächst stattfindende Preiserhöhung zu einer Zunahme des Angebots führen. Wird die zusätzliche Nachfrage vom Monopolisten jedoch nur zur Erhöhung des Stückgewinns bei gleichbleibender Produktionsmenge (Absatzmenge) ausgenutzt, wird die Lenkungsfunktion des Preises ausgeschaltet.
Erziehungsfunktion der Preise	Der polypolistische Wettbewerb zwingt die Unternehmen zum wirtschaftlichsten Einsatz der Produktionsfaktoren und zur Produktion qualitativ einwandfreier Erzeugnisse. Ob ein Monopolist unter diesem Zwang steht, ist anzuzweifeln. Da er in seiner Absatzpolitik nur von den Nachfragern, nicht aber von Mitbewerbern abhängig ist, kann er durchaus versuchen, hohe Kosten, die auf schlechter Organisation und mangelnder Rationalisierung beruhen, durch hohe Preise auf die Kunden abzuwälzen.

Zusammenfassung

- Bei vollkommener polypolistischer Konkurrenz hat der **Preis** folgende **Funktionen**:
    - Er räumt den Markt **(Ausgleichsfunktion)**;
    - er zeigt den Knappheitsgrad eines Gutes an **(Signalfunktion)**;
    - er lenkt die Produktion in die Bereiche des dringendsten Bedarfs **(Lenkungsfunktion)**;
    - er zwingt die Produzenten zur Verwirklichung des Minimalprinzips und die Verbraucher zur sparsamen Verwendung ihrer Mittel **(Erziehungsfunktion)**.
- Auf monopolistischen Märkten wirken die Preisfunktionen nur teilweise oder werden ganz aufgehoben.

Übungsaufgabe

10
1. Erklären Sie die Ausgleichs-, Signal-, Lenkungs- und Erziehungsfunktion des Preises bei vollständiger Konkurrenz!
2. Nennen Sie eigene Beispiele zu den einzelnen Preisfunktionen!
3. Zeigen Sie, wie die einzelnen Preisfunktionen auf monopolistischen Märkten eingeschränkt bzw. aufgehoben werden!

3 Wirtschaftskreislauf

3.1 Einfacher Wirtschaftskreislauf

Um den einfachen Wirtschaftskreislauf verstehen zu können, bedienen wir uns eines Modells. Ein Modell ist ein von der Wirklichkeit weitgehend losgelöstes Denkschema, dessen Ergebnisse nur unter den von vornherein festgelegten Voraussetzungen gültig sind. Diese Voraussetzungen – auch **Prämissen** genannt – sind notwendig, weil nur so eindeutige Aussagen gemacht werden können. Die Modelle haben die Aufgabe, wesentliche Eigenschaften einer Erscheinung verständlich und deutlich sichtbar zu machen. So bedient sich z. B. der Architekt des Modells, wenn er zeigen will, wie das von ihm geplante Gebäude im Wesentlichen aussehen soll. Der Physiker zeigt am Atommodell den prinzipiellen Aufbau eines Atoms, obwohl ein Atom natürlich nicht so aussieht wie das aus Kugeln aufgebaute Modell.

(1) Voraussetzungen zum Modell „einfacher Wirtschaftskreislauf"

Für unser einführendes Modell legen wir folgende **Voraussetzungen (Prämissen)** fest:

- Es gibt noch **keinen Staat**.
- Es gibt **keine Außenhandelsbeziehungen (geschlossene Volkswirtschaft)**.
- Sämtliche Unternehmen fassen wir zum **Sektor**[1] **„Unternehmen"** zusammen.
- Sämtliche privaten Haushalte fassen wir zum **Sektor „private Haushalte"** zusammen.

(2) Beschreibung des Modells „einfacher Wirtschaftskreislauf"

Das Zusammenwirken der Sektoren „Private Haushalte" und „Unternehmen" lässt sich wie folgt darstellen:

---

[1] Sektor: Ausschnitt; hier: die Zusammenfassung gleichartiger wirtschaftlicher Einheiten, also von Wirtschaftssubjekten.

Erläuterungen:

Güterkreislauf. Die privaten Haushalte stellen dem Unternehmen die Produktionsfaktoren[1] Boden, Arbeit, Kapital und Bildung zur Verfügung. Im Produktionsprozess kombinieren die Unternehmen die Produktionsfaktoren und stellen auf diese Weise Güter her, die sie wiederum an die Haushalte verkaufen. Der Güterkreislauf umfasst somit die Faktorleistungen der Haushalte und die Güterbereitstellung durch die Unternehmen.

Geldkreislauf. Für die Faktorleistungen erhalten die Haushalte als Gegenleistung von den Unternehmen Einkommen (Lohn, Gehalt, Pacht/Miete, Zinsen, Gewinne). Die Einkommen der Haushalte sind die Kosten der Unternehmen. Die produzierten Güter werden an die Haushalte verkauft. Mit den Verkaufserlösen bestreiten die Unternehmen dann die Kosten für die Produktionsfaktoren. Dem Güterstrom fließt somit ein gleich großer Geldstrom entgegen.

3.2 Erweiterter Wirtschaftskreislauf

Bei diesem Modell des Wirtschaftsprozesses wird die Kreislaufdarstellung noch um den **Staat**, die **Kreditinstitute** und das **Ausland** erweitert, wobei zwischen allen fünf Wirtschaftssubjekten jeweils Beziehungen in Form eines Geld- und Güterkreislaufes bestehen.

(1) Erweiterung des einfachen Wirtschaftskreislaufes um den Sektor Staat

Wird die Darstellung des einfachen Wirtschaftskreislaufs um den Sektor **Staat** ergänzt und betrachtet man lediglich die **Zahlungsströme** zwischen den Sektoren der „Nichtfinanziellen Kapitalgesellschaften" (Unternehmen), „Private Haushalte" und „Staat", so ergibt sich beispielsweise folgendes Schaubild:

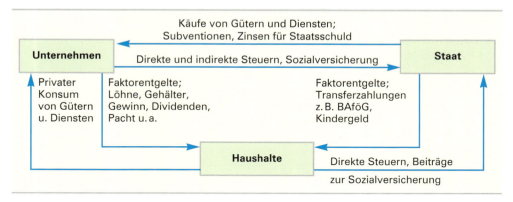

(2) Erweiterung des einfachen Wirtschaftskreislaufes um die Sektoren Staat, Banken und Ausland

Erweitert man nunmehr das Schaubild auf alle **fünf** Sektoren, so ergeben sich beispielsweise folgende Geld- und Güterströme:

---

[1] Volkswirtschaftliche Produktionsfaktoren sind Grundelemente, die bei der Produktion mitwirken.

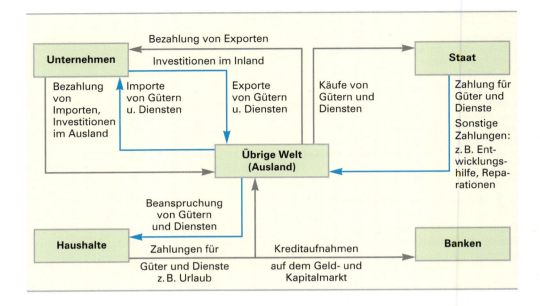

Zu einigen Kreislaufströmen des erweiterten Modells sind in nachfolgender Tabelle Beispiele aufgeführt.

Beziehung zwischen	Geldkreislauf	Güterkreislauf
Haushalt und Staat	■ Der Auszubildende Carsten Clever bezahlt von seinem Weihnachtsgeld die Kfz-Steuer. ■ Familie Müller erhält Kindergeld.	■ Hans Schmidt arbeitet als Lehrer an einer staatlichen Schule. ■ Die Stadt Siegen baut eine neue Spielstraße.
Haushalt und Banken	■ Der vermögende Daniel Duck erhält eine Zinsgutschrift für sein Sparguthaben. ■ Der Angestellte Ralf Schupp zahlt an seine Bank Kontoführungsgebühren.	■ Der Immobilienbesitzer Hans Becker vermietet sein Geschäftshaus an die Sparkasse Siegerland. ■ Die Volksbank Gießen verkauft einem Münzsammler eine Goldmünze.
Haushalt und Ausland	■ Dem in Luxemburg arbeitenden Egon Kling wird sein Gehalt an die Sparkasse Trier überwiesen. ■ Die preisbewusste Tanja Spar bezahlt ihren in Italien gekauften Kleinwagen.	■ Der Spekulant Bodo Bostellani legt einen Teil seines Vermögens in den USA an. ■ Ein kalifornischer Winzer versendet eine Kiste Wein an einen deutschen Weinliebhaber.

Unternehmen und Staat	■ Die Hinkelstein AG überweist ihre Körperschaftsteuer an das zuständige Finanzamt. ■ Der Staat tätigt Subventionszahlungen an deutsche Unternehmen.	■ Die Firma Hochbau GmbH erstellt ein neues Berufsschulgebäude im Auftrag eines Landkreises. ■ Die städtische Müllabfuhr entsorgt den Müll der Firma Ballast GmbH.
Unternehmen und Banken	■ Die Computer GmbH erhält eine Gutschrift für gelieferte Hardware. ■ Die Volksbank Oberschwaben belastet die Fritz Verzug AG mit Sollzinsen.	■ Die Paper GmbH beliefert die örtliche Sparkasse mit Büromaterial. ■ Die Volksbank Weserland verkauft der „Second-Hand KG" ausrangierte Büromöbel.
Unternehmen und Ausland	■ Die Maschinenbau AG erhält eine Dividendenzahlung auf ausländische Aktien. ■ Die Möbel Import GmbH überweist eine Rechnung an einen italienischen Zulieferer.	■ Die Wassertechnik OHG entsendet einen Ingenieur in den Sudan. ■ Ein deutsches Maschinenbauunternehmen mietet ein Betriebsgebäude in Portugal.

3.3 Kritik am Modell des Wirtschaftskreislaufs

In dem Modell wird unterstellt, dass sich die realen und monetären Ströme entsprechen. Dies gilt allerdings nur dann, wenn die Haushalte ihr **gesamtes** Einkommen (Y: yield) konsumieren. In der Realität haben die Haushalte bezüglich der **Verwendung** ihres Einkommens **zwei** Möglichkeiten: **Konsum** (C: consumption) oder Konsumverzicht in Form von **Sparen** (S: save). Konsumverzicht bedeutet zunächst einmal, dass verfügbare Einkommensteile nicht für Konsum verwendet werden. Bezüglich der Einkommensverwendung privater Haushalte gilt also:

$$Y = C + S \text{ (Einkommensverwendungsgleichung).}$$

Durch den geringeren Konsum der Haushalte werden Produktionskapazitäten nicht in Anspruch genommen, die nunmehr statt für die Herstellung von Konsumgütern für die Produktion von **Produktionsgütern** genutzt werden können. Das so **gebildete Sachkapital** steht den Unternehmen im Rahmen des Produktionsprozesses **langfristig** zur Verfügung (Investition). Hierdurch erhöhen sich die volkswirtschaftlichen Produktionskapazitäten, was letztlich mit einem **Anstieg des „volkswirtschaftlichen Vermögens"** gleichzusetzen ist. Unternehmen können also entweder Konsum- oder Produktionsgüter herstellen. Für die Entstehung von Einkommen gilt also:

$$Y = C + I \text{ (Einkommensentstehungsgleichung).}$$

Da sich beide Wertströme in ihrer Größe entsprechen, kann man sie gleichsetzen und nach mathematischen Grundregeln wie folgt umformen:

$$C + I = C + S$$
$$I = S$$

In dem Modell des einfachen Wirtschaftskreislaufs fehlt also dieser Prozess des Vermögenszuwachses (Geldvermögen bei den Haushalten, Realvermögen bei den Unternehmen) innerhalb einer Volkswirtschaft.

Zusammenfassung

- Der **einfache Wirtschaftskreislauf** vollzieht sich zwischen den Sektoren Unternehmen und private Haushalte.
  - Die **privaten Haushalte** stellen den Unternehmen Produktionsfaktoren (vor allem Arbeit) zur Verfügung. Sie erhalten hierfür **Einkommen** (z. B. Löhne, Gewinne, Mieten, Pachten).
  - Die **Unternehmen** stellen den privaten Haushalten Konsumgüter zur Verfügung. Sie erhalten hierfür **Geldmittel (Umsatzerlöse)**.
- Den **Güterströmen** stehen **Geldströme** gegenüber.
- Beim Modell des **erweiterten Wirtschaftskreislaufes** wird die Kreislaufdarstellung noch um den **Staat**, die **Banken** und das **Ausland** erweitert, wobei zwischen allen fünf Wirtschaftssubjekten jeweils Beziehungen in Form eines Geld- und Güterkreislaufes bestehen.

Übungsaufgabe

11 1. Übertragen Sie das Schaubild eines einfachen Wirtschaftskreislaufes in Ihr Hausheft!

Aufgaben:

1.1 Beschriften Sie die Pfeile im Schaubild!
1.2 Erläutern Sie, wie sich der Güter- und Geldkreislauf zueinander verhalten!
1.3 Erläutern Sie, ob die beiden Kreisläufe wertmäßig gleich groß sind! Begründen Sie Ihre Entscheidung!
1.4 Erläutern Sie, welche Annahme über die Konsumausgaben der Haushalte in diesem Modell gemacht wird!

2. Der Wirtschaftskreislauf ist ein Modell, das die Beziehungen der Teilnehmer einer Volkswirtschaft darstellt. Kennzeichnen Sie nachfolgende Aussagen mit einer

   (1), wenn diese die Beziehung zwischen Haushalt und Unternehmen betreffen und zum Güterstrom zählen,

   (2), wenn diese die Beziehung zwischen Haushalt und Unternehmen betreffen und zum Geldstrom zählen,

   (3), wenn diese die Beziehung zwischen Haushalt und Staat betreffen und zum Güterstrom zählen,

   (4), wenn diese die Beziehung zwischen Haushalt und Staat betreffen und zum Geldstrom zählen,

   (5), wenn diese die Beziehung zwischen Haushalt und Kreditinstitut betreffen und zum Geldstrom zählen,

(6), wenn diese die Beziehung zwischen Unternehmen und Staat betreffen und zum Geldstrom zählen,

(7), wenn diese die Beziehung zwischen Unternehmen und Staat betreffen und zum Güterstrom zählen,

(8), wenn diese die Beziehung zwischen Unternehmen und Kreditinstitut betreffen und zum
Geldstrom zählen,

(9), wenn diese die Beziehung zwischen Unternehmen und Kreditinstitut betreffen und zum
Güterstrom zählen und eine

(0), wenn nichts zutrifft!

a)	Monika Glück erhält für ihr Kind monatlich Kindergeld.	
b)	Der Auszubildende Hans Hansen kauft zwei Lehrbücher für die Berufs-schule.	
c)	Der Bankdirektor Dr. Schümmelfeder arbeitet nebenberuflich bei der privaten Hochschule für Bankwirtschaft als Dozent.	
d)	Dr. Schümmelfeder erhält dafür von diesem Bildungsträger eine monat-liche Honorarzahlung.	
e)	Frau Sonnenschein verbringt ihren Urlaub auf den Bahamas.	
f)	Ingo Lück vermietet ein Ladenlokal in Siegen an McRonalds.	
g)	Die monatliche Miete legt Herr Lück auf einem Sparkonto an.	
h)	Für das Sparkonto erhält Herr Lück einmal im Jahr eine Zinsgutschrift.	
i)	Die Obelix GmbH produziert kleine Hinkelsteine für den Hausgebrauch und bietet sie dem Endverbraucher über eine Supermarktkette an.	
j)	Petra Pump nimmt bei ihrer Hausbank einen Kredit auf.	
k)	Linda Schmidt arbeitet als Lehrerin an einer staatlichen Schule.	
l)	Die Energy AG erhält vom Staat eine Million EUR Subventionen für den Bau einer neuen Windkraftanlage.	
m)	Das Siegener Bankhaus vermietet eine Wohnung an eine Auszubilden-de.	
n)	Die „Software GmbH" übernimmt die Wartung der Computer der Spar-kasse Weserland.	
o)	Das bayerische Landesvermessungsamt vermisst das Firmengelände des Bauunternehmers Alois Geiger.	
p)	Der Blumenladen „Blütenzauber e.K." erhält eine Zinsgutschrift der Sparkasse Siegerland.	
q)	Die Volksbank Kiel führt die Abgeltungsteuer und den Solidaritäts-zuschlag an das Finanzamt ab. Die Zinsgutschrift betraf den Privatkun-den Friedrich Hausch.	

3. In einer Fernsehsendung stellt der Moderator das Zusammenspiel der Wirtschaftseinheiten einer Volkswirtschaft anhand des Wirtschaftskreislaufs dar. Entscheiden Sie, welche der nachfolgenden Erklärungen jedoch infrage zu stellen ist! Tragen Sie die entsprechende Ziffer in den nebenstehenden Kasten ein!

(1) Der Wirtschaftskreislauf spiegelt die Realität des Wirtschaftslebens nicht in vollem Umfang wider.

(2) Der Geldstrom verläuft im Vergleich zum Güterstrom immer entgegengesetzt.

(3) Der Wirtschaftskreislauf ist eine modellhafte Abbildung der Arbeitsteilung zwischen den Wirtschaftssektoren.

(4) Im erweiterten Wirtschaftskreislauf konsumieren die Haushalte nicht ihr gesamtes Einkommen.

(5) Im erweiterten Wirtschaftskreislauf stellen die Haushalte auch dem Staat Produktionsfaktoren zur Verfügung.

4. Entscheiden Sie, welche volkswirtschaftlichen Produktionsfaktoren in den unten stehenden Fällen hauptsächlich zur Produktion herangezogen werden. Tragen Sie die zutreffende Bezeichnung in das vorgesehene Feld ein! Folgende Ziffern stehen zur Auswahl:

(1) Arbeit,
(2) Boden,
(3) Kapital,
(9) wenn keine eindeutige Zuordnung möglich ist.

a)	Das Bankhaus Wucher & Co. KG eröffnet eine SB-Zweigstelle.	9
b)	Die Möbelschreinerei Hobel GmbH hat sich auf das Restaurieren antiker Möbel spezialisiert.	1
c)	Der ehemalige Rennfahrer Niki Lauda betreibt eine eigene Fluggesellschaft.	3
d)	Der ostfriesische Fischereibetrieb Olaf Olafson e.K. betreibt seit vielen Generationen die Hochseefischerei	2
e)	Heidi Klum eröffnet auf der Düsseldorfer Königsallee eine Modeboutique für Designeranzüge.	2
f)	Eine deutsche Großbank betreibt ein Beratungscenter für vermögende Anlagekunden.	1
g)	Die Car Concept AG produziert Autos der gehobenen Mittelklasse.	3
h)	Das Ingenieurbüro GPS GmbH hat sich auf die Vermessung weltweiter Großprojekte spezialisiert, für die sie gut ausgebildete Ingenieure und hochwertige Technologie einsetzt.	9

4 Soziale Marktwirtschaft

4.1 Begriff der Wirtschaftsordnung

(1) Problemstellung

Betrachtet man das Wirtschaftsgeschehen der Vielzahl der in einer Volkswirtschaft (miteinander) agierenden Wirtschaftssubjekte, so lassen sich sehr leicht gewisse Parallelen zu einem Ameisenbau ziehen. Auf den ersten Blick herrscht dort ein wildes Durcheinander Zigtausender von Ameisen. Bei längerer Beobachtung aber kann man erkennen, dass auf bestimmten Wegen ein systematisches Kommen und Gehen stattfindet, das scheinbar planlose Gewirr also insgeheim ein geordnetes Ganzes bildet.

Nicht weniger faszinierend ist die Wirtschaftsordnung eines Staates mit 2, 50 oder 300 Millionen Einwohnern, die gewährleistet, dass die von den Einwohnern gewünschten Güter und Dienstleistungen in dem erforderlichen Umfang zur gewünschten Zeit am richtigen Ort zur Verfügung stehen.

Fast jeden Tag aufs Neue erleben wir, dass – von wenigen Ausnahmen abgesehen – geplante Einkaufswünsche realisiert werden können. Dieser für viele als **selbstverständlich** empfundene Umstand ist jedoch umso **erstaunlicher,** wenn man darüber nachdenkt, dass hierzulande **Millionen** von Menschen täglich die unterschiedlichsten Konsumpläne aufstellen und diese dann auch durch entsprechende Produkt- und Dienstleistungsangebote erfüllt werden können. Bemerkenswert ist dabei insbesondere, dass die meisten Pläne von den Verbrauchern **„insgeheim"** aufgestellt werden, die Anbieter also im Vorfeld von den konkreten Kaufwünschen ihrer Kunden nichts wissen.

Beispiel:

An einem Samstagmorgen geht die 18-jährige Lena einkaufen. Zunächst besorgt sie für die Familie beim Bäcker einige Brötchen und Croissants. Danach kauft sie beim Metzger etwas Wurstaufschnitt sowie für die am Abend geplante Grillparty verschiedenartiges Grillgut. Auf dem Nachhauseweg beschafft sie schließlich noch bei dem örtlichen Fachhändler verschiedene Getränke. Nach dem Frühstück fährt Lena in die Stadt. Hier kauft sie dann neben einem dringend benötigten Paar neuer Schuhe noch einige T-Shirts sowie zwei Hosen und den neuen Roman von Harry Potter. Am Ende der Einkaufstour gönnt sie sich schließlich noch einen Besuch beim Frisör sowie in der Eisdiele.

---

(2) Notwendigkeit eines staatlichen Ordnungsrahmens

Wie kommt das zustande? Wer trifft letztlich die **Entscheidungen** über die **Verwendung** und **Verteilung** knapper Ressourcen und Güter und wer behält den **Überblick** bei den unzähligen wechselseitigen Abhängigkeiten dieses komplexen Geschehens?

Die Antwort ist relativ einfach; denn keine Volkswirtschaft kann funktionieren, wenn keine **sinnvolle Planung** betrieben wird. Gegensätzlich sind jedoch die Auffassungen darüber, wer dieses komplexe Geschehen planen soll. Hierbei bestehen grundsätzlich **zwei Möglichkeiten,** entweder man lässt die **einzelnen Wirtschaftssubjekte,** also die Konsumenten und die Produzenten, **selber planen und entscheiden (Idee der Marktwirtschaft)** oder man überträgt die Planungen auf eine übergeordnete **zentrale Behörde (Idee der Zentralverwaltungswirtschaft).**

Unabhängig davon, wie die Entscheidung auch ausfallen mag, es handelt sich in beiden Fällen um ein Ordnungsgefüge, welches das Wirtschaftsgeschehen steuert.

> Unter **Wirtschaftsordnung** versteht man die Herstellung von Rahmenbedingungen im Sinne eines **Ordnungsgefüges,** das die **Beziehungen der Wirtschaftssubjekte untereinander regelt** und die **wirtschaftlichen Handlungen** der Wirtschaftssubjekte miteinander **koordiniert.**

4.2 Entstehung der sozialen Marktwirtschaft in der Bundesrepublik Deutschland

Die soziale Marktwirtschaft prägt bereits seit der Währungsreform im Jahr 1948 das wirtschaftliche Geschehen in der Bundesrepublik Deutschland und entstand vor dem Hintergrund **negativer Erfahrungen** der jüngeren Vergangenheit.

So waren einerseits die nachteiligen Auswirkungen eines Systems der **staatlichen Wirtschaftslenkung** während der Zeit der nationalsozialistischen Herrschaft noch allgegenwärtig. Andererseits waren aber auch die Schattenseiten einer **staatslosen liberalen Wirtschaftsordnung** im Sinne einer „Laissez-faire-Wirtschaft" aus der Zeit des Beginns der Wirtschaftskrise in den zwanziger Jahren des vorigen Jahrhunderts hinreichend bekannt.

Zu diesen Nachteilen zählten u.a. die **starken Konzentrationstendenzen** bei den Unternehmen, die den Wettbewerb weitgehend außer Kraft setzten, einhergehend mit einer **stetig ansteigenden Arbeitslosigkeit** sowie **vielfältigen sozialen Problemen,** die zumeist ungelöst blieben. Der Staat reagierte in dieser Krisensituation sogar mit rapidem **Sozialabbau,** was bei weiterer Zunahme **sozialer Spannungen** zu einer **Radikalisierung der Politik** beitrug und schließlich den Aufstieg des Nationalsozialismus begünstigte.

> Der **Begriff der sozialen Marktwirtschaft** wurde 1947 von dem Ökonomen **Alfred Müller-Armack** geprägt und von **Ludwig Erhard,** dem ersten Wirtschaftsminister der Bundesrepublik Deutschland, durch eine entsprechend ausgerichtete Wirtschaftspolitik mit Leben gefüllt.

Ludwig Erhard war einer der beliebtesten Politiker der 50er-Jahre. Er galt als Schöpfer des deutschen Wirtschaftswunders und legte in seinem populären Buch „Wohlstand für alle" seine Vorstellungen allgemeinverständlich dar. Erhard selbst lehnte den Begriff „Wirtschaftswunder" allerdings ab („Es gibt keine Wunder") und bestand darauf, dass das Wirtschaftswachstum Ergebnis einer erfolgreichen marktwirtschaftlichen Politik sei.

Viel mehr als nur eine effiziente Wirtschaftsordnung
Verbindung zwischen marktwirtschaftlichen und sozialen Zielen

Ludwig Erhard, der erste Wirtschaftsminister der Bundesrepublik Deutschland, verwendete den Begriff der „Sozialen Marktwirtschaft", als er nach 1948 in mutigen Schritten die Marktwirtschaft in der Bundesrepublik einführte und damit die Zwangswirtschaft der ersten Nachkriegsjahre ablöste. Der Begriff „Soziale Marktwirtschaft" selbst stammt von seinem Mitarbeiter, dem Staatssekretär Alfred Müller-Armack.

Für Erhard und Müller-Armack war die soziale Marktwirtschaft mehr als nur eine effiziente Wirtschaftsordnung mit sozialen Korrekturen. Sie verstanden die soziale Marktwirtschaft als eine ordnungspolitische Idee, als ein gesellschaftspolitisches Ordnungskonzept. Durch die soziale Marktwirtschaft sollte auf der Basis der Ideale einer liberalen Wirtschaftsordnung und auf der Basis wirtschaftlicher Freiheit gleichzeitig die Verwirklichung sozialer Ziele möglich werden. Dieses Leitbild der sozialen Marktwirtschaft bildet seit nunmehr gut einem halben Jahrhundert die Grundlage der deutschen Wirtschafts- und Sozialpolitik.

Sie war in den zurückliegenden Jahrzehnten Garant für die Realisierbarkeit eines erfolgreichen und gleichzeitig menschlichen Wirtschaftssystems. Die „Soziale Marktwirtschaft" ist nicht nur in Deutschland, sondern in vielen Mitgliedstaaten der Europäischen Union Leitbild wirtschafts- und gesellschaftspolitischer Gestaltung. Auch wenn die Sozialsysteme in Europa starke Unterschiede aufweisen, ist es durchaus gerechtfertigt, von einem kontinentaleuropäischen Leitbild der „Sozialen Marktwirtschaft" zu sprechen.

In Kontinentaleuropa existiert ein breiter gesellschaftlicher Konsens darüber, dass ökonomische Effizienz und soziale Gerechtigkeit zusammen gedacht werden müssen. Ein weiteres wesentliches Merkmal des kontinentaleuropäischen Sozialmodells ist die ausgeprägte soziale Präsenz des Staates. Sie zeigt sich:

- durch überwiegend staatlich organisierte Bildungssysteme, die vergleichbare und qualitativ hochwertige Bildungsabschlüsse ermöglichen,
- durch umfassend ausgebaute Systeme des Arbeitnehmerschutzes,
- durch einen Sockel an arbeitsrechtlichen Vorschriften, durch ausgebaute Systeme der sozialen Sicherheit gegen die großen sozialen Lebensrisiken Krankheit, Alter, Arbeitslosigkeit und Invalidität sowie
- durch die Gewährleistung sozialpartnerschaftlicher Strukturen, die mit dem Staat kooperieren.

Die ausgeprägte soziale Präsenz des Staates spiegelt sich beispielsweise in den Sozialausgaben wider. Nach Zahlen der OECD lag in Deutschland 1995 der Anteil der staatlichen Sozialleistungen bei rund 25,9 Prozent des Bruttoinlandsprodukts. In den USA waren es nur rund 17,5 Prozent ...

Trotz der weitgehend unbestrittenen Erfolge der sozialen Marktwirtschaft geriet dieses Sozialmodell mit wachsender Arbeitslosigkeit und einem zwischenzeitlichen Paradigmawechsel hin zur Angebotspolitik unter zunehmende Kritik. Die wirtschaftlichen Schwierigkeiten der neunziger Jahre in Kontinentaleuropa und die Diskussion über die wirtschaftliche Globalisierung und über die Frage nach der Wettbewerbsfähigkeit der europäischen Wirtschaft spitzten die Debatte über den Sozialstaat weiter zu.

Quelle: Die SparkassenZeitung vom 25.08.2000.

4.3 Dualismus als geistige Grundlage der sozialen Marktwirtschaft

(1) Begriff und geistige Grundlagen der sozialen Marktwirtschaft

Der sozialen Marktwirtschaft liegt ein **dualistisches Menschenbild** zugrunde, d. h., der Mensch wird sowohl als **Individual-** als auch als **Kollektivwesen** gesehen. (Man spricht deswegen auch von der dualistischen oder auch von der personalistischen Gesellschaftsauffassung.) Hieraus folgt bereits, dass die **soziale Marktwirtschaft zwischen** den beiden extremen Modellen der **freien Marktwirtschaft** einerseits und der **Zentralverwaltungswirtschaft** andererseits stehen muss. Schlagwortartig könnte man das Grundziel dieser Wirtschafts- und Gesellschaftsordnung wie folgt umreißen: „So viel Freiheit wie möglich, so viel staatlichen Zwang wie nötig", wobei man sich freilich immer darüber streiten kann, was möglich bzw. was nötig ist.

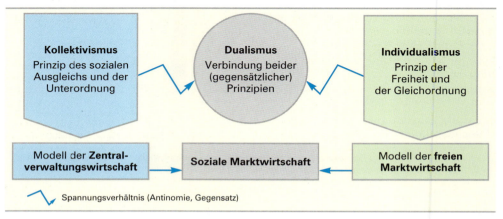

Die **soziale Marktwirtschaft** in der Bundesrepublik Deutschland ist eine in der Wirklichkeit existierende Wirtschaftsform (Realform). Sie steht im **Spannungsverhältnis** zwischen den Forderungen nach **größtmöglicher Freiheit** einerseits und sozialer **Gerechtigkeit** andererseits.

(2) Freiheit der Märkte und sozialer Ausgleich als Grundlage der sozialen Marktwirtschaft

Die **Freiheit der Märkte** einerseits und der **soziale Ausgleich** andererseits bilden zusammen das **Konzept der sozialen Marktwirtschaft.** Der Staat legt die sozialen Schutzrechte und den Rahmen für die sozialen Sicherungssysteme (z. B. die Sozialversicherung[1]) fest, die dem Einzelnen den Lebensunterhalt auch dann sichern sollen, wenn er nicht in der Lage ist, für sich selbst zu sorgen. „Die schwierigste Aufgabe der Sozialpolitik[2] ist die der ‚richtigen' Dosierung. Die Spanne zwischen notwendiger sozialer Sicherheit und einem leistungshemmenden **Versorgungsstaat** ist gering."[3]

---

[1] Siehe Seite 104 ff.
[2] Näheres siehe Kapitel 4.6.3, Seite 98 ff.
[3] Hugle, R. und Larmann, W.: Staat und Wirtschaft, in: Wirtschaft und Unterricht, 25. Mai 1999, S. 2.

Bei der sozialen Marktwirtschaft sind **Freiheit und Verantwortung** miteinander gekoppelt. Die Verantwortung umfasst die Verantwortung des **Einzelnen** für sich **selbst** und auch für **andere**.

Um dieses Ziel zu erreichen, lautet eine zentrale Forderung der sozialen Marktwirtschaft, dass über den Einsatz **ergänzender** Wirtschafts- und Sozialpolitik nach dem **Subsidiaritätsprinzip** entschieden werden soll. Dies bedeutet, dass übergeordnete (staatliche) Instanzen im Sinne einer **Hilfe zur Selbsthilfe** erst dann eingeschaltet werden sollen, wenn dezentrale Entscheidungsträger (z. B. Haushalte und Unternehmen) ein Problem allein nicht mehr bewältigen können. Die Betonung dieses Prinzips macht deutlich, dass zunächst vor allem der Einzelne gefordert ist und nicht der Staat automatisch im Sinne einer **allumfassenden** Sicherung einspringt.

> **Beispiel:**
>
> Das Subsidiaritätsprinzip kommt u.a. beim Arbeitslosengeld II[1] zum Tragen. So werden die Zahlungen dieser staatlichen Alimentierung gekürzt bzw. eingestellt, wenn der Antragsteller über eigenes, bestimmte Freibeträge übersteigendes Vermögen verfügt. Des Weiteren werden bei der Berechnung der vom Staat zu zahlenden Leistungen auch Einkommen von Personen berücksichtigt, die mit dem Antragsteller in einer Bedarfsgemeinschaft leben.

Die soziale Marktwirtschaft befindet sich in einem ständigen Wandel, denn die schnelle technische, wirtschaftliche und gesellschaftliche Entwicklung unserer Zeit verlangt eine dauernde Anpassung der wirtschaftlichen Rahmenbedingungen mit dem Ziel, soziale Gerechtigkeit und Sicherheit bei größtmöglicher Freiheit des Einzelnen zu erreichen.

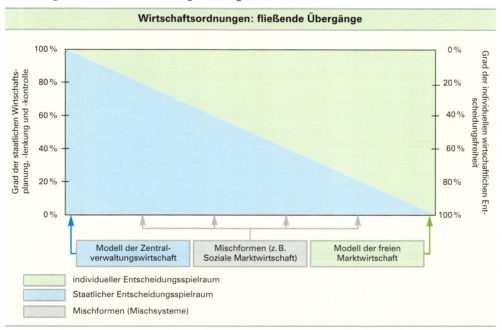

---

1 Vgl. Seite 108.

4.4 Grundgesetz und soziale Marktwirtschaft

(1) Überblick

In einem Rechtsstaat muss die Wirtschaftsordnung in eine Rechtsordnung eingebunden sein, die sich wiederum an der Verfassung, in der Bundesrepublik Deutschland also am Grundgesetz,[1] auszurichten hat.

Das **Grundgesetz** schreibt **ausdrücklich keine bestimmte Wirtschaftsform** vor, sondern lässt einen weiten Spielraum für denkbare Wirtschaftsordnungen.[2] Diese Tatsache ermöglicht es der Regierung bzw. dem Gesetzgeber (dem Bundestag und/oder den Landtagen), die als angemessen erscheinenden wirtschafts- und sozialpolitischen Maßnahmen zu ergreifen bzw. Gesetze zu beschließen. Allerdings enthält das Grundgesetz bestimmte Vorschriften (Normen), die gewissermaßen als „Eckpfeiler" auf der einen Seite eine reine Marktwirtschaft auf der anderen Seite eine reine Zentralverwaltungswirtschaft ausschließen. Laut Grundgesetz sind daher die verschiedensten Mischformen möglich, von denen eine die soziale Marktwirtschaft ist.

Im Folgenden werden die wichtigsten Artikel des Grundgesetzes daraufhin untersucht, ob und inwieweit sich aus ihnen wirtschafts- und sozialpolitische Ziele in der sozialen Marktwirtschaft ableiten lassen.

(2) Grundgesetz Artikel 2: Persönliche Freiheitsrechte

Art. 2 GG: (1) Jeder hat das Recht auf die freie Entfaltung seiner Persönlichkeit, soweit er nicht die Rechte anderer verletzt und nicht gegen die verfassungsmäßige Ordnung oder das Sittengesetz verstößt. (2) Jeder hat das Recht auf Leben und körperliche Unversehrtheit. Die Freiheit der Person ist unverletzlich. In diese Rechte darf nur aufgrund eines Gesetzes eingegriffen werden.

Im wirtschaftlichen Bereich bedeutet der Freiheitsgrundsatz, dass im Kern folgende **Freiheitsrechte** garantiert sind:

Gewerbefreiheit	Jeder hat das Recht, ein Unternehmen zu gründen, zu führen oder auch aufzulösen.
Vertragsfreiheit	Jeder hat das Recht, Verträge abzuschließen, aufzulösen und deren Inhalt frei zu gestalten.
Konsumfreiheit	Jeder hat das Recht, jede Ware dort zu kaufen, wo es ihm am günstigsten erscheint.

Nur wenn diese „Freiheiten" bestehen, können sich Märkte entwickeln, auf denen Angebot und Nachfrage durch einen sich frei bildenden Preis (z. B. Güterpreis) automatisch ins Gleichgewicht gebracht werden. Umgekehrt: Soll eine Wirtschaft mithilfe des Preismechanismus gesteuert werden, müssen die Wirtschaftssubjekte in ihrer Entscheidungsfreiheit unbeeinträchtigt bleiben.

Andererseits begrenzt der Art. 2 GG die Freiheitsrechte dort, wo die Rechte anderer verletzt werden können. Wucherische (ausbeuterische) und sittenwidrige Rechtsgeschäfte sind verboten. Umfassende Arbeitsschutzgesetze schützen den einzelnen Arbeitnehmer.[3]

---

1 Grundgesetz für die Bundesrepublik Deutschland [GG] vom 23. Mai 1949.

2 Nach einem Urteil des Bundesverfassungsgerichts aus dem Jahre 1961. Quelle: Pilz, F.: Das System der Sozialen Marktwirtschaft, 1974, S. 29.

3 Z. B. Kündigungsschutz, Arbeitszeitgesetz, Mutterschutzgesetz, Jugendarbeitsschutzgesetz, Arbeitsschutzgesetz, Sozialgesetzbücher usw.

Zum Schutze des Verbrauchers, der Nachbarschaft und der Allgemeinheit ist die **Gewerbefreiheit eingeschränkt.** So werden z. B. gefährliche Anlagen (Betriebe) und bestimmte Gewerbezweige staatlich überwacht. Selbst die Konsumfreiheit ist in manchen Bereichen eingeengt: Bestimmte Arzneimittel dürfen von den Apotheken nur gegen ärztliches Rezept abgegeben werden. Der Handel mit Rauschgiften aller Art ist verboten.

Schließlich ist auch das Umweltrecht ein Eingriff in die Gewerbefreiheit. Bei Nichteinhaltung gesetzlicher Umweltvorschriften drohen privatrechtliche Schadensersatzansprüche und verwaltungsrechtliche bzw. strafrechtliche Sanktionen.[1]

Beispiel für umweltschutzrechtliche Vorschriften:		
Schutzbereich	**Umweltschutzgesetze**	**Sanktionen**
Luftreinhaltung Lärmbekämpfung	Gesetz zum Schutz vor schädlichen Umwelteinwirkungen durch Luftverunreinigungen, Geräusche, Erschütterungen und ähnliche Vorgänge [Bundes-Immissionsschutzgesetz – BImSchG][2]	Betriebsverbot [§§ 20, 25 BImSchG]; Freiheits- oder Geldstrafen [§§ 325, 325a, 327 StGB]
Schutz vor gefährlichen Stoffen	Gesetz zum Schutz vor gefährlichen Stoffen [Chemikaliengesetz – ChemG]	Verbot der Inverkehrbringung [§ 11 III ChemG]; Freiheits- oder Geldstrafen [§ 27 ChemG]
Gewässerschutz	Gesetz zur Ordnung des Wasserhaushalts [Wasserhaushaltsgesetz – WHG]	Gefährdungshaftung nach dem UmweltHG sowie nach § 22 WHG; Freiheits- oder Geldstrafen [§ 324 StGB]
Naturpflege Artenschutz Bodenschutz	Gesetz über Naturschutz und Landschaftspflege [Bundesnaturschutzgesetz – BNatSchG]	Geld- oder Freiheitsstrafen [§§ 329, 330 StGB, § 30a BNatSchG]

Der Kern des Art. 2 darf – wie bei den übrigen Grundrechten auch – nicht in seinem Wesensgehalt angetastet werden [Art. 19 II GG]. Dies bedeutet, dass die Wirtschafts- und Sozialpolitik in der sozialen Marktwirtschaft dafür Sorge tragen muss, dass der Privatinitiative ein breiter Raum gelassen wird. Dies ist Aufgabe der **Ordnungspolitik.** Das Ziel lautet: **Sicherung des Wettbewerbs**[3] durch Beschränkung der Staatseingriffe auf die Fälle, bei denen der Markt seine Funktionen nicht mehr erfüllt, und Verhinderung der Monopolisierung (Konzentration) in der Wirtschaft. Hierbei bleibt nicht aus, dass Konflikte (Spannungen) im Verhältnis von „Freiheit" einerseits und „staatlicher Reglementierung" andererseits auftreten.

(3) Grundgesetz Artikel 12: Berufsfreiheit

Art. 12 GG: (1) Alle Deutschen haben das Recht, Beruf, Arbeitsplatz und Ausbildungsstätte frei zu wählen. Die Berufsausübung kann durch Gesetz oder aufgrund eines Gesetzes geregelt werden.[4] (2) Niemand darf zu einer bestimmten Arbeit gezwungen werden, außer im Rahmen einer herkömmlichen allgemeinen, für alle gleichen öffentlichen Dienstleistungspflicht.

---

1 Sanktionen (lat.): wörtl. Vergeltung, mit positiven oder negativen Folgen antworten.

2 Immission (lat.): Einleitung von Schadstoffen; das Einwirken von Luftverunreinigungen, Schadstoffen, Lärm, Strahlen u.Ä. auf Menschen, Tiere und Pflanzen.

3 Vgl. hierzu Kapitel 4.6.1.2, S. 86 ff.

4 Beispiele: Ärzte und Apotheker benötigen die Approbation (vom Staat verliehenes Recht zur Berufsausübung). Bei Handwerkern ist (noch) in vielen Fällen die Meisterprüfung (der „große Befähigungsnachweis") erforderlich, wenn sie z.B. Auszubildende beschäftigen.

Im Art. 12 GG wird der Freiheitsgrundsatz des Art. 2 GG fortgeführt, denn in einer vorwiegend auf Privatinitiative und Wettbewerb beruhenden Gesellschaftsordnung muss das Recht auf freie Wahl des Berufs, des Arbeitsplatzes und der Ausbildungsstätte im Grundsatz garantiert sein. Mehr noch: Es muss das Recht bestehen, dort seinen Arbeitsplatz (und seinen Wohnsitz) zu nehmen, wo es einem beliebt (vgl. Art. 11 GG: Recht auf Freizügigkeit).

Der Anspruch des Art. 12 ist ein schwieriges sozial- und wirtschaftspolitisches Problem. Das Recht auf freie Berufs-, Arbeitsplatz- und Ausbildungsstättenwahl ist in der Wirklichkeit dort begrenzt, wo es an Arbeits- und Ausbildungsplätzen fehlt. Ein gerichtlich durchsetzbares „Recht auf Arbeit" gibt es nach dem Grundgesetz nicht. Ein solches Recht kann es in einer (wenn auch staatlich gesteuerten) Marktwirtschaft nicht geben, weil kein Unternehmen und keine Behörde gezwungen werden kann, mehr Arbeitskräfte einzustellen als benötigt werden. Das viel zitierte „Recht auf Arbeit" beinhaltet jedoch eine moralische Verpflichtung des Staates. Die Aussage des Art. 12 GG stellt eine Aufforderung an den Staat dar, dafür Sorge zu tragen, dass genügend Arbeits- und Ausbildungsplätze zur Verfügung stehen. Das aus Art. 12 GG folgende wirtschafts- und sozialpolitische Ziel ist somit ein **hoher Beschäftigungsstand** und das (stetige) **Wirtschaftswachstum.**

(4) Grundgesetz Artikel 9: Vereinigungsfreiheit

Art. 9 GG: (1) Alle Deutschen haben das Recht, Vereine und Gesellschaften zu bilden. (2) Vereinigungen, deren Zweck oder deren Tätigkeit den Strafgesetzen zuwiderlaufen oder die sich gegen die verfassungsmäßige Ordnung oder gegen den Gedanken der Völkerverständigung richten, sind verboten. (3) Das Recht, zur Wahrung und Förderung der Arbeits- und Wirtschaftsbedingungen, Vereinigungen zu bilden, ist für jedermann und für alle Berufe gewährleistet ...

Eng mit dem Freiheitsgrundsatz ist auch der Grundsatz der **Vereinigungsfreiheit** verknüpft. Im wirtschaftlichen Bereich bedeutet dies nicht nur das Recht zur Gründung von Handelsgesellschaften, sondern auch das Recht, Gewerkschaften (Arbeitnehmerverbände) und Arbeitgeberverbände zu gründen, die **autonom,** d. h. unabhängig von staatlicher Beeinflussung, Arbeitsbedingungen (z. B. Löhne, Arbeitszeit) aushandeln können.

(5) Grundgesetz Artikel 14: Eigentum, Erbrecht und Enteignung

Art. 14 GG: (1) Das Eigentum und das Erbrecht werden gewährleistet. Inhalt und Schranken werden durch die Gesetze bestimmt. (2) Eigentum verpflichtet. Sein Gebrauch soll zugleich dem Wohle der Allgemeinheit dienen. (3) Eine Enteignung ist nur zum Wohle der Allgemeinheit zulässig. Sie darf nur durch Gesetz oder aufgrund eines Gesetzes erfolgen, das Art und Ausmaß der Entschädigung regelt ...

Das Eigentumsrecht umfasst sowohl das Privateigentum an Konsumgütern (z. B. Kleidung, Privatauto, Eigenheim, Eigentumswohnung) als auch an Produktionsmitteln (Kapital im volkswirtschaftlichen Sinne) einschließlich Grund und Boden. Das Eigentumsrecht ist im Zusammenhang mit dem Freiheitsgrundsatz zu sehen. (Wer z. B. das Recht haben soll, ein Unternehmen zu gründen, muss auch das Recht haben, über die Produktionsmittel zu verfügen.)

Allerdings gewährt das Grundgesetz dem Gesetzgeber weitgehende Eingriffsrechte in das Privateigentum. Einmal soll das Eigentum dem Wohle der Allgemeinheit dienen **(„soziale Bindung des Eigentums"),** zum anderen ist eine Enteignung ausdrücklich erlaubt. Produktionsmittel, Grund und Boden und Naturschätze können verstaatlicht (in Gemeineigentum überführt) werden [Art. 15 GG]. Mithin wäre z. B. die Verstaatlichung der Schlüsselindustrien[1] verfassungskonform.[2]

---

1 Schlüsselindustrien sind die Basis für die nachfolgenden Wirtschaftsstufen. Zu den Schlüsselindustrien gehören z.B. die Eisen und Stahl schaffende und die chemische Industrie.

2 Konform: gleichlaufend, hier: verfassungsgemäß, im Einklang mit der Verfassung.

(6) Grundgesetz Artikel 3: Gleichheit vor dem Gesetz

Art. 3 GG: (1) Alle Menschen sind vor dem Gesetz gleich. (2) Männer und Frauen sind gleichberechtigt. Der Staat fördert die tatsächliche Durchsetzung der Gleichberechtigung von Frauen und Männern und wirkt auf die Beseitigung bestehender Nachteile hin. (3) Niemand darf wegen seines Geschlechtes, seiner Abstammung, seiner Rasse, seiner Sprache, seiner Heimat und Herkunft, seines Glaubens, seiner religiösen oder politischen Anschauungen benachteiligt oder bevorzugt werden.

Der Art. 3 GG verlangt Gleichbehandlung in vergleichbaren Fällen. Man hat aus dem Gleichheitsgrundsatz des Grundgesetzes viele wirtschafts- und sozialpolitische Ziele abgeleitet. Folgende seien beispielhaft erwähnt:

- **Gleicher Lohn für gleiche Arbeit, d. h. also auch zwischen Mann und Frau oder zwischen In- und Ausländern.**

Dass gerade hier für Staat, Gewerkschaften und Arbeitgeber noch viel zu tun bleibt, um die Kluft zwischen dem Anspruch der Verfassung und der Wirklichkeit zu überbrücken, ist offensichtlich.

- **Gleiche Bildungs- und Berufschancen für alle („Chancengleichheit").**

Maßnahmen zur Verwirklichung des Ziels der Chancengleichheit sind z.B. Bereitstellung von Mitteln zum Ausbau von Schulen, betrieblichen Ausbildungsstätten und Hochschulen; Maßnahmen zur Umschulung und Weiterbildung Erwachsener (z.B. durch die gesetzliche Arbeitsförderung, SGB III); Ausbildungsförderung für Schüler und Studenten nach dem Bundesausbildungsförderungsgesetz [BAföG].

Zusammenfassung

- Die **soziale Marktwirtschaft** setzt sich zum Ziel, auf der Grundlage der Marktwirtschaft das Prinzip der Freiheit mit dem des sozialen Ausgleichs und der sozialen Gerechtigkeit zu verbinden.
- Wesentliche **Ordnungsmerkmale** der sozialen Marktwirtschaft sind:
  - Gewerbe-, Vertrags- und Konsumfreiheit. Einschränkungen zum Schutz des Einzelnen und/oder der Allgemeinheit sowie der Umwelt sind möglich.
  - Freier Wettbewerb, aber Verhinderung der Monopolisierung.
  - Freie Berufs- und Arbeitsplatzwahl.
  - Vereinigungsfreiheit.
  - Gewährleistung des Eigentums und des Erbrechts, jedoch Sozialbindung des Eigentums.
  - Verwirklichung des Gleichheitsgrundsatzes.

Übungsaufgaben

12
1. Erläutern Sie, warum eine arbeitsteilige Volkswirtschaft ein Ordnungssystem zur Koordinierung des Wirtschaftsablaufs benötigt!

2. Die freie Marktwirtschaft ist ein idealtypisches Modell. Dem Modell am nächsten kam der Industriekapitalismus (Frühkapitalismus) des 19. Jahrhunderts.

   Aufgaben:

   2.1 Erläutern Sie, was unter einer freien Marktwirtschaft zu verstehen ist!

   2.2 Erklären Sie den Begriff Kapitalismus!

   (Beantworten Sie die Fragen unter Verwendung von Lexikas bzw. dem Internet!)

3. Die Missstände des Frühkapitalismus, vor allem die Verelendung breiter Massen, führten zur Entstehung neuer ökonomischer Konzeptionen. Die bedeutendste war die von KARL MARX (1818–1883), der eine Gesellschaft ohne Privateigentum an den Produktionsmitteln und damit die Abschaffung des Gewinnstrebens forderte. Die ideologische Grundlage seiner Konzeption war der Kollektivismus.

Aufgaben:

3.1 Erstellen Sie ein Kurzreferat zur Person von Karl Marx!

3.2 Erläutern Sie den Begriff Kollektivismus!

(Beantworten Sie die Fragen unter Verwendung von Lexikas bzw. dem Internet!)

13

1. Stellen Sie mögliche Zielkonflikte in der sozialen Marktwirtschaft dar! Leiten Sie diese aus dem Spannungsverhältnis zwischen dem Ziel der größtmöglichen Freiheit einerseits und dem Ziel des sozialen Ausgleichs andererseits ab!

2. Beurteilen Sie folgende Zielsetzungen in der sozialen Marktwirtschaft aus der Sicht des Grundgesetzes:

   2.1 dezentrale Steuerung der Wirtschaft,

   2.2 Chancengleichheit,

   2.3 Recht auf Arbeit,

   2.4 Sozialisierung (Verstaatlichung) der Produktionsmittel und des Grund und Bodens.

3. Entscheiden Sie, in welcher Beziehung Freiheit und Verantwortung in der sozialen Marktwirtschaft zueinander stehen!

4. Erläutern Sie, welche Unterschiede zwischen der Marktwirtschaft und der sozialen Marktwirtschaft bestehen!

5. Untersuchen Sie die ersten fünfzehn Artikel des Grundgesetzes und stellen Sie heraus, inwiefern diese wichtige wirtschaftliche Grundrechte enthalten, die in engem Zusammenhang mit den Wesensmerkmalen des Ordnungsrahmens der sozialen Marktwirtschaft stehen!

6. Entscheiden Sie, ob die folgenden Regelungen des Staates mit den Prinzipien der sozialen Marktwirtschaft vereinbar sind!

   6.1 Das Steuersystem wird so geordnet, dass jeder Steuerpflichtige über das gleiche Nettoeinkommen verfügen kann.

   6.2 Jeder Einwohner erhält das Recht, in Notfällen seinen Anspruch auf Unterstützung durch den Staat gerichtlich einklagen zu können.

   6.3 Der Staat erhält das Recht, zum Wohle der Allgemeinheit Enteignungen gegen Entschädigung vornehmen zu dürfen.

   6.4 Zur Erhaltung von 40 000 Arbeitsplätzen räumt der Staat dem Unternehmen X auf Dauer eine Ermäßigung der Umsatz- und Gewerbesteuer ein.

   6.5 Zur Ankurbelung der Konjunktur gewährt der Staat Sonderabschreibungen für Anlageinvestitionen, die innnerhalb eines bestimmten Zeitraums durchgeführt werden.

   6.6 Der Staat verbietet durch Gesetz den Zusammenschluss von Unternehmen, wenn diese dadurch eine Marktbeherrschung erreichen wollen.

   6.7 Der Staat zahlt Unternehmen einer Branche Zinszuschüsse für Anpassungsinvestitionen, die durch den technischen Fortschritt notwendig wurden, obwohl die Unternehmensleitungen diese Anpassungen in der Vergangenheit fahrlässig unterlassen haben.

6.8 Der Staat gewährt nach sozialen Gesichtspunkten gestaffelte Prämien für Arbeitnehmer, die einen Teil ihres Einkommens vermögenswirksam anlegen.

6.9 Der Staat schreibt Preise für Grundnahrungsmittel und Mietwohnungen vor.

6.10 Der Staat zahlt Umschulungsbeihilfen für Arbeitnehmer, die ihre Arbeitsplätze infolge technologischer Entwicklungen verloren haben.

7. In der sozialen Marktwirtschaft sollen die Eingriffe des Staates „marktkonform" erfolgen. Entscheiden Sie bei nachfolgenden Maßnahmen, inwieweit diese Forderung erfüllt wird!

Notieren Sie als Lösung eine

(1), wenn die Maßnahme marktkonform wirkt,

(2), wenn die Maßnahme marktinkonform wirkt,

(9), wenn eine genaue Zuordnung nicht möglich ist!

7.1 Der Staat fördert den Bau von privaten Eigenheimen durch die Zahlung einer zeitlich begrenzten Bauzulage.

7.2 Staatliche Betriebe werden privatisiert.

7.3 Das Privateigentum an Produktionsmitteln wird abgeschafft.

7.4 Bei der Zahlung von Arbeitslosengeld II werden die familiären Unterstützungsmöglichkeiten mit berücksichtigt.

7.5 Das Niveau des Arbeitslosengeldes II wird erhöht und übersteigt in starkem Maße die tariflichen Mindestlöhne.

7.6 Zur Unterstützung landwirtschaftlicher Betriebe werden staatliche Mindestpreise garantiert.

7.7 Aus konjunkturpolitischen Überlegungen heraus werden zeitlich begrenzte Investitionszuschüsse gezahlt.

7.8 Der Staat führt eine Einheitsrente für alle Bürger ein.

7.9 Zum Aufbau einer privaten Altersvorsorge werden bestimmte Vermögensanlagen staatlich gefördert.

7.10 Die Löhne und Gehälter werden nach Aufhebung der Koalitionsfreiheit staatlich festgelegt.

7.11 Zur Sicherung von Arbeitsplätzen werden unproduktiv arbeitende Unternehmen dauerhaft subventioniert.

7.12 Der Staat verabschiedet im Rahmen der Ordnungspolitik neue Gesetze.

4.5 Herausforderungen der sozialen Marktwirtschaft

Ende der achtziger Jahre haben die kapitalistischen Marktwirtschaften – und mit ihnen die soziale Marktwirtschaft – den Wettbewerb mit der sozialistischen Planwirtschaft gewonnen. Deshalb richtet sich der Blick viel unmittelbarer und kritischer auf die Marktwirtschaften, in der Bundesrepublik Deutschland also auf die soziale Marktwirtschaft. Und dieser drohen nicht zu unterschätzende Herausforderungen.

(1) Wirtschaftsethik

Marktwirtschaft bedarf, soll sie funktionieren, einer bestimmten Ethik, deren Regeln zumindest von einer starken Mehrheit einer Gesellschaft eingehalten werden. Solche ethischen Regeln sind z.B.:

- geschäftliche Anständigkeit,
- Unbestechlichkeit,
- Ehrlichkeit,
- Pünktlichkeit und Zuverlässigkeit,
- Verantwortungsbewusstsein gegenüber Mitmenschen und Natur,
- Gemeinsinn.

Beispiel:

Werden private oder staatliche Aufträge nicht an die leistungsfähigsten Anbieter vergeben, sondern an solche, die die höchsten Bestechungsgelder (Schmiergelder) bezahlen, werden volkswirtschaftliche Produktionsfaktoren verschleudert. Dadurch sinkt die Produktivität; der Lebensstandard nimmt ab. Außerdem wird der Preismechanismus außer Kraft gesetzt, der die Grundlage jeder Marktwirtschaft ist. Schließlich führt die durch die Korruption bewirkte Fehllenkung der Produktionsfaktoren zu einer Schwächung der weltwirtschaftlichen Stellung eines Landes, weil die Produktionskosten vergleichsweise (gegenüber Ländern mit geringerer Korruptionsanfälligkeit) steigen. Im Übrigen ist die Korruption leistungsfeindlich: Aufträge werden nicht aufgrund einer besonderen Leistung, sondern aufgrund von Sonderleistungen erteilt.

Fehlt es also an der notwendigen Wirtschaftsgesinnung, wird gelogen und betrogen, dem Geschäftspartner „das Fell über die Ohren gezogen", schlechte Qualität produziert, werden Verträge nicht eingehalten, Zahlungstermine versäumt und verantwortungslose Entscheidungen getroffen, kann das System der sozialen Marktwirtschaft nicht funktionieren. Bestehende Marktwirtschaften geraten in die Krise, neu eingeführte können sich erst gar nicht entfalten. Die äußeren Zeichen der Krise kann man in den alten und jungen Marktwirtschaften erkennen: Wirtschaftskriminalität, Lebensmittelskandale, Umweltskandale, Bandenbildung, Bestechung von Politikern, ungerechte Entlohnung, in die eigene Tasche wirtschaftende Gewerkschafter, kurzsichtig entscheidende Manager und Politiker, fehlende Innovationsfähigkeit und -willigkeit, mangelnder Unternehmensgeist, Sattheit und Wohlgefälligkeit.

(2) Überlastung des sozialen Netzes

Gefahren drohen der sozialen Marktwirtschaft aber auch wegen der möglichen Überdehnung des sozialen Netzes, das eine Fülle von Möglichkeiten des Sozialmissbrauchs bietet. Beispiele sind die illegale Beschäftigung von Arbeitskräften, die Schwarzarbeit bei gleichzeitigem Bezug von Arbeitslosengeld oder anderen Unterstützungszahlungen und das mehrfache Abkassieren anderer Sozialleistungen.

Sozialmissbrauch schwächt das soziale Sicherungssystem der sozialen Marktwirtschaft, erhöht die Belastung der arbeitenden ehrlichen Leute, führt zu Leistungsunwillen und beeinträchtigt die Funktionsfähigkeit des Wirtschaftssystems und damit auch die soziale Leistungsfähigkeit.

(3) Abgaben- und Steuerbelastung

Auch die Belastung der arbeitenden Bevölkerungsteile findet ihre Grenzen. „Irgendwo hören – das ist jeweils auf konkret absehbare Zeiträume eine Tatsache – Opferbereitschaft, Zusammengehörigkeitsgefühl und Verständigungsbereitschaft unter den Menschen auf … Wieweit lässt sich der Bürger besteuern, um in welchen anderen Gebieten zur ‚Gleichwertigkeit der Lebensbedingungen' beizutragen?"[1] Eine Überlastung der arbeitenden Menschen führt zur Arbeitsunlust, weil der Anreiz zur Leistung nachlässt. Die Motivation zur **belohnten Leistung** aber ist gerade **der Motor jeder Marktwirtschaft.** Fehlt sie, greifen Pessimismus, Unterbeschäftigung und Radikalismus um sich.

Welchen Zeitraum eines Jahres die Bundesbürger mittlerweile im Durchschnitt nur für die Steuern und Abgaben arbeiten müssen, verdeutlicht der Bund der Steuerzahler anhand des jährlich neu berechneten **„Steuerzahler-Gedenktages".**

Steuerzahlergedenktag am 8. Juli 2014
Bund der Steuerzahler fordert spürbare Entlastungen

Am Dienstag, 8. Juli, ist der Steuerzahlergedenktag 2014. Nach Berechnungen des Bundes der Steuerzahler arbeiten die Bundesbürger dann seit exakt 1:09 Uhr wieder für ihr eigenes Portemonnaie. Das gesamte Einkommen, das die Steuer- und Beitragszahler vor diesem Datum erwirtschaftet haben, wurde rein rechnerisch an den Staat abgeführt. Damit liegt die volkswirtschaftliche Einkommensbelastungsquote im Jahr 2014 bei 51,5 Prozent.

„Angesichts der hohen Steuer- und Abgabenbelastung der Bürger fordert der Bund der Steuerzahler die große Koalition auf, Entlastungen zu beschließen. Zudem ist eine Korrektur der Einkommensteuer notwendig. Folgende Sofortmaßnahmen gehören auf die politische Agenda:

1. Kalte Progression in dieser Legislaturperiode abbauen!

Im Einkommensteuerrecht muss die kalte Progression beseitigt werden. „Damit wird eine Gerechtigkeitslücke geschlossen", betont BdSt-Präsident Reiner Holznagel, „denn es darf nicht sein, dass Gehaltserhöhungen, die nur die Inflation ausgleichen, zu größeren Steuerlasten führen". Der Bund der Steuerzahler mahnt an, die seit 2010 aufgelaufene Inflation in einem neuen Einkommensteuertarif für 2015 zu berücksichtigen. Dann müssten die Bürger im kommenden Jahr über einen Kalendertag weniger für den Fiskus arbeiten. „Eine neue Studie des Deutschen Steuerzahlerinstituts belegt, dass die meisten OECD-Staaten die kalte Progression bereits regelmäßig ausgleichen. Dem darf Deutschland nicht nachstehen", fordert Holznagel.

2. Steuerliche Entlastungen jetzt beschließen!

„Angesichts der hohen Einkommensbelastung durch Steuern und Abgaben fordere ich die Bundesregierung auf, endlich Entlastungen zu beschließen", argumentiert Holznagel und schlägt vor, den verfassungsrechtlich fragwürdigen Solidaritätszuschlag jetzt abzubauen. Zudem fordert der BdSt, die Stromsteuer auf das EU-rechtlich vorgegebene Mindestmaß abzusenken. Auch die Mehreinnahmen, die im Zuge des neuen Rundfunkbeitrags entstehen, müssen vollständig an die Bürger und die Unternehmen zurückgegeben werden.

3. Abgabenbelastung stabilisieren!

Die aktuelle Rentenpolitik der großen Koalition hat dafür gesorgt, dass der Beitragssatz nicht – wie gesetzlich vorgeschrieben – gesunken ist, sondern mit Sicherheit sogar noch steigen wird. Auch bei der Krankenversicherung ist von einer zunehmenden Belastung auszugehen. Reiner Holznagel: „Neue Leistungsversprechungen und Haushaltstricksereien verbieten sich. Was wir jetzt brauchen, sind Reformen, die die Abgabenbelastung zumindest stabilisieren. Auch vor dem Hintergrund der Generationengerechtigkeit trägt hier die große Koalition Verantwortung." Im Koalitionsvertrag zwischen Union und SPD wurde vereinbart, alle Ausgaben des Bundeshaushaltes kritisch zu durchforsten. Der Bund

---

1 WAGNER, A.: Volkswirtschaft für jedermann. Die marktwirtschaftliche Demokratie, 1992, S. 12.

der Steuerzahler fordert die Regierung auf, dieser Ankündigung Taten folgen zu lassen. „Die große Koalition ist in der Pflicht, den Haushalt zu konsolidieren und Entlastungsmaßnahmen zu beschließen", fordert BdSt-Präsident Holznagel. „Damit würde erreicht, dass die Bundesbürger mehr für ihr eigenes Portemonnaie arbeiten, ohne dass der Staat sich dafür verschulden muss."

Hintergrund

Der Steuerzahlergedenktag bezieht sich ausschließlich auf Steuern und Abgaben, die der Staat verein-nahmt, sowie auf die EEG-Umlage und den Rundfunkbeitrag als sogenannte Quasi-Steuern. Er wird auf Grundlage der volkswirtschaftlichen Einkommensbelastungsquote ermittelt. Die Summe der Steuern, Quasi-Steuern und Abgaben wird also ins Verhältnis zum Volkseinkommen gesetzt. Diese Quote zeigt, wie sehr der Staat die Einkommen seiner Bürger und Betriebe belastet.

Quelle: Bund der Steuerzahler vom 23.01.2015

(4) Umweltbelastung

Schließlich erhebt sich die Frage, ob die soziale Marktwirtschaft in der Lage sein wird, die Umweltbelastung nachhaltig zu verringern. Der Hinweis darauf, dass in den ehemaligen sozialistischen Ländern die Umwelt noch viel rücksichtsloser und nachhaltiger ausgebeutet wurde, kann hier nicht „trösten". Die Folgen der Umweltbelastung sind mehr staatliche Vorschriften, mehr Ge- und Verbote, also mehr Kommando- als Marktwirtschaft. Hinzu kommen die Kosten für die Beseitigung der Umweltschäden. Die Gewinne der Unternehmen sinken, die Steuereinnahmen verringern sich, die staatlichen Ausgaben für konsumtive, produktive und soziale Zwecke werden gekürzt.

(5) Abnehmende Gemeinwohlorientierung

Gefahren für die soziale Marktwirtschaft entstehen auch durch die Erfüllung der Einzelinteressen von Verbänden durch die Regierungen zulasten der Allgemeinheit. „Erfahrungsgemäß wird jedoch oft vor allem dann, wenn es um die Erhaltung bisheriger Arbeitsplätze geht, eine solche Politik gefordert, sei es in Form von Subventionen oder von anderen protektionistischen Maßnahmen. Der Druck der betroffenen Verbände – leider oft auch unterstützt von den lokalen Kirchen – ist dann häufig extrem stark, und er wird meist von den Medien nachdrücklich unterstützt, wie viele Beispiele zeigen."[1] Die Folge ist, dass durch Subventionen und sonstige Protektion die Interessen anderer (z.B. der Konsumenten, Nachfrager, in- und ausländischer Wettbewerber) geschädigt werden.

(6) Globalisierung[2] der Märkte

Im Vergleich zum konkurrierenden Ausland zu hohe Produktionskosten (z.B. Lohnkosten, Lohnnebenkosten, Kosten des Umweltschutzes und Steuern) führen dazu, dass zahlreiche Unternehmen im Ausland produzieren lassen oder ins Ausland abwandern („Global Sourcing").[3] Die Folge ist, dass vor allem in den alten Industrieländern die Arbeitslosigkeit im industriellen Sektor zunimmt.

Zusammenfassung

Überblick über die Ordnungsmerkmale der sozialen Marktwirtschaft

- Der Staat greift in das Wirtschaftsgeschehen ein, um den **Wohlstand** und die **soziale Sicherheit** breiter Schichten zu gewährleisten (Sozialstaat).

---

1 TIETMEYER, H.: Zur Ethik wirtschaftspolitischen Handelns, in: Forum – Vortragsreihe des Instituts der Deutschen Wirtschaft Köln, 43. Jg., Nr. 45 vom 9. November 1993, S. 2.
2 Globalisierung: erdweite Öffnung der Märkte (Globus: Kugel, Erdkugel). Auf die Globalisierung wird in der Jahrgangsstufe 12, Lerngebiet 4, eingegangen.
3 Global Sourcing (engl.): wörtlich „Erdausschöpfung", d.h. erdweite die (günstigsten) Quellen suchen und ausschöpfen.

- Grundsätzlich besteht **Gewerbefreiheit,** nicht jedoch für Gewerbezweige, die die Gesundheit und/oder die Sicherheit der Bevölkerung gefährden können (eingeschränkte Gewerbefreiheit).

- Grundsätzlich besteht **Konsumfreiheit,** nicht jedoch bei gesundheitsgefährdenden Konsumgütern (z. B. Drogen).

- Grundsätzlich besteht **Freihandel** und freie Austauschbarkeit der Währungen. Eingriffe in den Außenhandel sind aus konjunkturpolitischen Gründen erlaubt und erwünscht (z. B. Auf- oder Abwertungen, Freigabe der Wechselkurse, Devisenpolitik der Zentralbank, Zollsatzänderungen, Verbot des Waffenhandels mit kriegsgefährdeten Gebieten usw.).

- **Eingeschränkte Vertragsfreiheit** durch Verbot des Wuchers und der Ausnutzung der Notlage eines anderen, Kartellgesetzgebung, Missbrauchsaufsicht, Fusionskontrolle, Unternehmensrecht usw.

- Grundsätzlich steht das **Eigentum** unter dem Schutz des Staates. Staatseigentum an Produktionsmitteln ist möglich oder erwünscht (z. B. Sozialisierung, um Arbeitsplätze zu sichern).

- Grundsätzlich bestehen **freie Berufswahl**, Arbeitsplatzwahl und Freizügigkeit. Um Fehlentwicklungen auf dem Arbeitsmarkt abzuschwächen, sind staatliche indirekte Lenkungsmaßnahmen erwünscht (Beihilfen zur Umschulung, Stellenvermittlung durch Arbeitsagenturen, Berufsberatung).

- Der Staat nimmt eine **Einkommensumverteilung** mit dem Ziel einer „sozialverträglichen Einkommensverteilung" vor: prozentual höhere Besteuerung der mittleren und höheren Einkommen (Steuerprogression), Kindergeldzahlungen, Wohngeld für niedrige Einkommensschichten, Ausbildungsförderung, Sparförderung.

- **Bildung** ist grundsätzlich die Aufgabe des Staates. Jeder soll gemäß seinen Fähigkeiten und Neigungen die gleichen Bildungschancen haben („Chancengleichheit"). Der Staat stellt die Mittel für die Bildungseinrichtungen zur Verfügung.

Übungsaufgabe

14
1. Begründen Sie, warum die soziale Marktwirtschaft der Bundesrepublik Deutschland als „Realtyp" einer Wirtschaftsordnung bezeichnet wird!

2. Erläutern Sie den Begriff Dualismus!

3. Nennen Sie mögliche Mängel der freien Marktwirtschaft und leiten Sie hieraus die Grundzüge der sozialen Marktwirtschaft ab!

4. In der sozialen Marktwirtschaft werden bestimmte Freiheitsrechte eingeschränkt. Begründen Sie die Notwendigkeit anhand von 5 Beispielen!

5. Kennzeichnen Sie die Sozialordnung der Bundesrepublik Deutschland anhand von mindestens drei sozialpolitischen Aktivitäten des Staates!

4.6 Eingriffsmöglichkeiten des Staates

4.6.1 Wettbewerbspolitik

4.6.1.1 Auswirkungen von Kooperation und Konzentration

(1) Begriff Unternehmenszusammenschlüsse

In einer Marktwirtschaft stehen die Unternehmen in einem mehr oder weniger harten Wettbewerb um die Käufer ihrer Leistungen (Sachgüter und Dienstleistungen). Um den Konkurrenzdruck zu mildern, arbeiten sie häufig mit anderen Unternehmen zusammen (sie kooperieren mit anderen Unternehmen), wobei sich die Zusammenarbeit (die Kooperation) auf den verschiedensten Gebieten vollziehen kann, beispielsweise im Einkauf (z. B. gemeinsame Beschaffung), in der Produktion (z. B. Schaffung gemeinsamer Normen) oder im Absatz (z. B. Gemeinschaftswerbung).

- **Kooperation** (Unternehmenskooperation) ist jede Zusammenarbeit zwischen Unternehmen, wobei die einzelnen Kooperationsformen als **Unternehmenszusammenschlüsse** oder **Unternehmensverbindungen** bezeichnet werden.
- Unternehmenszusammenschlüsse können zur Machtzusammenballung („Monopolisierung") führen. Man spricht in diesem Fall von **Konzentration**.[1]

(2) Ziele der Unternehmenszusammenschlüsse

Oberziel von Unternehmenszusammenschlüssen ist die **Sicherung der Lebensfähigkeit** (Existenz) der beteiligten Unternehmen durch **Gewinnerhöhung** oder **Verlustminderung**. Die Verfolgung dieser Ziele ist in allen Unternehmensbereichen (Beschaffung, Fertigung, Absatz, Finanzierung, Personalwirtschaft) möglich, sodass sich zahlreiche **Unterziele** ergeben.

Im Einzelnen können sich folgende **Unterziele** ergeben:

- **Sicherung der Rohstoffversorgung,** z. B. durch gemeinsame Beschaffungsmarktforschung und gemeinsame Erschließung von Rohstoffvorkommen;
- **angestrebte Kostensenkungen,** z. B. durch zwischenbetrieblichen Erfahrungsaustausch, gemeinsame Forschung und Produktentwicklung, gemeinsame Rationalisierungsmaßnahmen und Abstimmung der Produktprogramme;
- **Sicherung der Absatzmärkte,** z. B. durch gemeinsame Absatzwerbung, gemeinsame Verkaufsniederlassungen und gemeinsame Preispolitik zur Abwehr von Großunternehmen, gemeinsame Markenartikel und Gütezeichen;
- **Ausschaltung oder Beschränkung des Wettbewerbs,** z. B. durch Mengen- und Preisabsprachen;
- **gemeinsame Finanzierung großer Aufträge,** zu denen ein einzelnes Unternehmen nicht in der Lage ist;
- **Erhöhung der wirtschaftlichen Macht,** z. B. Ausschaltung der Konkurrenz durch den Aufkauf kleinerer (schwächerer) Unternehmen.

(3) Arten von Unternehmenszusammenschlüssen nach Wirtschaftsstufen

Die Arten der zwischenbetrieblichen Zusammenarbeit sind sehr zahlreich. Nach den **beteiligten Wirtschaftsstufen** können wir folgende Zusammenschlüsse unterscheiden:

Art des Zusammenschlusses	Erläuterungen	Beispiele
Horizontaler Zusammenschluss	Bei diesem Zusammenschluss arbeiten Unternehmen der gleichen Wirtschaftsstufe, die gleiche, gleichartige oder gegenseitig austauschbare Güter (Substitutionsgüter) herstellen und verkaufen, zusammen.	Mehrere Brauereien schließen sich zusammen, um gemeinsam Werbung zu betreiben; mehrere Hersteller von Haushaltsgeräten stimmen ihr Produktprogramm aufeinander ab.

---

1 **Marktbeherrschende Unternehmenszusammenschlüsse** werden auch als **Kollektivmonopole** bezeichnet. Kollektiv (lat.): Gesamtheit, Zusammenschluss.

Art des Zusammenschlusses	Erläuterungen	Beispiele
Vertikaler Zusammenschluss	Bei diesem Zusammenschluss erfolgt die zwischenbetriebliche Zusammenarbeit zwischen Unternehmen, die verschiedenen Wirtschaftsstufen angehören.	Zusammenschluss von Forstwirtschaft, Sägerei, Möbelfabrik und Möbelgeschäft; Zusammenschluss von Getreideanbauern, Getreidemühle, Brotfabrik, Verkaufsläden.
Diagonaler Zusammenschluss	Diagonal ist ein Zusammenschluss dann, wenn an ihm Unternehmen unterschiedlichster Branchen beteiligt sind.	Eine Chemiefabrik und eine Maschinenfabrik; eine Brauerei, eine Textilfabrik und eine Konservenfabrik.

Horizontale und vertikale Unternehmenszusammenschlüsse werden auch als **organische Zusammenschlüsse** bezeichnet, weil sie aus einer inneren Ordnung herauswachsen. Dies bedeutet, dass zwischen den zusammengeschlossenen Unternehmen ein innerer Zusammenhang besteht. **Diagonale Zusammenschlüsse** nennt man auch **anorganische, laterale**[1] oder **heterogene Zusammenschlüsse,** weil zwischen den Beteiligten keine (natürliche) Beziehung besteht.

(4) Auswirkungen und wirtschaftliche Bedeutung der Unternehmenszusammenschlüsse

Ob Unternehmenszusammenschlüsse volkswirtschaftlich positiv oder negativ zu bewerten sind, lässt sich abschließend nur im Einzelfall sagen. Kooperationen, die z.B. den Zweck haben, die Kosten zu senken, die Produktivität zu erhöhen und/oder den Absatz zu fördern, gehören sicherlich zu den gesamtwirtschaftlich erwünschten Unternehmenszusammenschlüssen.

> **Beispiel:**
>
> Kooperationen zum Zweck der Normung und Typisierung der Werkstoffe und Betriebsmittel; Beschaffungskooperationen; Kooperationen zur Erschließung neuer Auslandsmärkte, zur Erforschung umweltfreundlicher Herstellungsverfahren und Produkte oder zur Schaffung (Gründung) gemeinsamer Abfallverwertungsunternehmen.

Negativ zu beurteilen sind die Unternehmenszusammenschlüsse dann, wenn sie zur Konzentration führen und den Marktwettbewerb beschränken oder gar aufheben. Sie sind z. B. aus folgenden Gründen nicht mit den Prinzipien (Grundsätzen) einer sozialen Marktwirtschaft vereinbar:

Gefahren	Erläuterungen
Einschränkung des Wettbewerbs	In einer auf Wettbewerb ausgerichteten Wirtschaftsordnung muss eine **freie Preisbildung** gewährleistet sein, die sich stets nach den **natürlichen Knappheiten** der Güter richten muss (Knappheitsprinzip). Beide Bedingungen sind jedoch bei Wettbewerbsbeschränkungen und den damit verbundenen künstlichen Güterknappheiten **nur noch** formal (äußerlich, der Form nach) gegeben. Durch Wettbewerbsbeschränkungen entstehen **„künstliche Güterknappheiten",** die zu tendenziell höheren Preisen führen **(monopolistische Preisbildung).**

---

1 Lateral: seitlich, von der Seite.

Gefahren	Erläuterungen
Unzureichende Leistungsauslese unter den Unternehmen	Bei einem **freien Wettbewerb müssen sich die Unternehmen mehr anstrengen,** da sie hier nur durch neue, qualitativ bessere und billigere Erzeugnisse sowie durch Produktionssteigerungen auf ihren Märkten langfristig bestehen können.
	Es findet bei Unternehmenszusammenschlüssen keine oder nur eine unzureichende Leistungsauslese unter den Unternehmen statt.
Nicht leistungsbezogene Einkommens- und Vermögensverteilung	Marktbeherrschende Unternehmen und Unternehmenszusammenschlüsse führen aufgrund ihrer monopolistischen Preisbildung zu einer nicht leistungsbezogenen (ungerechtfertigten) Einkommens- und Vermögensverteilung (Einkommens- und Vermögenskonzentration). Die zusammengeschlossenen Unternehmen erreichen ihre Vorteile (Gewinnsteigerung, Verlustminderung, Vergrößerung ihrer Marktanteile) ungerechtfertigt auf Kosten der übrigen Marktteilnehmer.
	Mit einer sozialen Marktwirtschaft, die echte **Leistungsgewinne** verlangt, ist dies unvereinbar.
Wirtschaftliche Macht kann zur politischen Macht werden	Die vielfältigen Einflussnahmen großer Unternehmen, Unternehmenszusammenschlüsse und deren Wirtschaftsverbände, vor allem auf die Wirtschaftsgesetzgebung, lassen die Gefahr **wirtschaftlicher Macht**, die sich zur politischen Macht ausweiten kann, deutlich erkennen.

4.6.1.2 Sicherung des Wettbewerbs

(1) Wettbewerbspolitik (Ordnungspolitik)

Die Unternehmen haben aufgrund der zunehmenden Fixkostenbelastung das Ziel, vor allem bei wirtschaftlichen Schwierigkeiten einem freien Wettbewerb durch Zusammenschlüsse auszuweichen. Deshalb muss der Staat den **Wettbewerb** durch eine **aktive Wettbewerbspolitik (Ordnungspolitik)** fördern und alle Unternehmenszusammenschlüsse, die erkennbar gegen die Prinzipien eines freien Wettbewerbs verstoßen, verbieten und unter Strafe stellen.

Da die Entwicklung neuer Güter (Substitutionsgüter) die Marktmacht der Kartelle[1] und marktbeherrschenden Unternehmen beschränken kann, muss der Staat eine unabhängige, öffentlich geförderte Forschung intensivieren, die vor allem den kleineren und mittelgroßen Unternehmen zur Auswertung zur Verfügung steht, denn die Forschung der Konzerne dient vorrangig ihren eigenen und weniger gesamtwirtschaftlichen Zielen.

In der Bundesrepublik Deutschland wird mithilfe des **Gesetzes gegen Wettbewerbsbeschränkungen (GWB)** versucht, die Konzentration zu kontrollieren, ohne die Leistungsfähigkeit der Gesamtwirtschaft zu beeinträchtigen. Das Gesetz regelt daher nicht nur die Kartelle und kartellähnliche Verträge und Verhaltensweisen, die darauf abzielen, den Wettbewerb einzuschränken oder zu beseitigen, sondern es enthält auch wichtige Vorschriften zu den marktbeherrschenden Unternehmen. Die zunehmende Unternehmenskonzentration (Konzernbildungen, Fusionen)[1] hat das Problem der Kontrolle wirtschaftlicher Macht marktbeherrschender Konzerne und Trusts[2] stärker denn je in

---

1 Das **Kartell** ist ein **vertraglicher Zusammenschluss** von Unternehmen eines Wirtschaftszweigs, die **rechtlich selbstständig** bleiben, aber einen Teil ihrer **wirtschaftlichen Selbstständigkeit** aufgeben.

    Konzerne sind horizontale, vertikale oder diagonale Zusammenschlüsse von Unternehmen, die **rechtlich selbstständig** sind, ihre **wirtschaftliche Selbstständigkeit aber aufgeben,** indem sie sich einer **einheitlichen Leitung** unterstellen. Die Verschmelzung von zwei oder mehr Unternehmen bezeichnet man als **Fusion.**

2 **Trusts** sind horizontale, vertikale oder diagonale Zusammenschlüsse mehrerer Unternehmen, die ihre **rechtliche und wirtschaftliche Selbstständigkeit aufgeben.**

    Aufgrund des Lehrplans wird auf diese Unternehmenszusammenschlüsse im Einzelnen nicht eingegangen.

den Vordergrund der Wettbewerbspolitik gerückt. Der Wettbewerb wird heute durch die marktbeherrschenden Unternehmen meistens viel stärker eingeschränkt als durch Kartelle.

Im Folgenden gehen wir auf die Vorschriften zur **Fusionskontrolle** und zur **Missbrauchsaufsicht** ein.

(2) Zusammenschlusskontrolle (Fusionskontrolle)

■ Vorliegen von Unternehmenszusammenschlüssen

Unternehmenszusammenschlüsse liegen z.B. in folgenden Fällen vor (Näheres siehe § 37 GWB):

- Erwerb des gesamten oder eines wesentlichen Teils des Vermögens eines anderen Unternehmens;
- Erwerb der unmittelbaren oder mittelbaren Kontrolle über andere Unternehmen durch Rechte, Verträge oder andere Mittel;
- Erwerb von Anteilen an einem anderen Unternehmen, wenn diese Anteile allein oder zusammen mit sonstigen, dem Unternehmen bereits gehörenden Anteilen a) 50% oder b) 25% des Kapitals oder der Stimmrechte des anderen Unternehmens erreichen.

■ Anmelde-, Anzeigepflicht und Vollzugsverbot

Alle Unternehmenszusammenschlüsse sind **vor ihrem Vollzug** beim Bundeskartellamt anzumelden [§ 39 I GWB]. Sie unterliegen bis zur Freigabe durch das Bundeskartellamt dem **Vollzugsverbot** [§ 41 I GWB]. (Zur Ausnahme siehe § 41 II GWB.) Die zur Anmeldung verpflichteten einzelnen Unternehmen müssen in ihrer Anmeldung dem Bundeskartellamt die Form des Zusammenschlusses mitteilen. Weitere Angaben sind von den beteiligten Unternehmen z. B. zur Firma, zum Niederlassungsort, zur Art ihres Geschäftsbetriebs, zu ihren Umsatzerlösen im Inland sowie in der Europäischen Union und über ihre Marktanteile zu machen (Näheres siehe § 39 II, III GWB).

■ Geltungsbereich der Zusammenschlusskontrolle

Die Vorschriften des GWB über die Zusammenschlusskontrolle gelten, wenn im letzten Geschäftsjahr vor dem Zusammenschluss die beteiligten Unternehmen insgesamt weltweit Umsatzerlöse von mehr als 500 Mio. EUR und mindestens ein beteiligtes Unternehmen im Inland Umsatzerlöse von mehr als 25 Mio. EUR erzielt haben [§ 35 I GWB]. (Zu den Ausnahmen siehe § 35 II, III GWB.)

■ Grundsätze für die Beurteilung von Unternehmenszusammenschlüssen

Unternehmenszusammenschlüsse, von denen zu erwarten ist, dass diese eine marktbeherrschende Stellung begründen oder verstärken, sind vom Bundeskartellamt zu untersagen, es sei denn, die beteiligten Unternehmen können nachweisen, dass durch ihren Zusammenschluss auch Verbesserungen der Wettbewerbsbedingungen eintreten und dass diese Verbesserungen die Nachteile der Marktbeherrschung überwiegen [§ 36 I GWB].

■ Genehmigung von Zusammenschlüssen durch den Bundeswirtschaftsminister

Trotz marktbeherrschender Stellung kann der **Bundeswirtschaftsminister** gemäß § 42 GWB Zusammenschlüsse erlauben, wenn sich **gesamtwirtschaftliche Vorteile** ergeben bzw. ein **überragendes Allgemeininteresse** existiert.

Seit 1974 wurden insgesamt 19 Anträge zur Genehmigung von Zusammenschlüssen aus überragendem Allgemeininteresse gestellt; in sieben Fällen wurden sie – häufig mit Auflagen – erteilt.

(3) Missbrauchsaufsicht

Über bestehende marktbeherrschende Unternehmen besteht, unabhängig davon, ob die Marktbeherrschung durch internes oder externes Unternehmenswachstum entstand, eine Missbrauchsaufsicht durch das **Bundeskartellamt.**

Eine missbräuchliche Ausnutzung einer marktbeherrschenden Stellung durch ein oder mehrere Unternehmen ist verboten [§ 19 I GWB].[1]

■ Begriff Missbrauch

Ein Missbrauch liegt insbesondere dann vor, wenn ein marktbeherrschendes Unternehmen als Anbieter oder Nachfrager einer bestimmten Art von Waren oder gewerblicher Leistungen die Wettbewerbsmöglichkeiten anderer Unternehmen erheblich ohne sachlich gerechtfertigten Grund beeinträchtigt, Entgelte oder sonstige Geschäftsbedingungen fordert, die sich bei einem wirksamen Wettbewerb mit hoher Wahrscheinlichkeit nicht ergeben würden, oder sich weigert, einem anderen Unternehmen gegen ein angemessenes Entgelt Zugang zu den eigenen Netzen oder anderen Infrastruktureinrichtungen zu gewähren.[2] Ein Missbrauch ist auch dann gegeben, wenn es dem anderen Unternehmen aus rechtlichen oder tatsächlichen Gründen ohne die Mitbenutzung nicht möglich ist, auf dem vor- oder nachgelagerten Markt als Wettbewerber des marktbeherrschenden Unternehmens tätig zu werden (Näheres siehe § 19 IV GWB).[3]

■ Bestimmung der Marktbeherrschung

Marktbeherrschend ist ein Unternehmen, wenn es als Anbieter oder Nachfrager einer bestimmten Art von Waren oder gewerblicher Leistungen auf dem sachlich und räumlich relevanten Markt[4] ohne Wettbewerber ist oder keinem wesentlichen Wettbewerb ausgesetzt ist **oder** im Verhältnis zu seinen Wettbewerbern eine überragende Marktstellung hat. **Marktbeherrschende Unternehmen** unterliegen der **Missbrauchsaufsicht** durch das **Bundeskartellamt.**

Bei der Beurteilung der **Marktbeherrschung** eines Unternehmens sind insbesondere z. B. sein Marktanteil, seine Finanzkraft, sein Zugang zu den Beschaffungs- oder Absatzmärkten, Verflechtungen mit anderen Unternehmen sowie rechtliche oder tatsächliche Schranken für den Marktzutritt anderer Unternehmen zu berücksichtigen. Zwei oder mehr Unternehmen sind z. B. dann marktbeherrschend, wenn zwischen ihnen für eine bestimmte Art von Waren oder von gewerblichen Leistungen kein wesentlicher Wettbewerb besteht (Näheres siehe § 19 II GWB).

Vermutet wird eine Marktbeherrschung, wenn **ein** Unternehmen einen Marktanteil von mindestens 40 % hat. Eine Gesamtheit von Unternehmen gilt als marktbeherrschend, wenn **drei oder weniger** Unternehmen zusammen einen Marktanteil von mindestens **50 %** oder fünf oder weniger Unternehmen zusammen einen Marktanteil von mindestens zwei Dritteln erreichen. Diese Vermutung gilt nicht, wenn die Unternehmen z. B. nachweisen, dass sie im Verhältnis zu den übrigen Wettbewerbern keine überragende Marktstellung haben (Näheres siehe § 19 III GWB).

---

1 Damit erhalten z. B. die benachteiligten Unternehmen die Möglichkeit, unmittelbar bei einem Zivilgericht zu klagen (z. B. wenn ein Unternehmen aufgrund seiner Marktstellung wesentlich höhere Preise fordert). Das Bundeskartellamt oder eine andere Behörde muss somit nicht vorher tätig werden.

2 Zweck dieser gesetzlichen Regelung ist z. B., den Wettbewerb auf früheren monopolistischen Märkten dadurch zu fördern, dass bestehende Netze bzw. Infrastrukturen wie z. B. Leitungsnetze für Strom, Gas und Nachrichten, Flughäfen und Medien grundsätzlich von allen Wettbewerbern genutzt werden können.

3 Dies gilt nicht, wenn das marktbeherrschende Unternehmen nachweist, dass die Mitbenutzung aus betriebsbedingten oder sonstigen Gründen nicht möglich oder unzumutbar ist [§ 19 IV GWB].

4 Der räumlich relevante Markt im Sinne des GWB kann weiter sein als der Geltungsbereich des GWB. Er umfasst z. B. auch ausländische Märkte, auf denen Unternehmen mit einem Firmensitz in Deutschland durch Exporte oder Importe tätig sind.

Zusammenfassung

- **Kooperation** (Unternehmenskooperation) ist jede Zusammenarbeit zwischen Unternehmen. Von **Konzentration** spricht man, wenn der Zusammenschluss von Unternehmen zur Machtzusammenballung führt.
- Nach den beteiligten Wirtschaftsstufen können wir folgende **Zusammenschlüsse** unterscheiden:

- Das **Gesetz gegen Wettbewerbsbeschränkungen (GWB)** soll den Wettbewerb sichern.
- Die **Fusionskontrolle** und die **Missbrauchsaufsicht** sollen eine marktbeherrschende Stellung von Unternehmen und eine missbräuchliche Ausnutzung von Marktmacht (vor allem zum Nachteil der privaten Verbraucher) verhindern.

Übungsaufgabe

15
1. Nennen Sie wichtige Ursachen der Unternehmenskonzentration!
2. Erläutern Sie, welche Zielsetzung das Gesetz gegen Wettbewerbsbeschränkungen (GWB) hat! Überlegen Sie sich einige Gründe, warum das GWB die Konzentration nicht aufhalten konnte!
3. Dem Bundeskartellamt obliegt auch die Aufgabe der Fusionskontrolle.
   Aufgaben:
   3.1 Erklären Sie den Begriff Fusion!
   3.2 Begründen Sie die Bedeutung der Fusionskontrolle in einer sozialen Marktwirtschaft!
4. Die Lebensmittelwerke AG schließt sich mit der Handelskette Gut & Fein GmbH zusammen.
   Aufgaben:
   4.1 Nennen Sie zwei Gründe, die für diesen Entschluss maßgebend gewesen sein könnten!
   4.2 Entscheiden Sie, wie man diese Art von Zusammenschluss bezeichnet!
   4.3 Nennen Sie zwei Vorteile und zwei Nachteile, die dieser Zusammenschluss für den Verbraucher mit sich bringen kann!
   4.4 Entscheiden Sie, um welche Art von Zusammenschluss es sich handelt, wenn wir die beteiligten Wirtschaftsstufen betrachten!
   4.5 Das Bundeskartellamt in Bonn verweigert den Zusammenschluss. Entscheiden Sie, auf welches Gesetz sich die Ablehnung gründet!
5. Gegenwärtig ist eine weiter fortschreitende zwischenbetriebliche Kooperation und vor allem Unternehmenskonzentration durch Zusammenschlüsse von Unternehmen in Kartellen festzustellen.
   Aufgaben:
   5.1 Erläutern Sie vertikale, horizontale und diagonale Unternehmenszusammenschlüsse und nennen Sie hierzu jeweils ein Beispiel!
   5.2 Erklären Sie jeweils zwei (mögliche) gesamtwirtschaftliche Vorteile und Nachteile (negative Auswirkungen) von Unternehmenszusammenschlüssen! Überwiegen Ihrer Ansicht nach die Vor- oder Nachteile? Begründen Sie Ihre Meinung!

5.3 Erläutern Sie, warum der Staat in der sozialen Marktwirtschaft dazu aufgerufen ist, Wettbewerbspolitik zu betreiben und welche Ziele er mit seiner Wettbewerbspolitik verfolgt!

4.6.2 Arbeitsordnung

4.6.2.1 Tarifvertrag

(1) Sozialpartner

Die Gründung von **Gewerkschaften** und **Arbeitgeberverbänden** ist ein im Art. 9 III GG ausdrücklich verbrieftes Recht. Da – zumindest kurz- und mittelfristig – die Interessen der Arbeitnehmer denen der Arbeitgeber zuwiderlaufen können, sind *beide* Interessenvertretungen dazu aufgerufen, auf einen Interessenausgleich, der in der Regel ein Kompromiss sein wird, hinzuwirken. Ihre Aufgabe ist also, für einen **sozialen Ausgleich** Sorge zu tragen. Gewerkschaften und Arbeitgeberverbände als Tarifpartner werden daher auch als **Sozialpartner** bezeichnet.

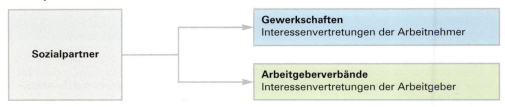

(2) Tarifautonomie – Tarifvertragsparteien – Tarifvertrag

Das Recht der Tarifpartner, selbstständig und ohne staatliche Einmischung Arbeitsbedingungen (z. B. Arbeitsentgelte, Urlaubszeit, Arbeitszeit) vereinbaren zu können, nennt man **Tarifautonomie**.[1] Tarifpartner – auch **Tarifparteien** genannt – sind die Sozialpartner. Sie haben die **Tariffähigkeit** [§ 2 TVG]. Die Vereinbarungen werden im **Tarifvertrag** festgeschrieben.

Der **Tarifvertrag** ist ein Kollektivvertrag zwischen den Tarifparteien, in dem die Arbeitsbedingungen für die Berufsgruppen eines Wirtschaftszweigs einheitlich für eine bestimmte Dauer festgelegt werden. Er bedarf der **Schriftform** [§ 1 TVG].

Der Tarifvertrag regelt neben dem Einzelarbeitsvertrag die Arbeitsverhältnisse. Er enthält **Mindestbedingungen für die Arbeitsverhältnisse**, die der Arbeitgeber nicht unterschreiten darf. Grundsätzlich zulässig ist hingegen die Vereinbarung **günstigerer Arbeitsbedingungen** (z. B. übertarifliche Löhne), als sie der Tarifvertrag vorschreibt [§ 4 III TVG].

---
1 Autonomie: Unabhängigkeit, Selbstständigkeit.

(3) Arten von Tarifverträgen

Nach dem **Inhalt der Tarifverträge** gliedert man die Tarifverträge in Manteltarifverträge und Lohn- und Gehaltstarifverträge.

Manteltarifverträge	Sie enthalten solche Arbeitsbedingungen, die sich über längere Zeit nicht ändern (z.B. Kündigungsfristen, Urlaubsregelungen, Arbeitszeitvereinbarungen, Nachtarbeit, Sonn- und Feiertagsarbeit, Lohn- und Gehaltsgruppen). Sie werden auch **Rahmentarifverträge** genannt.
Lohn- und Gehaltstarifverträge	In ihnen sind die getroffenen Vereinbarungen über Lohn- bzw. Gehaltshöhe enthalten. Dabei werden die Arbeitnehmer nach ihrer Tätigkeit in bestimmte Lohn- bzw. Gehaltsgruppen eingeteilt.[1] Jeder Lohn- bzw. Gehaltsgruppe wird ein bestimmter Lohnsatz bzw. ein bestimmtes Gehalt zugeordnet. Löhne und Gehälter sind in der Regel weiterhin nach Alter und Ortsklassen differenziert.[2] Ferner können Zuschläge (z.B. nach Betriebszugehörigkeit oder nach dem Schwierigkeitsgrad der Arbeit) vereinbart sein.

(4) Geltungsbereich des Tarifvertrags

■ **Flächentarifverträge**

Tarifverträge, die für mehrere Orte, Bezirke, ein oder mehrere Bundesländer oder für das gesamte Bundesgebiet verbindlich sind, werden auch als **Flächentarifverträge** bezeichnet.

Angesichts der hohen Arbeitslosigkeit werden die Flächentarifverträge zunehmend flexibler (beweglicher) gestaltet. Sogenannte **Tariföffnungsklauseln** sollen es den Betrieben, denen es wirtschaftlich nicht besonders gut geht, ermöglichen, ihre Belegschaft für eine bestimmte Zeit (z.B. für ein Jahr) bis zu einem vereinbarten Prozentsatz unter Tarif zu bezahlen **(Entgeltkorridor)**. Die konkreten Vereinbarungen werden dann zwischen Betriebsrat und Arbeitgeber ausgehandelt.

Tariföffnungsklauseln können auch eine Flexibilisierung der Arbeitszeit zum Ziel haben, weil dadurch längere Betriebszeiten ermöglicht werden. Die **Arbeitszeitkorridore** (z.B. 30 bis 40 Wochenstunden bei jährlich festgelegter Gesamtarbeitszeit) ermöglichen es den Betrieben, die Arbeitszeit flexibel (beweglich) zu gestalten und dadurch Arbeitskosten zu sparen.

■ **Allgemeinverbindlichkeit**

Grundsätzlich gilt der Tarifvertrag nur für organisierte Arbeitnehmer und Arbeitgeber, die Mitglied der Gewerkschaft bzw. im Arbeitgeberverband sind.

Das Bundesministerium für Arbeit und Soziales kann einen Tarifvertrag im Einvernehmen mit einem aus je drei Vertretern der Spitzenorganisationen der Arbeitgeber und Arbeitnehmer bestehenden Ausschuss auf Antrag einer Tarifvertragspartei für **allgemein verbindlich** erklären. Mit der Allgemeinverbindlichkeitserklärung gelten die Bestimmungen des Tarifvertrags auch für die nicht tarifgebundenen Arbeitnehmer und Arbeitgeber

---

1 Die Festlegung der Gehaltsgruppen sowie deren Tätigkeitsmerkmale sind im Manteltarifvertrag (Rahmentarifvertrag) enthalten.
2 Differenzieren: unterscheiden, untergliedern.

[§ 5 TVG]. In der Regel werden jedoch auch ohne **Allgemeinverbindlichkeitserklärung** die nicht organisierten Arbeitnehmer[1] nach den Rechtsnormen der Tarifverträge behandelt (Grundsatz der Gleichbehandlung).

(5) Vorteile der Tarifverträge

Vorteile für den Arbeitnehmer	Vorteile für den Arbeitgeber
■ Sicherung der Mindestarbeitsbedingungen (Mindestlohn, Urlaubsgeld, Kündigungsschutz usw.) für die Laufzeit des Tarifvertrags.	■ Einheitliche Kalkulationsgrundlage durch einheitliche Lohn- und Gehaltstarife für die Dauer des Tarifvertrags.
■ Gleichstellung der Arbeitnehmer mit gleichen Tätigkeiten, gleichen Berufserfahrungen und gleicher Verantwortung (Schutz vor willkürlicher Behandlung).	■ Einschränkung der Konkurrenz innerhalb der Branchen bezüglich der Personalanwerbung, geringere Fluktuation in Zeiten der Vollbeschäftigung.

(6) Arbeitskampf

Können sich die Tarifparteien nicht einigen, kann es zu einem Arbeitskampf kommen. Mittel des Arbeitskampfes sind:

- ■ aufseiten der Gewerkschaften ⟶ **der Streik**
- ■ aufseiten der Arbeitgeber ⟶ **die Aussperrung**

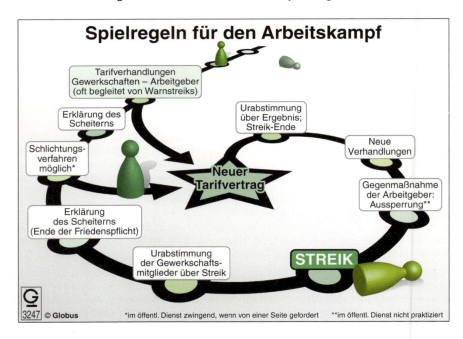

---

1 Nach dem Grundgesetz [Art. 9 III] besteht zwar das Recht, Mitglied bei einer Arbeitnehmer- oder Arbeitgebervereinigung zu werden (Koalitionsfreiheit; Vereinigungsfreiheit), nicht aber die Pflicht (negative Koalitionsfreiheit). Nicht organisierte Arbeitnehmer sind demnach solche, die keiner Gewerkschaft angehören. Da sie i.d.R. in den Genuss der Vorteile kommen, die die Gewerkschaft erkämpft hat, werden sie von den Gewerkschaften als „Trittbrettfahrer" bezeichnet.

4.6.2.2 Mitbestimmung

(1) Betriebsverfassung und Unternehmensverfassung

Die betriebliche Leistung ist auf das Zusammenwirken aller Produktionsfaktoren, vor allem „Arbeit" und „Kapital" zurückzuführen. Hieraus leitet sich der Anspruch der Arbeitnehmer auf Mitbestimmung ab. „Quod omnes tangit, ab omnibus comprobetur" – was alle betrifft, sollte auch von allen mitbestimmt werden! So befanden bereits die alten Römer.

In der Bundesrepublik Deutschland umfasst die Mitbestimmung der Arbeitnehmer zwei Ebenen:

(2) Zusammensetzung, Amtszeit und Wahl des Betriebsrats

Der **Betriebsrat** ist eine Vertretung der Arbeitnehmer gegenüber dem Arbeitgeber.

Der Betriebsrat ist für Betriebe mit in der Regel mindestens 5 ständig wahlberechtigten Arbeitnehmern, von denen drei wählbar sind, vorgeschrieben. Dies gilt auch für gemeinsame Betriebe mehrerer Unternehmen (Näheres siehe §§ 1, 3 BetrVG). In Betrieben mit 5 bis 20 wahlberechtigten Arbeitnehmern besteht der Betriebsrat aus einer Person. Bei mehr als 20 wahlberechtigten Arbeitnehmern besteht der Betriebsrat aus mindestens 3 Mitgliedern. Die Zahl der Betriebsratsmitglieder steigt mit der Zahl der wahlberechtigten Arbeitnehmer (Näheres siehe § 9 BetrVG). In Betrieben mit 200 bis 500 Arbeitnehmern ist mindestens ein Betriebsratsmitglied von seiner beruflichen Tätigkeit freizustellen (Näheres siehe § 38 BetrVG).

Sofern der Betrieb in der Regel mindestens 5 Arbeitnehmer beschäftigt, die das 18. Lebensjahr noch nicht vollendet haben oder die in ihrer Berufsausbildung stehen und das 25. Lebensjahr noch nicht vollendet haben, wird von dem genannten Personenkreis eine **Jugend- und Auszubildendenvertretung** gewählt [§§ 60, 61 BetrVG]. Diese kann aus bis zu 15 Mitgliedern bestehen (Näheres siehe § 62 BetrVG).

---

1 Die Unternehmensverfassung gilt für Kapitalgesellschaften (z.B. Aktiengesellschaft, GmbH). Sie ist in folgenden Gesetzen geregelt:
Gesetz über die Drittelbeteiligung der Arbeitnehmer im Aufsichtsrat [DrittelbG 2004]. Es gilt für kleine Aktiengesellschaften mit i.d.R. mehr als 500 bis 2000 Arbeitnehmern.
Gesetz über die Mitbestimmung der Arbeitnehmer [MitbestG 1976]. Es gilt für große Aktiengesellschaften mit i.d.R. mehr als 2000 Arbeitnehmern.
Gesetz über die Mitbestimmung der Arbeitnehmer in den Aufsichtsräten und Vorständen der Unternehmen des Bergbaus und der Eisen und Stahl erzeugenden Industrie [Montan-MitbestG 1951]. Es gilt für die Montanindustrie mit i.d.R. mehr als 1000 Arbeitnehmern.

Der in geheimer und unmittelbarer Wahl gewählte Betriebsrat [§§ 13 I, 14 I BetrVG] bleibt 4 Jahre im Amt [§ 21 BetrVG]. Die Jugend- und Auszubildendenvertretung wird hingegen auf 2 Jahre geheim und unmittelbar gewählt [§§ 63 I, 64 I BetrVG]. Für Kleinbetriebe besteht ein vereinfachtes Wahlverfahren (Näheres siehe § 14a BetrVG).

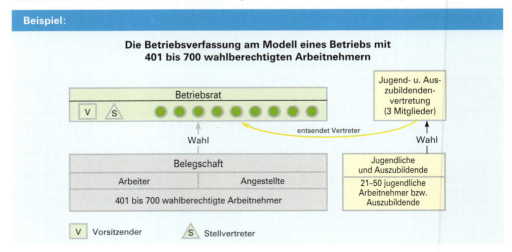

(3) Wahlrecht

Wahlberechtigte Arbeitnehmer sind Arbeiter, Angestellte und Auszubildende des Betriebs, sofern sie das 18. Lebensjahr vollendet haben [§ 7 BetrVG].

Wählbar sind alle wahlberechtigten Arbeitnehmer, die mindestens 6 Monate dem Betrieb angehören oder als in Heimarbeit Beschäftigte in der Hauptsache für den Betrieb gearbeitet haben [§ 8 BetrVG].

(4) Rechte des Betriebsrats

Die im Betriebsverfassungsgesetz geregelte Mitbestimmung umfasst mehrere Stufen, sodass von „Mitbestimmung im weiteren Sinne" gesprochen wird. Die Mitbestimmung i. w. S. lässt sich wie folgt einteilen:

Im Einzelnen stehen dem Betriebsrat folgende Rechte zu:

Rechte des Betriebsrats	Beispiele
Informationsrecht des Betriebsrats Der Betriebsrat hat einen Anspruch auf rechtzeitige und umfassende Unterrichtung über die von der Geschäftsleitung geplanten betrieblichen Maßnahmen [§ 90 I BetrVG]. Die Information ist die Voraussetzung dafür, dass der Betriebsrat seine weitergehenden Rechte überhaupt wahrnehmen kann.	Information über geplante Neu-, Um- und Erweiterungsbauten, Einführung neuer Arbeitsverfahren und Arbeitsabläufe oder Veränderung von Arbeitsplätzen, Unterrichtung bei Einstellung leitender Angestellter.
Beratungsrecht des Betriebsrats Der Betriebsrat hat das Recht, aufgrund der ihm gegebenen Informationen seine Auffassung gegenüber dem Arbeitgeber darzulegen und **Gegenvorschläge** zu unterbreiten [§ 90 II BetrVG]. Die Beratung geht somit über die einseitige Information hinaus. Eine Einigung ist jedoch nicht erzwingbar. Die Beratung ist ausdrücklich in sogenannten „wirtschaftlichen Angelegenheiten" vorgeschrieben.	Personalplanung (gegenwärtiger und künftiger Personalbedarf), Sicherung und Förderung der Beschäftigung, Ausschreibung von Arbeitsplätzen, Rationalisierungsvorhaben, Einschränkung oder Stilllegung von Betriebsteilen, Zusammenschluss von Betrieben, Änderung der Betriebsorganisation oder des Betriebszwecks, sofern nicht Betriebs- und Geschäftsgeheimnisse gefährdet werden.
Mitwirkungsrecht des Betriebsrats Das Mitwirkungsrecht des Betriebsrats wird auch als „eingeschränkte Mitbestimmung" bezeichnet. Im Gegensatz zum Beratungsrecht besitzt hier der Betriebsrat ein **Vetorecht** (Widerspruchsrecht). Die eingeschränkte Mitbestimmung umfasst vor allem die „personellen Einzelmaßnahmen" wie Neueinstellungen, Eingruppierungen in Lohn- und Gehaltsgruppen und Versetzungen von Arbeitskräften [§ 99 BetrVG]. Auch bei Kündigungen hat der Betriebsrat ein Widerspruchsrecht (Näheres siehe § 102 BetrVG). Die Mitbestimmung bei personellen Einzelmaßnahmen besteht in Unternehmen mit in der Regel mehr als zwanzig wahlberechtigten Arbeitnehmern [§ 99 I BetrVG].	Das Wesen des Widerspruchsrechts wird an folgendem Fall deutlich. Angenommen, einem jungen Arbeitnehmer wird fristgemäß gekündigt. Der Betriebsrat widerspricht. Dieser Widerspruch führt *nicht* zur Aufhebung der Kündigung. Gibt die Geschäftsleitung nicht nach (hat z. B. der Spruch der Einigungsstelle zugunsten des Gekündigten keinen Erfolg), muss der Fall vom Arbeitsgericht geklärt werden. Unter Umständen sichert der Widerspruch die Weiterbeschäftigung des gekündigten Arbeitnehmers bis zur endgültigen gerichtlichen Entscheidung.
Mitbestimmungsrecht im engeren Sinne Die Mitbestimmung i. e. S. ist zwingend. Dies bedeutet, dass der Arbeitgeber bestimmte Maßnahmen nur mit Zustimmung des Betriebsrats durchführen kann. Diese eigentliche Mitbestimmung steht dem Betriebsrat vor allem in sogenannten „sozialen Angelegenheiten" zu, soweit eine gesetzliche oder tarifliche Regelung nicht besteht [§ 87 BetrVG].	Arbeitszeitregelung, Zeit, Ort und Art der Auszahlung der Arbeitsentgelte, Aufstellung allgemeiner Urlaubsgrundsätze und des Urlaubsplans, Einführung der Arbeitszeitüberwachung (z. B. Stempeluhren), Regelung der Unfallverhütung, Form, Ausgestaltung und Verwaltung der Sozialeinrichtungen (z. B. Kantinen, Erholungsheimen), Zuweisung und Kündigung von Werkswohnungen, betriebliche Lohngestaltung (z. B. Einführung von Akkordlöhnen), Regelung des betrieblichen Vorschlagswesens und der Abschluss der Betriebsvereinbarung (Betriebsordnung [§ 77 II BetrVG]).

Zusammenfassung

- **Sozialpartner** sind die Gewerkschaften einerseits und einzelne Unternehmen oder Arbeitgeberverbände andererseits.

- Lohnerhöhungen und Arbeitsbedingungen werden zwischen den Tarifpartnern (Gewerkschaften und Arbeitgeberverbänden) ausgehandelt und im **Tarifvertrag** festgelegt.

- **Tarifautonomie** ist das Recht der Tarifpartner, selbstständig und **ohne** staatliche Eingriffe Löhne und Arbeitsbedingungen vereinbaren zu können.

- Wichtige Tarifverträge sind:
    - **Manteltarifverträge:** Sie enthalten solche Arbeitsbedingungen, die sich über längere Zeit nicht ändern.
    - **Lohn- und Gehaltstarifverträge:** In ihnen sind die getroffenen Vereinbarungen über Lohn- bzw. Gehaltshöhe enthalten.

- Scheitern die Tarifverhandlungen und Schlichtungsversuche, ist der **Streik** das letzte Mittel zur Durchsetzung gewerkschaftlicher Forderungen.

- Arbeitgeber können als Mittel im Arbeitskampf die **Aussperrung** einsetzen.

- Die **Mitbestimmung der Arbeitnehmer** auf betrieblicher Ebene erfolgt durch den **Betriebsrat (Betriebsverfassung).** Das Recht auf Mitgestaltung der Arbeitswelt bei Kapitalgesellschaften über Aufsichtsrat und Vorstand betrifft die **Unternehmensverfassung.**

- Der **Betriebsrat** ist eine Vertretung der Arbeitnehmer gegenüber dem Arbeitgeber.

- Die **Stufen der Mitbestimmung** des Betriebsrats sind Information, Beratung, Mitwirkung und Mitbestimmung i. e. S.

Übungsaufgaben

16 1. Erklären Sie den Begriff Sozialpartnerschaft!

2. Beschreiben Sie kurz die Lohnbildung in der Bundesrepublik Deutschland!

3. Erläutern Sie kurz folgende Begriffe:

   3.1 Tarifvertrag, 3.4 Unabdingbarkeit,
   3.2 Tarifautonomie, 3.5 Manteltarif,
   3.3 Allgemeinverbindlichkeit, 3.6 Lohn- bzw. Gehaltstarif.

4. Erstellen Sie eine Liste mit Vorteilen der Tarifverträge für Arbeitnehmer und Arbeitgeber!

5. 5.1 Nennen Sie die Vertragspartner beim Arbeitsvertrag und Tarifvertrag!

   5.2 Erläutern Sie, welche Bedeutung die Entscheidung für die Arbeitnehmer hat, Tarifverträge für allgemein verbindlich zu erklären!

   5.3 Nennen Sie vier Beispiele, was im Manteltarifvertrag geregelt ist!

6. Zum Arbeitskampf i. e. S. gehören Streik und Aussperrung. Erläutern Sie, was hierunter zu verstehen ist!

7. Die Belegschaft der Unruh-AG hat gegen den Willen der Gewerkschaft seit drei Tagen die Arbeit niedergelegt. Sie will ein höheres Urlaubsgeld erzwingen. Die Geschäftsleitung kündigt den drei führenden Streikorganisatoren.

   Aufgabe:

   Beurteilen Sie die Rechtslage!

8. Der Angestellte Kurt Rot will seinen Arbeitskollegen Karl Schwarz zum Eintritt in die Gewerkschaft bewegen. Kurt argumentiert u. a. damit, dass die Lohnquote in den letzten Jahren dank der Lohnpolitik der Gewerkschaften stark angestiegen sei. Karl meint hingegen, dass die Lohnquote über den Lebensstandard der Arbeitnehmer überhaupt nichts aus

sage. In einem rein sozialistischen Land sei die Lohnquote 100 % und trotzdem könne es dort den Werktätigen erheblich schlechter gehen als in kapitalistischen Ländern.

Aufgabe:

Nehmen Sie Stellung!

9. Schlagzeile einer Zeitung: „Der Verteilungskampf beginnt wieder!" Erläutern Sie, was hier gemeint ist!

10.
   10.1 Betrachten Sie zunächst nebenstehende Karikatur! Interpretieren Sie, was der Zeichner hier ausdrücken will!
   10.2 Erläutern Sie, wie die Lohnbildung in der sozialen Marktwirtschaft erfolgt!
   10.3 Entscheiden Sie, wie sich der Lohn in einer Wirtschaft bilden würde, in der es keine Gewerkschaften und Arbeitgeberverbände gibt!
   10.4 Entscheiden Sie, ob sich die auf solchen freien Arbeitsmärkten (siehe Frage 10.3) ergebenden Arbeitslöhne höher oder niedriger als die von den Gewerkschaften ausgehandelten Mindestlöhne wären! Begründen Sie Ihre Antwort!

Mahlzeit   Handelsblatt: Bensch

11. Nennen Sie einige wichtige Ziele der Gewerkschaften!

17 Ein Textilunternehmen beschäftigt 50 Mitarbeiter. Die Mitarbeiter beschließen, einen Betriebsrat zu wählen.

Aufgaben:

1.
   1.1 Entscheiden Sie, ob sich der Geschäftsinhaber dem Wunsch der Belegschaft widersetzen kann! Begründen Sie Ihre Meinung!
   1.2 Nennen Sie vier Rechte des Betriebsrats!
   1.3 Erläutern Sie, was man unter den Begriffen aktives und passives Wahlrecht versteht!
   1.4 Nennen Sie die Voraussetzungen, die gegeben sein müssen, um in einem Betrieb eine Jugend- und Auszubildendenvertretung wählen zu können!
   1.5 Geben Sie für das Mitwirkungsrecht und das Mitbestimmungsrecht i. e. S. des Betriebsrats jeweils zwei Beispiele an!

2. Die Geschäftsleitung hat den Angestellten Bückling zum Leiter der Rechnungswesenabteilung ernannt. Der Betriebsrat widerspricht. Er sähe an dieser Stelle lieber das langjährige Gewerkschaftsmitglied Blau. Entscheiden Sie, ob sich der Betriebsrat durchsetzen können wird!

3. Herr Knifflig, seit langen Jahren im Betrieb angestellt, hat sich um die neue Stelle als Verkaufsleiter beworben. Er fällt durch. Nunmehr verlangt er Einsicht in die Personalakten. Entscheiden und begründen Sie, ob er dies verlangen kann!

4. Ohne Anhörung des Betriebsrats führt das Textilunternehmen neue Arbeitszeiten ein. Der Betriebsrat widerspricht dieser Anordnung. Entscheiden Sie, ob die Anordnung trotzdem wirksam ist!

5. In einer Diskussion meint der Auszubildende Knut, dass die Mitbestimmung in den Betrieben zur Demokratie gehöre. Erläutern Sie Ihre Sichtweise! Begründen Sie Ihre Ansicht!

4.6.3 Sozialordnung

4.6.3.1 Sozialpolitische Aktivitäten des Staates

- Das Ergebnis aller sozialpolitischen Entscheidungen und Maßnahmen bezeichnet man als **Sozialordnung**.
- Die Sozialordnung regelt die **soziale Stellung** und die **sozialen Beziehungen einer Gesellschaft** mithilfe einer Vielzahl von **Ordnungselementen** (Gesetzen, Normen, Regeln, Institutionen).

Für die Bundesrepublik Deutschland stellt Art. 20 I GG fest: *„Die Bundesrepublik Deutschland ist ein demokratischer und sozialer Bundesstaat."* Verwirklicht wird dieses „Sozialstaatspostulat"[1] des Grundgesetzes durch ein **Netz sozialer Sicherungsmaßnahmen**. Hierzu gehören vor allem die **Beschäftigungspolitik**, die **Verteilungspolitik**, die **Politik zum Schutz der Arbeitskräfte**, die **Politik zur Absicherung von Arbeitsrisiken** und **ergänzende Maßnahmen**.

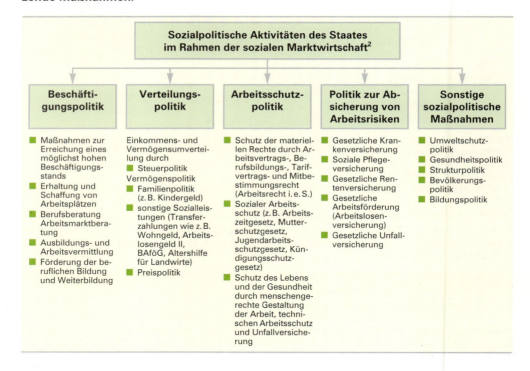

---

[1] Postulat (lat.): Forderung. Sozialstaatspostulat: Forderung, einen Sozialstaat zu errichten bzw. zu erhalten.
[2] Aufgrund des Lehrplans wird im Folgenden nur ein Überblick über die Arbeitsschutzpolitik und die Politik zur Absicherung von Arbeitsrisiken gegeben.

4.6.3.2 Arbeitsschutzpolitik

4.6.3.2.1 Überblick

Alle Arbeitnehmer, insbesondere jedoch Kinder und Jugendliche, sind schutzbedürftig. Deshalb werden allen Arbeitnehmern Mindestrechte am Arbeitsplatz zugesichert, die vertraglich nicht ausgeschlossen werden können. Einen Überblick über die wichtigsten **Schutzbestimmungen** unseres **Arbeitsrechts** enthält die nachfolgende Übersicht.

Die Vorschriften des Arbeitsschutzrechts stellen Gebote und Verbote auf, zu deren Beachtung Arbeitgeber und Arbeitnehmer verpflichtet sind. Die Einhaltung der Arbeitsschutzvorschriften wird z. B. durch die **Gewerbeaufsichtsämter** [§ 139b GewO] und die **Berufsgenossenschaften**[1] überwacht.

	Wichtige Gesetze des Arbeitsschutzrechts	
Gesetz	**Wirkungskreis**	**Wesentlicher Inhalt**
Arbeitsschutzgesetz (ArbSchG)	Alle Arbeitgeber, alle Arbeitnehmer und alle Auszubildenden [§ 2 ArbSchG], soweit diese nicht nach § 1 ArbSchG ausgeschlossen sind.	Arbeitgeber sind verpflichtet, die zur Sicherheit und Gesundheit der Beschäftigten bei der Arbeit erforderlichen Maßnahmen des Arbeitsschutzes zu treffen und hierzu z. B. für eine geeignete Organisation zu sorgen und die erforderlichen Mittel bereitzustellen [§ 3 ArbSchG]. Arbeitgeber müssen z. B. die Arbeit so gestalten, dass eine Gefährdung für Leben und Gesundheit möglichst vermieden und die verbleibende Gefährdung möglichst gering gehalten wird. Gefahren sind an ihren Quellen zu bekämpfen. Arbeitsschutzmaßnahmen müssen den Stand der Technik, Arbeitsmedizin und Hygiene und spezielle Gefahren besonders schutzbedürftiger Beschäftigungsgruppen berücksichtigen. Hierzu sind den Beschäftigten geeignete Anweisungen zu erteilen (Näheres siehe §§ 4ff. ArbSchG).

---

1 Berufsgenossenschaften sind Verbände mit Zwangsmitgliedschaft für die versicherungspflichtigen Betriebe zur Finanzierung der gesetzlichen Unfallversicherung. Die Berufsgenossenschaften übernehmen den Versicherungsschutz bei Arbeitsunfällen, Wegeunfällen und Berufskrankheiten.

Wichtige Gesetze des Arbeitsschutzrechts		
Gesetz	**Wirkungskreis**	**Wesentlicher Inhalt**
Sozialgesetz-buch, Siebtes Buch (gesetz-liche Unfall-versicherung)	Alle Unterneh-mer, alle Arbeit-nehmer und alle Auszubildenden.	Unfallverhütungsvorschriften der Berufsgenossenschaften zur Verhütung von Arbeits-unfällen, Berufskrankheiten und arbeitsbedingten Gesundheitsgefahren [§§ 14ff. SGB VII]. In Unternehmen mit regelmäßig mehr als 20 Beschäftigten werden die Unternehmer durch von ihnen zu bestellende **Sicherheitsbeauftragte** bei Maßnahmen zur Verhütung von Arbeitsunfällen und Berufskrankheiten unterstützt [§ 22 SGB VII].
Sozialgesetz-buch, Neuntes Buch (Rehabili-tation und Teil-habe behinder-ter Menschen)	Alle Arbeitge-ber mit mindes-tens 20 Arbeits-plätzen (ohne Auszubildende)	Die betroffenen Arbeitgeber sind verpflichtet, einen bestimmten Prozentsatz schwer-behinderter Menschen (Personen mit einer mindestens 50%igen Behinderung) einzustel-len [§§ 1, 71ff. SGB IX]. Für unbesetzte Plätze muss i.d.R. eine Ausgleichsabgabe gezahlt werden [§ 77 SGB IX].
Arbeitszeit-gesetz (ArbZG)	Alle Arbeit-geber und die Arbeitskräfte, für die keine Sondervor-schriften beste-hen (z.B. JArbSchG).	Die werktägliche Arbeitszeit für Arbeitskräfte darf 8 Stunden nicht überschreiten. Die Ar-beitszeit kann auf bis zu 10 Stunden täglich erhöht werden, wenn innerhalb von 6 Kalen-dermonaten oder innerhalb von 24 Wochen im Durchschnitt 8 Stunden werktäglich nicht überschritten werden [§ 3 ArbZG].[1] Nach Beendigung der täglichen Arbeitszeit müssen der Arbeitskraft mindestens 11 Stunden Freizeit verbleiben [§ 5 I ArbZG]. Nach mehr als 6 bis 9 Stunden Arbeitszeit ist eine Ruhepause von mindestens 30 Minuten zu gewähren [§ 4 ArbZG].
Mutterschutz-gesetz (MuSchG)	Alle Arbeit-geber bezüglich der bei ihnen beschäftigten Frauen.	Befreiung von der Arbeit (auf Mitteilung hin) für 6 Wochen vor und mindestens 8 Wochen, bei Früh- und Mehrlingsgeburten bis zum Ablauf von 12 Wochen nach der Entbindung [§§ 3ff. MuSchG]. Während der Schwangerschaft, bis zum Ablauf von vier Monaten nach der Entbindung [§ 9 I MuSchG] und während der Elternzeit [§ 18 BEEG] besteht Kündi-gungsschutz. Für schwangere Frauen bestehen zahlreiche Beschäftigungsverbote (Nähe-res siehe §§ 3 I, 4 MuSchG).
Gesetz zum Elterngeld und zur Elternzeit (Bundeselternge-geld- und Elternzeit-gesetz – BEEG)	Mütter **oder** Vä-ter, die ihr Kind selbst betreuen und nicht mehr als 30 Stunden pro Woche er-werbstätig sind.	Das **Elterngeld** orientiert sich in seiner Höhe am laufenden durchschnittlich monatlich verfügbaren Erwerbseinkommen, das der betreuende Elternteil im Jahr vor der Geburt des Kindes erzielt hat. Es beträgt mindestens 300,00 EUR, höchstens 1800,00 EUR mit einer Laufzeit von 12 Monaten, bei Beteiligung des Partners bzw. bei Alleinerziehenden 14 Monate.
		Nach der Geburt ihres Kindes können Eltern gleichzeitig, jeder Elternteil anteilig oder allein bis zu drei Jahren **Elternzeit** nehmen. Die Elternzeit kann auf drei Zeitabschnitte verteilt werden. Bis zu 24 Monate der Elternzeit können ab dem 3. Geburtstag bis zum 8. Lebensjahr in Anspruch genommen werden. Eine Zustimmung des Arbeitgebers ist nicht erforderlich.
		Für Eltern, deren Kinder nach dem 1. Juli 2015 geboren wurden, gibt es neue Regelungen in Form des Elterngeldes Plus und des Partnerschaftsbonus. Die Eltern haben dann die Wahl zwischen dem **herkömmlichen Elterngeld,** dem **Elterngeld Plus** (es kann bei Teilzeit doppelt so lang bezogen werden wie das Elterngeld, ist aber höchstens halb so hoch wie dieses) oder einer **Kombination von beiden.** Zusätzlich erhalten die Eltern als **Partner-schaftsbonus** auf Antrag vier zusätzliche Monate Elterngeld Plus, wenn beide Elternteile in dieser Zeit Teilzeit arbeiten. Die maximale Bezugsdauer des Elterngeldes beträgt 28 Mo-nate.
		Die Elternzeit wird in der gesetzlichen Rentenversicherung angerechnet. Während der Elternzeit besteht Kündigungsschutz [§ 18 BEEG].

---

1 Aufgrund eines Tarifvertrags oder aufgrund einer Betriebsvereinbarung kann unter bestimmten Bedingungen die werktäg-liche Arbeitszeit auch über zehn Stunden betragen (Näheres siehe § 7 ArbZG).

4.6.3.2.2 Jugendarbeitsschutz als Beispiel für den sozialen Arbeitsschutz

Grundlage des Jugendarbeitsschutzes ist das **Jugendarbeitsschutzgesetz (JArbSchG)**. Das Gesetz geht davon aus, dass Jugendliche (Personen bis zum vollendeten 18. Lebensjahr) nur eine begrenzte Leistungsfähigkeit besitzen, weil ihre körperliche und geistig-seelische Entwicklung noch nicht vollständig abgeschlossen ist. Das Jugendarbeitsschutzgesetz gilt daher für alle Arbeitgeber, die Jugendliche beschäftigen (Auszubildende, Arbeiter, Angestellte).

(1) Mindestalter für ein Beschäftigungsverhältnis

Die Beschäftigung von Kindern [§ 2 I, III JArbSchG] und von Jugendlichen [§ 2 II JArbSchG], die der Vollzeitschulpflicht unterliegen, ist grundsätzlich verboten [§ 5 I, II JArbSchG]. Unter bestimmten Voraussetzungen sind Ausnahmen möglich (siehe §§ 5 II, III, IV; 6; 7 JArbSchG).

(2) Grenzen der Arbeitszeit

Arbeitsbeginn und Arbeitsende [§ 14 JArbSchG]	6:00 Uhr frühestens und 20:00 Uhr spätestens.
Tägliche Arbeitszeit [§ 8 JArbSchG]	8-Stunden-Tag.
Pausen [§ 11 JArbSchG]	Mindestens 30 Minuten Pause bei einer Beschäftigung von mehr als $4^1/_2$ bis zu 6 Stunden. Mindestens 60 Minuten Pause bei einer Beschäftigung von mehr als 6 Stunden.
Berufsschultage [§ 9 JArbSchG]	Keine Beschäftigung an Berufsschultagen mit mehr als 5 Unterrichtsstunden von mindestens 45 Minuten, jedoch nur einmal in der Woche.
Wöchentliche Arbeitszeit [§§ 8, 15, 16 I, 17 I JArbSchG]	5-Tage-Woche; 40-Stunden-Woche. Grundsätzlich keine Beschäftigung an Samstagen, Sonn- und Feiertagen.
Verbotene Arbeiten [§§ 22, 24 I JArbSchG]	Gefährliche Arbeiten; Arbeiten, bei denen die Jugendlichen sittlichen Gefahren ausgesetzt sind; grundsätzlich Arbeiten unter Tage. (Zu den Ausnahmen siehe § 24 II JArbSchG).

(3) Sonstige Schutzvorschriften

- Zum Schutz der Jugendlichen dürfen **bestimmte Personen** (z. B. Personen, die wegen eines Verbrechens zu einer Freiheitsstrafe von mindestens 2 Jahren rechtskräftig verurteilt wurden) grundsätzlich **keine Jugendlichen beschäftigten** und diese auch **nicht beaufsichtigen** [§ 25 JArbSchG].

- Der Arbeitgeber ist zu einer **menschengerechten Gestaltung der Arbeit** verpflichtet. Bei der Einrichtung und Unterhaltung der Arbeitsstätte einschließlich der Maschinen, Werkzeuge und Geräte sind z. B. alle Maßnahmen zu treffen, die zum Schutz der Jugendlichen gegen Gefahren für Leben und Gesundheit sowie zur Vermeidung einer Beeinträchtigung der körperlichen und seelisch-geistigen Entwicklung der Jugendlichen erforderlich sind [§ 28 JArbSchG].

- **Vor Beginn der Beschäftigung** und bei wesentlicher Änderung der Arbeitsbedingungen sind die Jugendlichen vom Arbeitgeber über die **Unfall- und Gesundheitsgefahren,** denen sie am Arbeitsplatz ausgesetzt sind, sowie über Einrichtungen und Maßnahmen zur Abwendung dieser Gefahren zu unterweisen [§ 29 JArbSchG].

- Der Arbeitgeber muss außerdem das **Züchtigungsverbot** sowie das Verbot der Abgabe von Alkohol und Tabakwaren an Jugendliche unter 16 Jahren beachten [§ 31 JArbSchG].

(4) Gesundheitliche Betreuung

Jugendliche, die in das Berufsleben eintreten, dürfen nur beschäftigt werden, wenn (1) sie innerhalb der letzten 14 Monate von einem Arzt untersucht worden sind (Erstuntersuchung) und (2) sie dem künftigen Arbeitgeber eine von diesem Arzt ausgestellte Bescheinigung über diese Untersuchung vorlegen.

Spätestens nach einem Jahr nach Aufnahme der ersten Beschäftigung haben sich die Jugendlichen einer Nachuntersuchung zu unterziehen. Wird nach 14-monatiger Beschäftigung keine ärztliche Bescheinigung vorgelegt, besteht Beschäftigungsverbot, was für den Arbeitgeber ein Grund zur fristlosen Kündigung ist (siehe §§ 32ff. JArbSchG). Weitere jährliche Untersuchungen sind erlaubt. Die Kosten für die ärztlichen Untersuchungen trägt das Bundesland.

(5) Strafen

Bei Verstößen gegen das Jugendarbeitsschutzgesetz sieht das Jugendarbeitsschutzgesetz Geldbußen und Freiheitsstrafen vor (siehe §§ 58ff. JArbSchG).

4.6.3.2.3 Produktsicherheit als Beispiel für den Betriebs- und Gefahrenschutz

Ein Beispiel für den gesetzlichen Betriebs- und Gefahrenschutz ist das **Gesetz über die Bereitstellung von Produkten auf dem Markt (Produktsicherheitsgesetz [ProdSG])**[1]. Das Gesetz betrifft alle Unternehmen, die gewerbsmäßig oder selbstständig Produkte herstellen oder in den Verkehr bringen. Das ProdSG gilt grundsätzlich auch für die Errichtung und den Betrieb überwachungsbedürftiger Anlagen.

(1) Begriffe

Technische Arbeitsmittel	Im Sinne des ProdSG sind dies verwendungsfertige Arbeitseinrichtungen (vor allem Werkzeuge, Arbeitsgeräte, Arbeits- und Kraftmaschinen, Fördereinrichtungen, Beförderungsmittel).
Überwachungsbedürftige Anlagen	Im Sinne des ProdSG sind dies solche Anlagen, die gewerblichen oder wirtschaftlichen Zwecken dienen oder durch die Beschäftigte gefährdet werden können. Hierzu gehören z.B. Dampfkesselanlagen, Druckbehälteranlagen, Aufzugsanlagen, Getränkeschankanlagen, Acetylenanlagen und Anlagen zur Lagerung, Abfüllung und Beförderung brennbarer Flüssigkeiten.

---

1 Das Gesetz setzt die EU-Richtlinien über die allgemeine Produktsicherheit (2001/95/EG,ProdSRL) in nationales Recht um.

Verbraucherprodukte	Im Sinne des ProdSG sind dies alle Produkte, die für Verbraucher bestimmt sind bzw. unter vernünftigerweise vorhersehbaren Bedingungen von Verbrauchern benutzt werden könnten, selbst wenn sie nicht für diese bestimmt sind. Auch Produkte wie Getränkeautomaten oder Fitnessgeräte, die Verbraucher im Dienstleistungsbereich nutzen können, sind damit erfasst.
Inverkehrbringung	Ist jedes Überlassen technischer Arbeitsmittel an andere. **Ausstellen** ist das Aufstellen oder Vorführen von technischen Arbeitsmitteln zum Zweck der Werbung.

(2) Inhalt des Gesetzes

Ein Produkt darf nur in den Verkehr gebracht werden, wenn die Sicherheit und Gesundheit von Anwesenden nicht gefährdet sind. Dies gilt sowohl für die bestimmungsmäßige Verwendung wie vorhersehbare Fehlanwendung. Letztere ist bedeutsam, da das Ausmaß von Fehlverhalten bei Konsumprodukten stets Quelle von Gefahren und Unfällen ist. Wird ein Produkt entsprechend einer anerkannten Norm produziert, so gilt es als sicher. Bestimmte Produkte können, sofern sie zertifiziert sind, mit dem GS-Zeichen versehen werden. Das GS-Zeichen ist ein Zertifikat und steht für „Geprüfte Sicherheit". Es ist ein deutsches Sicherheits- und Gebrauchstauglichkeits-Prüfzeichen, das Hersteller freiwillig für bestimmte Produkte beantragen können.

Das ProdSG gilt nur im Rahmen wirtschaftlicher Unternehmen (nicht bei Privatverkauf auf Flohmärkten) und unabhängig davon, ob die Produkte neu, gebraucht, wiederaufgearbeitet oder wesentlich verändert in den Verkehr gebracht werden.

Geht von einem Produkt Gefahr für Sicherheit und Gesundheit aus, müssen Hersteller, Bevollmächtigte und Importeure unverzüglich die Behörden unterrichten und mit ihnen zusammenarbeiten. Diese Informationspflicht gilt auch für Händler. Er darf kein Produkt in den Verkehr bringen, von dem er weiß oder anhand der ihm vorliegenden Informationen oder seiner Erfahrung wissen muss, dass es nicht den gesetzlichen Anforderungen an ein sicheres Produkt entspricht.

Auf jedem Produkt muss der Name des Herstellers stehen; kommt dieser nicht aus dem Europäischen Wirtschaftsraum der Name des Bevollmächtigten oder Importeurs. Hersteller, Bevollmächtigter oder Importeur müssen zudem Vorkehrungen treffen, um angemessen auf Gefahren reagieren zu können. Das reicht von Verbraucherinformationen bis zum Rückruf.

(3) Strafen

Bei vorsätzlichen oder fahrlässigen Verstößen gegen bestimmte Vorschriften des ProdSG können Geldbußen, Geldstrafen und auch Freiheitsstrafen verhängt werden.

Zusammenfassung

- Das **Arbeitsschutzrecht** umfasst Bestimmungen, Vorschriften, Maßnahmen, welche dem Schutz des Lebens und der Gesundheit der Arbeitskraft dienen.

- Dem **sozialen Arbeitsschutz** dienen z. B. die Vorschriften des Arbeitszeitgesetzes, des Mutterschutzgesetzes, des Jugendarbeitsschutzgesetzes, des Elterngeld- und Elternzeitgesetzes, des Kündigungsschutzgesetzes.

- Dem **Betriebs- und Gefahrenschutz** dienen z. B. das Arbeitsschutzgesetz, das Produktsicherheitsgesetz, das Arbeitssicherheitsgesetz, die Arbeitsstättenverordnung u. a.
- Die Einhaltung wird z. B. durch die **Gewerbeaufsichtsämter** und die **Berufsgenossenschaften** überwacht.

Übungsaufgabe

18 1. Wir unterteilen das Arbeitsrecht in das Arbeitsrecht i. e. S. und in das Arbeitsschutzrecht.

   Aufgaben:

   1.1 Erläutern Sie, worin der Unterschied besteht!

   1.2 Nennen Sie Beispiele!

2. Zählen Sie die wichtigsten Arbeitsschutzgesetze auf und nennen Sie den betroffenen Personenkreis!

3. **Arbeitsauftrag:** Lösen Sie in Einzel-, Partner- oder Gruppenarbeit folgende kleine Rechtsfälle. Nehmen Sie den Lehrbuchtext und Ihre Gesetzessammlung zu Hilfe!

   3.1 Die 17-jährige Bürogehilfin Bärbel Emsig muss nach bestandener Prüfung 45 Wochenstunden ohne Überstundenvergütung arbeiten. Der Chef beruft sich auf das Arbeitszeitgesetz, wonach sogar über 50 Wochenstunden zulässig sind. Ist er im Recht?

   3.2 Der Elektrogroßhändler Klar, Inhaber des Lampenhauses Lux e. K., zahlt seinen Angestellten grundsätzlich 10 % mehr als der Tarifvertrag vorsieht. Lediglich dem Neuling Lahm will er zunächst das Tarifgehalt zahlen. Ist dies zulässig?

   3.3 Der kaufmännische Auszubildende Karl-Heinz Jauch ist seit 1. August vergangenen Jahres „in der Lehre". Sein Ausbilder hatte ihn im April, im Mai und im Juli des laufenden Jahres mehrfach dazu aufgefordert, sich bei einem Arzt der Nachuntersuchung zu unterziehen und ihm die ärztliche Bescheinigung vorzulegen. Karl-Heinz Jauch hat jedoch die Bescheinigung bis Ende Oktober noch nicht beigebracht. Der Arbeitgeber kündigt daher Anfang November das Ausbildungsverhältnis fristlos. Ist die fristlose Kündigung wirksam? Begründen Sie Ihre Antwort!

4.6.3.3 Politik zur Absicherung von Arbeitsrisiken

(1) Notwendigkeit der sozialen Absicherung

Die **soziale Sicherung** ist eine wesentliche Lebensgrundlage der Menschen.

Die bedeutsamste Absicherung erfolgt in der Bundesrepublik Deutschland durch die gesetzliche **Sozialversicherung.**

- Kennzeichen der gesetzlichen Sozialversicherung ist das **Solidaritätsprinzip:** „Einer für alle, alle für einen." Im Gegensatz zur **privaten Versicherung,** die grundsätzlich eine **freiwillige Versicherung** ist, stellt die **Sozialversicherung** eine **gesetzliche Versicherung** dar, der die Mehrheit der Bevölkerung **kraft Gesetzes** angehören muss **(Pflichtversicherung).**

■ Neben dem **Solidaritätsprinzip** und der **Pflichtmitgliedschaft** zeichnet sich die Sozialversicherung durch die **gesetzliche Festlegung der meisten Leistungen** und die **Beitragsbemessung nach der Höhe des Einkommens** aus. Versicherte mit hohen Einkommen sollen so zur Finanzierung von Leistungen für Versicherte mit niedrigen Einkommen beitragen.

(2) Zweige und Träger der Sozialversicherung[1]

Das deutsche Sozialversicherungssystem umfasst fünf Zweige. Die **Zweige der gesetzlichen Sozialversicherung** sind die **gesetzliche Krankenversicherung,** die **soziale Pflegeversicherung,** die **gesetzliche Rentenversicherung,** die **gesetzliche Arbeitsförderung** und die **gesetzliche Unfallversicherung.**

Die **Träger der gesetzlichen Sozialversicherung** sind die Sozialversicherungsbetriebe, Institutionen und Einrichtungen, die die Übernahme der Versicherung wahrnehmen.

Die fünf Zweige der gesetzlichen Sozialversicherung				
Kranken-versicherung	**Soziale Pflege-versicherung**	**Renten-versicherung**	**Arbeits-förderung**	**Unfall-versicherung**
Träger: – Allgemeine Orts-krankenkassen – Betriebskrankenkassen – Innungskrankenkassen – Landwirtschaftliche Krankenkassen – See-Krankenkasse Bundesknappschaft	Träger: – Pflegekassen (verwaltet von den Krankenkassen)	Träger: – Bundesträger (Deutsche Rentenversicherung Bund, Deutsche Rentenversicherung Knappschaft – Bahn – See) – Regionalträger (Deutsche Rentenversicherung mit Zusatz für jeweilige regionale Zuständigkeit)	Träger: – Bundesagentur für Arbeit (Bundesagentur), Zentrale in Nürnberg mit den Regionaldirektionen (mittlere Verwaltungsebene) und den Agenturen für Arbeit (örtliche, untere Verwaltungsebene)	Träger: z. B. die – Gewerblichen und Landwirtschaftlichen Berufsgenossenschaften – Feuerwehrunfallkassen – Staatliche Ausführungsbehörden des Bundes und der Länder – Gemeindeunfallversicherungsverbände
Gesetzliche Krankenkassen	**Gesetzliche Pflegekassen***	**Deutsche Rentenversicherung**	**Bundesagentur für Arbeit**	**Berufsgenossenschaften und Unfallversicherungsträger der öffentlichen Hand**
Träger der Sozialversicherung				

* Die soziale Pflegeversicherung ist zurzeit eine eigenständige Säule im System der gesetzlichen Sozialversicherung, auch wenn die gesetzlichen Pflegekassen organisatorisch in die Träger der gesetzlichen Krankenversicherung eingebunden sind [§ 1 I, III SGB XI].

In Deutschland entstand das Sozialversicherungssystem bereits unter Bismarck, und zwar 1883 die gesetzliche Krankenversicherung, 1884 die gesetzliche Unfallversicherung, 1889 die Invaliden- und Altersversicherung und 1911 die Angestelltenversicherung. Erst 1927 entstand die Arbeitslosenversicherung. 1953 wurde die Sozialgerichtsbarkeit, 1970 die Lohnfortzahlung im Krankheitsfall, 1995 die soziale Pflegeversicherung und 2001 die staatlich geförderte private Altersvorsorge eingeführt.

---

1 Aufgrund des Lehrplans wird auf Einzelheiten im Folgenden nicht eingegangen.

(3) Staatlich geförderte private Altersvorsorge (kapitalgedecktes Altersvorsorgevermögen) und betriebliche Altersvorsorge

■ Problemstellung

Weil das derzeitige Rentenniveau in der gesetzlichen Rentenversicherung langfristig abgesenkt werden muss, steigt die Bedeutung der privaten Altersvorsorge.

■ Voraussetzungen für die Erlangung einer Altersvorsorgezulage

Der Anspruch auf eine vom Staat geleistete Altersvorsorgezulage[1] besteht für zulageberechtigte Personen (Begünstigte) unter folgenden Voraussetzungen (Auswahl):

- Grundvoraussetzung ist, dass die pflichtversicherten Personen Altersvorsorgebeiträge (Mindesteigenbeiträge) zugunsten eines auf ihren Namen lautenden **Altersvorsorgevertrags** leisten.
- Im Altersvorsorgevertrag muss sich der Vertragspartner z.B. verpflichten, in der Ansparphase laufend **freiwillige Aufwendungen (Altersvorsorgebeiträge)** zu leisten.
- Die Leistungen für den Vertragspartner zur Altersversorgung dürfen auch **nicht vor Vollendung des 60. Lebensjahrs** erbracht werden.
- Die Altersvorsorgebeiträge, die erwirtschafteten Erträge und Veräußerungsgewinne müssen in **bestimmte Anlagen (Produkte)** wie z.B. in Rentenversicherungen, Bankguthaben mit Zinsansammlung oder in Anteilen an Investmentfonds angelegt sein.
- Der Anbieter muss zusagen, dass zu Beginn der Auszahlung **mindestens die eingezahlten Altersvorsorgebeiträge** für die Auszahlungsphase zur Verfügung stehen.
- Der Vertragspartner muss die Möglichkeit haben, den **Vertrag** während der Ansparphase **ruhen zu lassen, zu kündigen,** eine andere Altesvorsorgeanlage zu wählen **oder Auszahlung** zu verlangen.

■ Beispiel für private Vorsorge: Riester-Rente

Ein Beispiel für eine private Altersversorgung ist die **Riester-Rente.**[2] Die Beitragszahlungen werden vom Staat in Form von Zulagen und Steuervorteilen gefördert. Wer die höchstmögliche Förderung (154,00 EUR) erreichen möchte, muss 4 % des versicherungspflichtigen Bruttoeinkommens im Jahr sparen. Für jedes Kind erhält der Riester-Sparer 185,00 EUR bzw. 300,00 EUR für nach 2007 geborene Kinder. Allerdings muss wegen der Förderung in der Ansparphase die Rentenzahlung im Alter voll versteuert werden. Die Riester-Verträge gibt es bei Banken, Fonds-Gesellschaften und Versicherungsunternehmen.

■ Betriebliche Altersvorsorge

Jedes Unternehmen muss seinen Mitarbeitern die Möglichkeit geben, in eine betriebliche Altersvorsorgung einzuzahlen. Der Arbeitnehmer hat einen **Rechtsanspruch auf eine Entgeltumwandlung** in Höhe von 4 % der Beitragsbemessungsgrenze (Rentenversicherung). Die Anlage muss förderwür-

Drei Säulen der Altersvorsorge
■ Gesetzliche Rentenversicherung
■ Private Altersvorsorge
■ Betriebliche Altersvorsorge

dig sein. Der Arbeitgeber kann die betriebliche Altersversorgung z.B. über eine Versicherung oder eine Pensionskasse organisieren.

---

1 Die Berechtigten haben damit die Möglichkeit, ein **kapitalgedecktes Altersvorsorgevermögen** zu bilden.

2 Die Bezeichnung Riester-Rente geht auf Walter Riester zurück, der als Bundesminister für Arbeit und Sozialordnung die Förderung der freiwilligen Altersvorsorge durch eine Altersvorsorgezulage vorschlug.

(4) Grundsicherung für Arbeitsuchende

■ Aufgabe der Grundsicherung

Die Grundsicherung soll vor allem erwerbsfähige leistungsberechtigte Personen bei der Aufnahme oder Beibehaltung einer **Erwerbstätigkeit unterstützen** und deren **Lebensunterhalt sichern**.

■ Berechtigte Personen

Leistungen erhalten Personen, die das 15. Lebensjahr vollendet und das 65. Lebensjahr noch nicht vollendet haben, erwerbsfähig und hilfebedürftig[1] sind und ihren gewöhnlichen Aufenthalt in der Bundesrepublik Deutschland haben (**erwerbsfähige Leistungsberechtigte**). Auch mit erwerbsfähigen Leistungsberechtigten in einer Bedarfsgemeinschaft lebenden Personen (z.B. Eltern, Ehepartner) können unter bestimmten Voraussetzungen Leistungen erhalten.

■ Leistungen an Arbeitnehmer

Leistungen (Auswahl)	Erläuterungen
Hilfen zur Eingliederung in den Arbeitsprozess	■ **Verbesserung der Eingliederungsaussichten** durch Trainingsmaßnahmen, indem z.B. Maßnahmekosten (Lehrgangskosten, Prüfungsgebühren, Fahrkosten) von der Agentur für Arbeit übernommen werden. ■ **Maßnahmen der Eignungsfeststellung** und **Förderung der Aufnahme einer Beschäftigung,** z.B. durch Leistungen aus dem Vermittlungsbudget, Gründungszuschuss, Förderung der Berufsausbildung, der beruflichen Weiterbildung, berufsvorbereitende Bildungsmaßnahmen, Förderung der Teilnahme behinderter Menschen am Arbeitsleben.
Zahlung von Entgeltersatzleistungen ■ **Arbeitslosengeld I**	Arbeitnehmer haben einen Anspruch auf Arbeitslosengeld bei Arbeitslosigkeit oder bei beruflicher Weiterbildung. Der Arbeitslose hat sich persönlich bei der zuständigen Agentur für Arbeit arbeitslos zu melden. Wer einen Arbeitsplatz ohne wichtigen Grund aufgibt, erhält Arbeitslosengeld grundsätzlich erst nach 12 Wochen. Überhaupt kein Arbeitslosengeld erhält, wer einen von der Agentur für Arbeit vermittelten zumutbaren Arbeitsplatz auf Dauer ablehnt.[2] Die Dauer des Anspruchs auf Arbeitslosengeld hängt von der Dauer des Versicherungsverhältnisses und dem Lebensalter der arbeitslosen Person vor der Entstehung des Anspruchs ab. Das Arbeitslosengeld beträgt zurzeit 60 % und für die Arbeitslosen, die z.B. mindestens ein Kind haben, 67 % des für den Bemessungszeitraum berechneten pauschalierten Nettoentgelts.

---

1 **Hilfebedürftig** ist, wer seinen Lebensunterhalt nicht oder nicht ausreichend aus dem zu berücksichtigenden Einkommen oder Vermögen sichern kann und die erforderliche Hilfe nicht von anderen, insbesondere Angehörigen oder von Trägern anderer Sozialleistungen, erhält.

2 Die Dauer der **Sperrzeit** wegen Arbeitsablehnung, wegen Ablehnung einer beruflichen Eingliederungsmaßnahme oder wegen Abbruchs einer beruflichen Eingliederungsmaßnahme beträgt drei Wochen, bei unzureichenden Eigenbemühungen zur Beendigung der Arbeitslosigkeit zwei Wochen.

Leistungen (Auswahl)	Erläuterungen
■ **Kurzarbeitergeld**	Kurzarbeitergeld erhalten Arbeitnehmer, wenn ein erheblicher Arbeitsausfall mit Entgeltausfall vorliegt. Das Kurzarbeitergeld wird längstens zwölf Monate für den Arbeitsausfall während der Bezugsfrist gezahlt.
■ **Insolvenzgeld**	Insolvenzgeld[1] erhalten Arbeitnehmer, wenn sie z.B. bei der Eröffnung des Insolvenzverfahrens über das Vermögen des Arbeitgebers für die dem Insolvenzereignis vorausgehenden drei Monate des Arbeitsverhältnisses noch Ansprüche auf Arbeitsentgelt haben. Das Insolvenzgeld wird in Höhe des **Nettoarbeitsentgelts** geleistet.

■ Leistungen zur Eingliederung in Arbeit

Durch diese Leistungen soll die Eingliederung der erwerbsfähigen Leistungsberechtigten in Arbeit unterstützt werden. Hierzu soll die Agentur für Arbeit z.B. für jeden erwerbsfähigen Leistungsberechtigten einen **persönlichen Ansprechpartner** benennen und mit diesen Personen die für ihre Eingliederung erforderlichen Leistungen vereinbaren (**Eingliederungsvereinbarungen**).

■ Leistungen zur Sicherung des Lebensunterhalts[2]

Arbeitslosengeld II	Als Arbeitslosengeld II werden vom Staat Leistungen zur **Sicherung des Lebensunterhalts** einschließlich der angemessenen Kosten für Unterkunft und Heizung gewährt. Empfänger sind alle erwerbsfähigen Sozialgeld- und Sozialhilfeempfänger sowie alle Arbeitslose, die noch keinen Anspruch auf Arbeitslosengeld haben oder deren Anspruch abgelaufen ist (Langzeitarbeitslose). Zu berücksichtigende Einkommen und Vermögen mindern die Geldleistungen der Agentur für Arbeit und kommunalen Träger (z.B. Gemeinden, Kreise).
	Der **monatliche Regelbedarf** zur Sicherung des Lebensunterhalts (insbesondere für die Ernährung, Kleidung, Körperpflege, Hausrat, Bedarfe des täglichen Lebens, Beziehungen zur Umwelt und zur Teilnahme am kulturellen Leben) beträgt für Personen, die alleinstehend oder alleinerziehend sind, zurzeit 409,00 EUR. Für Jugendliche zwischen 13 und 18, die in einer Bedarfsgemeinschaft ohne eigenen Haushalt leben, beträgt der Regelbedarf 311,00 EUR pro Monat. Jeweils zum 1. Januar eines Jahres wird der Regelbedarf der aktuellen Preis- und Lohnentwicklung entsprechend angepasst.
Leistungen für Unterkunft und Heizung	Leistungen für Unterkunft und Heizung werden in Höhe der tatsächlichen Aufwendungen erbracht, soweit diese angemessen sind.
Sozialgeld	Sozialgeld erhalten nicht erwerbsfähige Leistungsbedürftige ohne einen Anspruch auf Sozialhilfe, wenn in ihrer Bedarfsgemeinschaft mindestens ein erwerbsfähiger Hilfebedürftiger lebt.
Bedarfe für Bildung und Teilhabe („Bildungspaket")	Damit wird Kindern aus Familien, in denen Arbeitslosengeld II, Sozialgeld oder Sozialhilfe bezogen wird, ermöglicht, in verschiedenen Formen am kulturellen, sozialen und sportlichen Leben teilzuhaben (z.B. Teilnahme an Schulausflügen, an Mittagsverpflegung, Nachhilfeunterricht; Mitgliedsbeiträge für Sport). Für die Erbringung dieser Leistungen sind ausschließlich die Gemeinden und Städte verantwortlich.

---

1 Als **Insolvenz** bezeichnet man vorübergehende Zahlungsschwierigkeiten oder die dauernde Zahlungsunfähigkeit eines Schuldners.

2 Personen, die von keiner Sozialleistung erfasst werden, erhalten **Sozialhilfe**. Zuständig ist das Sozialamt der Stadt oder des Landkreises, wo der Hilfesuchende seinen tatsächlichen Aufenthalt hat.

Zusammenfassung

■

Gesetzliche Sozialversicherung

Grundprinzipien
- Solidaritätsprinzip
- Pflichtmitgliedschaft
- Beitragsbemessung nach der Höhe des Einkommens
- gesetzlich festgelegte Leistungen

Zweige
- Krankenversicherung
- Pflegeversicherung
- Rentenversicherung
- Arbeitsförderung
- Unfallversicherung

■ Der Staat fördert bei bestimmten Personengruppen die **private Altersvorsorge** durch eine **Altersvorsorgezulage**.

■ Die **Grundsicherung** soll die erwerbsfähigen Hilfebedürftigen bei der Eingliederung in eine Arbeit unterstützen und in dieser Zeit den Lebensunterhalt sichern.

Übungsaufgabe

19

1. Erläutern Sie, aus welchen Zweigen das Sozialversicherungssystem der Bundesrepublik Deutschland besteht!

2. Nennen Sie wichtige Träger der Sozialversicherung!

3. Die Beschäftigten der Karin Kosmetik GmbH sind alle sozialversichert.
   Aufgaben:
   3.1 Beschreiben Sie, wodurch sich die gesetzliche Sozialversicherung von der Individualversicherung unterscheidet!
   3.2 Der Angestellte Huber verunglückt auf dem Heimweg von seiner Arbeitsstätte schwer, sodass er arbeitsunfähig wird.
       3.2.1 Entscheiden Sie, welche Versicherung dafür zuständig ist!
       3.2.2 Recherchieren Sie, welche Leistungen von dieser Versicherung zu erbringen sind!

4. 4.1 Erfragen Sie in Gruppen bei verschiedenen gesetzlichen Krankenkassen aktuelle Probleme der Sozialversicherung. Führen Sie die Aspekte im Klassenverband in einem Arbeitspapier zusammen und diskutieren Sie über mögliche Lösungsansätze!
   4.2 Begründen Sie, warum der Staat eine kapitalgedeckte private Altersvorsorge durch finanzielle Anreize zu fördern sucht!
   4.3 Erläutern Sie, wodurch sich prinzipiell die staatlich geförderte kapitalgedeckte private Altersvorsorge von der gesetzlichen Rentenversicherung unterscheidet!

5. 5.1 Erläutern Sie, was der Unterschied zwischen Arbeitslosengeld II und Sozialgeld ist!
   5.2 Entscheiden Sie, ob der Arbeitslosengeld-II-Empfänger jede Arbeit annehmen muss, die ihm angeboten wird!
   5.3 Erläutern Sie, wie lange das Arbeitslosengeld II bezahlt wird!

6. **Unterrichtsvorschlag: Projekt**

   Wirtschaftswissenschaftler betonen immer wieder, dass seit Mitte der 60er-Jahre die eigentlich geforderte Wirtschaftspolitik zur Wahrung des Subsidiaritätsprinzips zunehmend durch eine Umverteilungspolitik verdrängt wurde, die mehr und mehr die Anreize zur Eigeninitiative zerstört, das Subsidiaritätsprinzip[1] unterläuft und zu einer wohlfahrtsstaatlichen Politik ausartet. Diese Ausweitung des „Versorgungsstaates" wird nicht selten auf politische Wahlkampfinteressen zurückgeführt.

Suchen Sie nach konkreten Beispielen staatlicher Wirtschafts- und Sozialpolitik, welche die vorgenannte These untermauern! Entwickeln Sie mittels **Brainstorming** mögliche wirtschaftspolitische Handlungsmöglichkeiten zur Gestaltung dieser Politikfelder, die wieder verstärkt Anreize zur individuellen Initiative und Eigenvorsorge setzen!

Laden Sie einen Experten (z. B. Politiker, Wirtschaftswissenschaftler, Bankenvorstand) ein, um Ihre selbst entwickelten Vorstellungen zu diskutieren!

4.6.4 Ökologisch-soziale Marktwirtschaft

4.6.4.1 Begriff der ökologisch-sozialen Marktwirtschaft

Die **ökologisch-soziale Marktwirtschaft** gilt als eine **Weiterentwicklung** der sozialen Marktwirtschaft.

- Die **Grundidee** dieser Wirtschaftsordnung besteht darin, dass ein Ausgleich zwischen **ökonomischen, sozialen und ökologischen** Zielsetzungen angestrebt werden soll.

- Von besonderer Bedeutung bei der Verwirklichung des Zieles Umweltschutz ist es, dass dieses Ziel **weniger mit Ver- und Geboten** durchgesetzt werden soll, sondern vielmehr mit **marktwirtschaftlichen** Mitteln.

Die zentrale Idee in diesem Zusammenhang ist, die **Nutzung des Faktors Umwelt** zu quantifizieren und als **handelbares „Produkt"** in einen Markt zu überführen. Die Umwelt soll den Unternehmen **nicht mehr kostenlos als freies Gut** zur Verfügung stehen, sondern durch staatliche **Beschränkung der Gesamtmengen** zu einem knappen Gut werden. Der Faktor Umwelt erhält so das, was alle **knappen** Güter auszeichnet: einen **Preis**. Als Beispiel für einen derartigen Handel mit knappen Verschmutzungsrechten kann der CO_2-Emmissionshandel angeführt werden.

Neben dem „Handel des Faktors Umwelt" spielt in der ökologisch-sozialen Marktwirtschaft die **Besteuerung des Energieverbrauchs** eine besondere Rolle. Diese Form der staatlichen Verteuerung von nicht regenerierbarer Energie führt zwangsläufig zu einem **sparsameren Umgang** mit den knappen Ressourcen und somit zu einer geringeren Umweltbelastung.

4.6.4.2 Ökologische Folgen durch die Nutzung der Natur als öffentliches Gut

Lange Zeit wurde die Natur als kostenloser Produktionsfaktor gesehen, den man beliebig „nutzen", „benutzen" und „ausbeuten" kann. In der heutigen Zeit, in der die natürlichen Ressourcen immer knapper werden, die Natur als „kostenlose" Lagerstätte für Abfälle aller Art missbraucht wird und täglich zahlreiche Tier- und Pflanzenarten für immer ausgerottet werden, beginnt sich die Ansicht durchzusetzen, dass die Natur nicht länger als „Gratisquelle" und als „Gratisdeponie" betrachtet werden darf.

---

[1] Subsidiarität: gesellschaftspolitisches Prinzip, nach dem übergeordnete gesellschaftliche Einheiten (z.B. der Staat) nur solche Aufgaben übernehmen sollen, zu deren Wahrnehmung untergeordnete Einheiten (z.B. Familien) nicht in der Lage sind.

Die Benutzung der Natur als Deponie, also die **Umweltbelastung,** tritt in folgenden Formen auf:

Luftverschmutzung	Die Luft enthält viele Verunreinigungen, die teilweise auf natürliche Quellen (z. B. Staub aus Vulkanausbrüchen und aus Verwehungen), in immer stärkerem Maße jedoch auf das menschliche Produzieren und Verbrauchen zurückzuführen sind (z. B. industrielle Stäube, Abgase und Abwässer, Verbrennungsrückstände, Abwärme, Radioaktivität).
Gewässerbelastung	Binnengewässer und Meere werden zunehmend durch giftige Stoffe verschmutzt. Dünge- und Reinigungsmittel enthalten Nitrate und Phosphate, die die Flüsse in die Meere schwemmen. Chemieabfälle werden in den Meeren „verklappt". Ungereinigte Abwässer ergießen sich in Flüsse und Meere. Radioaktive Abfälle und andere gefährliche Stoffe werden in die Meere versenkt.
Bodenbelastung	Luft-, Wasser- und Bodenverschmutzung hängen eng zusammen. Die in der Luft enthaltenen Schadstoffe werden abgeregnet und gelangen in den Boden und von dort in die Gewässer. Düngemittel, Unkraut- und Insektenvertilgungsmittel belasten die Böden immer stärker.

Die Folgen der Umweltverschmutzung sind die weitere Zerstörung von naturnahen Räumen und Erholungslandschaften, Vergiftung der Nahrungsmittel mit Chemierückständen und Radioaktivität, **Klimaveränderungen,** Vernichtung der Arten und letztlich Entziehung der Lebensgrundlagen der Menschen.

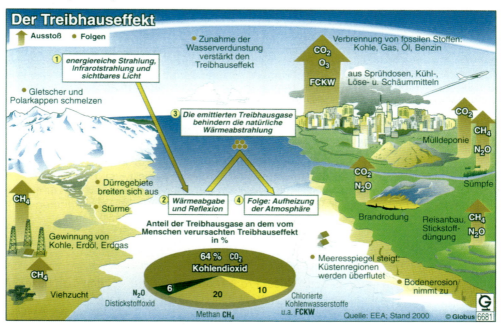

Die Frage ist, was man tun kann, um die verhängnisvolle Entwicklung zu bremsen. Notwendig ist eine globale Umweltpolitik, die bislang nur in Ansätzen vorhanden ist. Eine Form der globalen Umweltpolitik ist die **Konzeption des nachhaltigen Wirtschaftens.**

4.6.4.3 Nachhaltigkeit des Wirtschaftens

(1) Begründungszusammenhang und Begriffsklärung

Globale Umweltprobleme wie die Erwärmung der Erdatmosphäre, das Ozonloch oder die Vernichtung der tropischen Regenwälder zeigen, dass eine Globalisierung der Maßnahmen zur Erhaltung unserer Lebensgrundlagen notwendig ist.

Nebenstehende Grafik macht das Ausmaß der weltweiten Umweltzerstörung deutlich, die sich tagtäglich wiederholt.

Die Überwindung der immer größer werdenden Kluft zwischen armen und reichen Ländern, aber auch zwischen Arm und Reich innerhalb einzelner Volkswirtschaften bedarf ebenfalls globaler Anstrengungen.

Auf der UNO-Konferenz „Umwelt und Entwicklung" in Rio de Janeiro im Jahre 1992 wurde die Resolution[1] **Agenda 21** beschlossen, die bis heute von 179 Staaten (darunter auch Deutschland) unterzeichnet wurde. Die Agenda 21 ist ein Handlungsprogramm für das 21. Jahrhundert. Sie fordert als Leitziel eine nachhaltige Entwicklung (engl.: **sustainable development**).

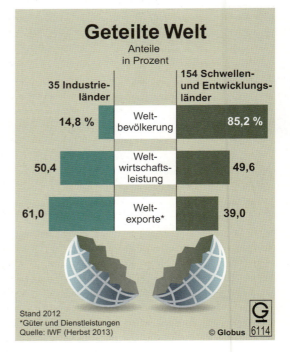

---

1 Resolution: Beschluss, Entschließung.

Nachhaltiges Wirtschaften bedeutet, dass wir heute so leben und handeln, dass künftige Generationen überall eine lebenswerte Umwelt vorfinden und ihre Bedürfnisse befriedigen können.

Der Begriff der Nachhaltigkeit stammt ursprünglich aus der Forstwirtschaft und wurde erstmals Anfang des 18. Jahrhunderts von *Hans Carl von Carlowitz* verwendet. Die vom Bergbau ausgelöste Holzknappheit veranlasste ihn zur Erarbeitung eines **Nachhaltigkeitskonzepts**[1] zur Sicherung des Waldbestands als natürliche Ressource für die Holzwirtschaft, wonach immer nur so viel Holz geschlagen wird, wie durch Wiederaufforstung nachwachsen kann. Auf heutige Verhältnisse übertragen ist außerdem dafür zu sorgen, dass dem Wald nicht die **natürlichen Lebens- und Wachstumsvoraussetzungen** entzogen werden, z. B. durch Schadstoffe im Boden und in der Luft (saurer Regen, Waldsterben), durch Klimawandel (Treibhauseffekt) oder durch Schädigung der Erdatmosphäre (Ozonloch).[2]

(2) Ziele der Agenda 21

Die **Agenda 21** fordert, dass Industrienationen und Entwicklungsländer zukunftsfähige, dauerhafte und tragfähige Konzepte erstellen, die

- ökologisches Gleichgewicht,
- ökonomische Sicherheit und
- soziale Gerechtigkeit

schaffen („**Magisches Dreieck" der Nachhaltigkeit**).

Damit die Agenda 21 ihre Ziele erreicht, müssen insbesondere die reichen Industrienationen ihre ressourcenfressende und umweltschädigende Produktions- und Lebensweise umstellen.

Im Sinne einer **nachhaltigen Entwicklung** sollen insbesondere die **Industrieländer** durch eine veränderte Wirtschafts-, Umwelt- und Entwicklungspolitik die Bedürfnisse der heutigen Generation befriedigen, ohne dabei jedoch die Chancen künftiger Generationen zu gefährden oder gar zu zerstören.

Die **Forderung zur Nachhaltigkeit** ist auch für ein Handelsunternehmen **von Bedeutung**:

Bereich Ökonomie	■ Nur Waren ins Sortiment aufnehmen, bei denen verantwortungsvoll mit Rohstoffen und Energie umgegangen wird.
	■ Nur Waren aus ökologisch kontrolliertem Anbau bzw. ökologisch kontrollierter Tierhaltung ins Sortiment aufnehmen.
	■ Ständig auf die Wettbewerbsfähigkeit achten, um die geschaffenen Arbeitsplätze langfristig zu erhalten.

---

1 Konzept: Entwurf, Plan.
2 Näheres siehe unter http://www.learnline-schulministerium.nrw.de/.

Bereich Ökologie	▪ Vermeidung von überflüssigem und aufwendigem Verpackungsmaterial bei Waren. ▪ Recycelfähige Abfälle aussondern. ▪ Maßnahmen ergreifen, um Energie einzusparen. ▪ Umweltverträgliche sowie regionale Produkte ins Sortiment aufnehmen. ▪ Umweltschädliche Waren bzw. umweltschädliches Verpackungsmaterial meiden.
Bereich soziale Gerechtigkeit	▪ Mitarbeiter leistungsgerecht bezahlen und hierbei auf die Gleichstellung von Mann und Frau achten. ▪ Sozialverträgliche Arbeitszeitmodelle anbieten. ▪ Lehrstellen anbieten. ▪ Nur Waren ins Sortiment aufnehmen, die die Sozialstandards einhalten. ▪ Soziale Einrichtungen unterstützen (z. B. durch die Weitergabe überzähliger Kleidung, Lebensmittel).

In **Schwellen- und Entwicklungsländern** bezieht sich die Agenda 21 in erster Linie auf Aspekte wie Armutsbekämpfung, Bevölkerungspolitik, Bildung, Gesundheit, Trinkwasserversorgung sowie die ländliche Entwicklung.

Die Agenda 21 versteht sich insgesamt als **Maßnahmebündel**, das vorrangig internationale Organisationen und nationale Regierungen anspricht, aber auch alle weiteren politischen Ebenen auffordert, im Sinne dieser Ziele zu agieren. Da viele globale Probleme am besten auf der örtlichen Ebene zu lösen sind, besteht beispielsweise in Deutschland ein Beschluss zahlreicher Kommunen zur Erarbeitung einer **„Lokalen Agenda 21"** zur Realisierung von Nachhaltigkeit in ihrer Region.

(3) Zielbeziehungen im „Magischen Dreieck" der Nachhaltigkeit

Die Ansichten darüber, ob zwischen den ökonomischen, ökologischen und sozialen Zielen grundsätzlich eine **Konkurrenzbeziehung** (ein **Zielkonflikt**) oder eine sich ergänzende **Zielbeziehung (Zielharmonie)** besteht, sind unterschiedlich.

(4) Zielharmonie

Bisherige Untersuchungen zeigen weitgehend übereinstimmend, dass zumindest in den größeren, von Umweltproblemen besonders betroffenen Unternehmen (Branchen) zwischen den **ökologischen** und **ökonomischen Unternehmenszielen** grundsätzlich eine sich gegenseitig ergänzende, fördernde Zielbeziehung und **keine Zielkonkurrenz** besteht.

> **Beispiel:**
>
> Der Einbau von Rußfiltern bei Dieselautos hat zum einen zu einer höheren Nachfrage nach diesen Autos geführt und zum anderen zu einer besseren Reinhaltung der Luft beigetragen.

Eine **umweltbewusste Unternehmensleitung** kann dazu beitragen, Kosten bei gleichzeitiger Schonung der Umwelt zu sparen.

- **Zielkonflikt**

Häufig bestehen dagegen **Zielkonflikte** zwischen den **ökonomischen** und den **sozialen Zielen.**

Beispiel:

Strebt ein Unternehmen zugleich Arbeitsplatzsicherung und Kostensenkung an, kann ein Zielkonflikt vorliegen, weil durch den Einsatz von Kosten sparenden Maschinen (z. B. Selbstbedienungswaagen, Leergutautomaten) Arbeitskräfte „freigesetzt", d. h. entlassen werden müssen.

(5) Klimapolitik

In Anlehnung an die Agenda 21 wurde im Jahr 1992 die Klimaerwärmung zum zentralen Thema auf dem Umweltgipfel in Rio de Janeiro. Als Ergebnis dieser Konferenz beschlossen die Teilnehmerstaaten die **Klimarahmenkonvention.** Diese zu konkretisieren und daraus Verpflichtungen für die einzelnen Staaten abzuleiten, erwies sich jedoch als äußerst komplex: Erst nach 5 Jahren konnten sich zunächst 158 Vertragsstaaten nach langwierigen Verhandlungen beim **Weltklimagipfel** 1997 in Kyoto auf verbindliche Regelungen einigen. Das am 16. Februar 2005 in Kraft getretene und 2012 abgelaufene Abkommen legte erstmals völkerrechtlich verbindliche Zielwerte für den Ausstoß von Treibhausgasen in den Industrieländern fest, welche die hauptsächliche Ursache der globalen Erwärmung sind.

Im **Kyoto-Protokoll** (benannt nach dem Ort der Konferenz Kyoto in Japan) wurde ein **globales Ziel** zur Reduktion der Treibhausgase für die **1. Verpflichtungsphase 2008 bis 2012** vorgegeben: Im Durchschnitt dieser Jahre sollten die **Industrieländer** ihre CO_2-Emissionen insgesamt um **5,2 %** im Vergleich zum Referenzjahr 1990 senken.

Im Rahmen des Kyoto-Protokolls hatte sich Deutschland verpflichtet, seine Treibhausgasemissionen im Durchschnitt der Jahre 2008 bis 2012 um mindestens 21 % im Vergleich zu 1990 zu reduzieren. Mit 957 Millionen Tonnen CO_2-Äquivalenten hatte Deutschland sein Kyoto-Ziel bereits im Jahr 2007 erreicht.

Für die Zeit nach dem Ende der 1. Verpflichtungsphase streben die Vertragsstaaten des Kyoto-Protokolls eine Nachfolge-Vereinbarung an, die oft mit **Kyoto-II** bezeichnet wird. Ob dies beim nächsten Klimagipfel gelingen wird, bleibt angesichts des Scheiterns bei vergangenen Klimagipfeln einstweilen unsicher.

Zusammenfassung

- **Nachhaltiges Wirtschaften** bedeutet, dass wir heute so leben und handeln, dass künftige Generationen überall eine lebenswerte Umwelt vorfinden und ihre Bedürfnisse befriedigen können.

- Eine **umweltbewusste** Unternehmensleitung kann dazu beitragen, Kosten bei gleichzeitiger Schonung der Umwelt zu sparen.

Übungsaufgabe

20 1. Interpretieren Sie nachstehende Textauszüge (Häuptling Seattle, 1855, in seiner Stellungnahme an den Präsidenten der Vereinigten Staaten zu dessen Angebot, die Gebiete seines Stammes zu kaufen)!

„Wenn wir unser Land verkaufen, so müsst ihr euch daran erinnern und eure Kinder lehren: Die Flüsse sind unsere Brüder – und eure –, und ihr müsst von nun an den Flüssen eure Güte geben, so wie jedem anderen Bruder auch ... Wir wissen, dass der weiße Mann unsere Art nicht versteht. Ein Teil des Landes ist ihm gleich jedem anderen, denn er ist ein Fremder, der kommt in der Nacht und nimmt von der Erde, was immer er braucht. Die Erde ist sein Bruder nicht, sondern Feind, und wenn er sie erobert hat, schreitet er weiter. Er lässt die Gräber seiner Väter zurück – und kümmert sich nicht. Er stiehlt die Erde von seinen Kindern – und kümmert sich nicht. Seiner Väter Gräber und seiner Kinder Geburtsrecht sind vergessen. Er behandelt seine Mutter, die Erde, und seinen Bruder, den Himmel, wie Dinge zum Kaufen und Plündern, zum Verkaufen wie Schafe oder glänzende Perlen. Sein Hunger wird die Erde verschlingen und nichts zurücklassen als eine Wüste ...

Ich bin ein Wilder und verstehe es nicht anders. Ich habe tausend verrottende Büffel gesehen, vom weißen Mann zurückgelassen – erschossen aus einem vorüberfahrenden Zug. Ich bin ein Wilder und kann nicht verstehen, wie das qualmende Eisenpferd wichtiger sein soll als der Büffel, den wir nur töten, um am Leben zu bleiben. Was ist der Mensch ohne die Tiere? Wären alle Tiere fort, so stürbe der Mensch an großer Einsamkeit des Geistes. Was immer den Tieren geschieht – geschieht bald auch den Menschen. Alle Dinge sind miteinander verbunden. Was die Erde befällt, befällt auch die Söhne der Erde ...

Es ist unwichtig, wo wir den Rest unserer Tage verbringen. Es sind nicht mehr viele. Noch wenige Stunden, ein paar Winter – und kein Kind der großen Stämme, die einst in diesem Land lebten oder jetzt in kleinen Gruppen durch die Wälder streifen, wird mehr übrig sein, um an den Gräbern eines Volkes zu trauern – das einst so stark und voller Hoffnung war wie das eure. Aber warum soll ich trauern über den Untergang meines Volkes; Völker bestehen aus Menschen – nichts anderem. Menschen kommen und gehen wie die Wellen im Meer.

Auch die Weißen werden vergehen, eher vielleicht als alle anderen Stämme. Fahret fort, euer Bett zu verseuchen, und eines Nachts werdet ihr im eigenen Abfall ersticken. Aber in eurem Untergang werdet ihr hell strahlen – angefeuert von der Stärke des Gottes, der euch in dieses Land brachte – und euch bestimmte, über dieses Land und den roten Mann zu herrschen ..."

2. **Unterrichtsvorschlag: Rollenspiel**

Freudenberg, ein hübscher Luftkurort in der Siegerländer Mittelgebirgslandschaft mit einer eindrucksvollen Kulisse alter Fachwerkhäuser, liegt ganz in der Nähe der Autobahn A 45, nur 15 km von Siegen entfernt. Die Bürger des Ortes sind seit einigen Wochen sehr beunruhigt, denn eine Zementfabrik plant, sich in ihrer Stadt, die über große Kalksteinvorkommen verfügt, niederzulassen.

Die Manager der Zementfabrik haben den Gemeinderat von Freudenberg gebeten, einen Teil des Gemeindegrundes, auf dem zurzeit viele kleine Schrebergärten angelegt sind, zu verkaufen. Darüber hinaus wurden auch mehrere Kleinlandwirte angesprochen, ihren Grund und Boden teilweise zu verkaufen, damit das neue Zementwerk möglichst in der Nähe der Kalksteinvorkommen gebaut werden kann. Zudem muss ein Teil des an die Schrebergärten angrenzenden Waldes, in dem sich eines der wenigen Brutgebiete des Siegerländer „Gebirgsadlers" befindet, abgeholzt werden.

In Freudenberg herrschen unterschiedliche Auffassungen über die geplante Errichtung der Fabrik. Da sich die Bewohner in Befürworter und Gegner gespalten haben, wurden unterschiedliche Interessengruppen gebildet.

Um sich über die verschiedenen Meinungen der Bürger zu informieren, hat der Gemeinderat vor der endgültigen Entscheidung über den geplanten Bau der Zementfabrik die Interessengruppen zu einer öffentlichen Gemeinderatssitzung im Dorfgasthof „Alte Schmiede" eingeladen.

Die Interessengruppen treffen sich bereits **20 Minuten vor** der anstehenden Sitzung, um eine gemeinsame Linie festzulegen. Als Interessengruppen vertreten sind: die Mitglieder des Gemeinderates, Arbeitsuchende, Umweltschützer und die Unternehmensmanager.

Aufgabe:

Überlegen Sie, in welcher Interessengruppe Sie gerne mitarbeiten möchten und finden Sie sich am jeweiligen „Stammtisch" ein. Nach ca. 20 Minuten Vorbereitungszeit sollte die Gemeinderatssitzung beginnen.

Abbildung: Rollenkarten

Mitglieder des Gemeinderates

Sie sind **Mitglied des Gemeinderates** und wurden von den Zementwerkmanagern bereits im Vorfeld gefragt, ob Sie den kalksteinhaltigen Gemeindegrund, auf dem zurzeit die Schrebergärten stehen, verkaufen würden.

In den vergangenen Tagen mussten Sie allerdings feststellen, dass es nicht nur Befürworter für die Errichtung des Zementwerkes innerhalb der Bevölkerung gibt.

Um die Situation nicht weiter eskalieren zu lassen, haben Sie die Einberufung einer öffentlichen Gemeinderatssitzung beschlossen, an der die unterschiedlichen Interessenvertreter (z. B. Zementwerkmanager, Naturschützer, Arbeitsuchende) teilnehmen.

Umweltschützer

Als Bürger Freudenbergs sind Sie von Geburt an eng mit Ihrer Heimat verwurzelt. Dabei lieben Sie vor allem die reizvolle Landschaft dieses Luftkurortes und sind zudem sehr naturverbunden.

Mit großem Entsetzen haben Sie deshalb in den vergangenen Tagen die Nachricht verfolgt, dass unweit Ihres Wohnhauses auf dem Schrebergartengelände ein Zementwerk errichtet werden soll. Um dies zu verhindern, haben Sie sich sofort der Bürgerinitiative „**Naturfreunde Freudenberg**" angeschlossen, deren Ziel es ist, die Errichtung des Zementwerks – zumindest unter den derzeitig geplanten Bedingungen – zu verhindern.

Arbeitsuchende

Nach Beendigung Ihrer Ausbildung zum Bankkaufmann möchten Sie sich beruflich verändern und als kaufmännischer Angestellter zu einem Großunternehmen wechseln. Wie Ihnen die Agentur für Arbeit Siegen mitteilte, sind die Aussichten auf eine gut dotierte Stelle in dieser Region allerdings gering. Mit großem Interesse haben Sie deshalb die Nachrichten von der geplanten Errichtung des Zementwerkes verfolgt, da hierdurch 500 Arbeitsplätze im kaufmännischen Bereich entstehen sollen.

Um Ihre Interessen zu wahren, haben Sie sich deshalb der neu gegründeten Bürgerinitiative „**Arbeit für Freudenberg**" angeschlossen, die eine Errichtung des Zementwerkes befürwortet.

Unternehmensmanager

Als Unternehmensmanager und Mitinhaber eines der weltweit führenden Zementherstellers planen Sie die Errichtung einer Zementfabrik in Freudenberg. Nach ersten Untersuchungen handelt es sich um eines der größten Kalksteinvorkommen Deutschlands, welches leicht zugänglich ist und somit entsprechend geringe Abbaukosten verursacht.

Nachdem Ihnen sowohl der Gemeinderat als auch die angesprochenen Bauern bereits Bereitschaft für den Verkauf des Geländes signalisiert haben, werden Sie vom Bürgermeister zu einer öffentlichen Gemeinderatssitzung bestellt, da sich Widerstand innerhalb der Bevölkerung breitgemacht hat.

Lerngebiet 2:   Eine Unternehmensgründung planen

1   Vorüberlegungen für eine Existenzgründung

1.1   Grundlegendes

Ausgangspunkt der Überlegungen, sich selbstständig zu machen, sollte eine pfiffige Produkt- oder Geschäftsidee sein. Der Existenzgründungsprozess kann von der Idee bis zur Verwirklichung mehrere Wochen oder gar Monate dauern.

Geschäftsidee Kap. 1.2	Orientierung Kap. 1.3	Planung Kap. 2	Realisierung[1]

Die einzelnen Prozess-Schritte werden in den genannten Kapiteln ausführlich dargestellt.

Beispiel: Gründung eines Spezialgeschäfts für Design-Boards

Sandra Sernatinger hat nach dem Besuch des Fachgymnasiums ein Graphikdesign-Studium mit Diplom abgeschlossen. Nach mehrjähriger Tätigkeit als Grafikerin und Assistentin des Art Directors einer Werbeagentur ist sie arbeitslos geworden. Nun möchte sie ihr Schicksal in die eigene Hand nehmen und entschließt sich, sich zusammen mit dem gelernten Bootsbauer Carsten Kühn durch die Gründung eines Spezialgeschäfts für Design-Boards (vgl. Abbildung) selbstständig zu machen. Dies gelingt innerhalb von etwa $3\frac{1}{2}$ Monaten:

11. März: Einstiegsberatung bei der Agentur für Arbeit und im Service-Center der Industrie- und Handelskammer; Sammlung weiterer Informationen.

12. März: Sandra Sernatinger und Carsten Kühn besuchen die Veranstaltung „Info-Tag zur Existenzgründung", Suche nach einem möglichen Standort für das Geschäft.

18. März: Standort gefunden und reservieren lassen.

19. März –
3. Mai: Erstellung eines Businessplans.

26. Mai: Eingang der Unterlagen (Kurzbeschreibung des Existenzgründungsvorhabens, Lebenslauf, Kapitalbedarfs- und Finanzierungsplan, Umsatz- und Rentabilitätsvorschau) in der Fachabteilung der IHK, telefonische Terminvereinbarung für ein persönliches Gespräch am 31. Mai.

30. Mai: Sandra Sernatinger bittet um Terminverschiebung auf den 7. Juni.

7. Juni: Persönliches Beratungsgespräch, Ergebnis: positive Stellungnahme zur Tragfähigkeit der Existenzgründung durch die IHK.

13. Juni: Gespräch mit dem Kreditsachbearbeiter der Volksbank.

15. Juni: Kreditzusage.

15. Juni: Abgabe des Antrags auf einen Gründungszuschuss bei der zuständigen Agentur für Arbeit, kurzes Gespräch über das weitere Vorgehen.

16. Juni: Gewerbeanmeldung und Versendung der Einladungen zur Geschäftseröffnung.

1. Juli: Geschäftseröffnung.

---

1 Auf die Realisierung der Existenzgründung wird im Folgenden nicht eingegangen.

1.2 Geschäftsidee als Ausgangspunkt des Gründungsvorhabens

In vielen Fällen ist eine Geschäftsidee, von der man überzeugt ist, der Auslöser für eine Existenzgründung. Nicht selten jedoch ist die Tatsache, dass die beruflichen Perspektiven nicht den persönlichen Erwartungen entsprechen, der Grund für das Gründungsvorhaben. In diesem Fall muss eine tragfähige Geschäftsidee noch gefunden werden. Existenzgründer gehen häufig von ihren beruflichen Fähigkeiten und privaten Interessen aus, wenn Sie eine Geschäftsidee entwickeln.

Nachfolgende Übersicht zeigt weitere **Möglichkeiten der Ideenfindung** auf:[1]

Bei der Anwendung der verschiedenen Wege der Ideenfindung geht es darum,[2]

- **neue Trends** zu erkennen, z. B. Deep Work, Jumping,
- **Marktlücken** oder **neue Vertriebskanäle** aufzuspüren, z. B. Web-Shop,
- **technische Neuerungen** zu nutzen, z. B. neue Anwendungen für Speicherchips,
- erfolgreiche **Konzepte zu kopieren,** sofern keine Schutzrechte verletzt werden, z. B. Internet-Café,
- **neue Ideen in Kombination mit alten Produkten** zu verwirklichen, z. B. Fernsehen am PC,
- **Spezialisierung** als Stärke zu erkennen, z. B. individuelle Produkte.

---
[1] Vgl. ad rem Nr. 69 (09.12.1999), S. 2.
[2] Vgl. http://www.gruenderstadt.de/Infopark/ideen_konzepte.html; 23.01.2015.

1.3 Orientierung: Klärung der wichtigsten Gründungsvoraussetzungen

1.3.1 Persönliche Voraussetzungen des Existenzgründers

Selbstverständlich sollten die künftigen Unternehmer (und möglichst auch deren Familien) voll und ganz hinter der Geschäftsidee stehen. Dies stellt hohe Motivation und genügend Durchhaltevermögen auch in schwierigen Situationen sicher.

Für eine erfolgreiche Unternehmerpersönlichkeit sind Mut, Risikobereitschaft, Organisationstalent, Zielorientiertheit, Durchsetzungsvermögen und bei Bedarf auch die Bereitschaft zum Verzicht entscheidende Voraussetzungen. Ferner sind kaufmännisches Wissen, Fachkenntnisse und Branchenerfahrungen unverzichtbar (vgl. Checkliste).

Checkliste zur Selbstprüfung des Existenzgründers
Kaufmännische Qualifikation[1]
Bedenken Sie, dass Sie u. a. mit folgenden betriebswirtschaftlichen Bereichen konfrontiert werden: ■ Absatz/Marketing: Produkt-, Preis-, Vertriebs- und Werbepolitik. Sind Sie ein Verkaufstalent?   ■ Finanzierung: Kapitalplanung und -beschaffung, Eigen- u. Fremdfinanzierung   ■ Beschaffungsmarkt: Betriebsmittel, Waren und Werkstoffe …, Lagerhaltung   ■ Leistungserstellung: Arbeitsbedingungen, Arbeitsentgelt, Kapazität, Ablauforganisation   ■ Personalplanung, Mitarbeiterführung, Entlohnung, betriebliche Sozialpolitik   ■ Rechtliche Grundlagen: Kaufvertrag, gerichtliches Mahnverfahren, unlauterer Wettbewerb, Rechtsformen …   ■ Rechnungswesen/Buchführung: Einrichten einer Buchführung und laufende Buchführung, Jahresabschluss, Bilanzierungsgrundsätze
Fachliche Voraussetzungen/Branchenkenntnisse
Überlegen Sie zu folgenden Stichworten, ob Ihre Kenntnisse ausreichen: ■ Marktentwicklung, Branchengepflogenheiten, Zielgruppenverhalten   ■ Preisgestaltung, Kostenhöhe, Kennzahlen   ■ Einkaufsquellen, Messen, Fachzeitschriften, Einkaufsgemeinschaften   ■ Wettbewerbssituation, Standortanalyse, Marktanteile   ■ Personalsituation, Tarifverträge, Vergütungssysteme   ■ technisches Know-how
Persönliche Eignung
Der Unternehmer muss etwas unternehmen!   ■ Sind Sie unter dem Gesichtspunkt der kaufmännischen Vorsicht risikobereit?   ■ Sind Sie gegenüber neuen Ideen aufgeschlossen?   ■ Verfügen Sie über Energie und Leistungskraft (körperlich und geistig)?   ■ Sind Sie mutig und entscheidungsfähig; können Sie Rückschläge verkraften?   ■ Wie ist Ihr Verhalten gegenüber anderen Menschen?   ■ Können Sie Ihr Betriebsteam führen, Mitarbeiter und Partner motivieren und mit Kritik umgehen?   ■ Steht Ihre Familie hinter der Geschäftsidee; trägt sie Rückschläge und Nachteile, ggf. auch finanzielle Einbußen mit?

---

1 Vgl. http://www.existenzgruendung-sachsen.de/; 23.04.2015.

1.3.2 Markt- und Standortanalyse

Neben der Geschäftsidee und einer geeigneten Unternehmerpersönlichkeit sind umfangreiche Marktinformationen sowie eine Standortanalyse von großer Wichtigkeit.

(1) Marktanalyse

- Die **Marktanalyse** untersucht die **Marktgegebenheiten zu einem bestimmten Zeitpunkt**.
- Sie wird z. B. vorgenommen, wenn eine **Unternehmensgründung** ansteht oder **neue bzw. veränderte Produkte** auf den Markt gebracht werden sollen.

Untersuchungsgegenstände sind z. B.:

- Anzahl der Personen, Unternehmen und Verwaltungen, die als Käufer infrage kommen;
- Einkommens- und Vermögensverhältnisse der potenziellen Käufer;
- persönliche Meinung der (möglichen) Käufer zum angebotenen Produkt;
- Beschaffung von Daten über die Konkurrenzunternehmen, die den zu untersuchenden Markt bereits beliefern (z. B. deren Preise, Lieferungs- und Zahlungsbedingungen, Qualitäten der angebotenen Erzeugnisse, Werbung);
- der Stellenwert der Markenartikel bei den (möglichen) Kunden.

Zur Beschaffung der notwendigen Marktdaten bieten sich folgende **Informationsquellen** an:

- **Gelbe Seiten** (Wettbewerb)
- **Branchenzeitschriften** (Allgemeine Marktdaten, Betriebsvergleiche, Wettbewerb)
- **Bundes- und Landesamt für Statistik** (Einwohner, Haushalte, Konsumverhalten)
- **Gesellschaft für Konsumforschung** (Marktdaten)
- **Internet** (Branchen, Wettbewerb)
- **Kreditinstitute** (Branchendaten, Betriebsvergleiche)
- **Institut für Handelsforschung** (Betriebsvergleiche)
- **Kammern und Verbände** (Branchendaten)

Ziel der Marktanalyse ist die Ermittlung von Strukturen, Beziehungen sowie Mengendaten zu einem bestimmten Zeitpunkt. Sie hat letztlich den Zweck, das **Marktrisiko** zu **vermindern**. Dies ist nur möglich, wenn die Entscheidungen der Existenzgründer auf Daten beruhen, die die zukünftige Entwicklung auf den Märkten mit einiger Sicherheit aufzeigen können. Ein wichtiges Ziel der Marktanalyse ist es somit, gesicherte **Marktprognosen** (Marktvoraussagen) zu erstellen.

(2) Standortanalyse

Der **Standort** ist die örtliche Lage einer Unternehmung.

Bei der Abwägung der Kostenvorteile bzw. Absatzvorteile für eine Standortentscheidung sind folgende **Standortfaktoren** bedeutsam:[1]

Die Standortfaktoren sind Kostenbestandteile der Preiskalkulation und bestimmen in starkem Maße die Wettbewerbsfähigkeit des jungen Unternehmens. Genauso wichtig ist die absatzorientierte Betrachtung der verschiedenen Standortfaktoren. Bei der Standortanalyse im Zusammenhang mit einer Neugründung, Standortverlagerung oder Errichtung einer Filiale sollten daher immer mehrere Standortalternativen hinsichtlich des Kosten-Nutzen-Verhältnisses untersucht werden.

1.3.3 Marktpositionierung

(1) Markteintritt

Eine wichtige Aufgabe der Unternehmung, die mit einem Produkt in einen Markt eindringen möchte, ist die Bestimmung des relevanten Marktes (Zielmarktes).

Der **relevante Markt (Zielmarkt)** ist die Gesamtheit der möglichen Käufer für ein Produkt.

---

1 Vgl. Handreichung H05/28 „Existenzgründung" des Landesinstituts für Schulentwicklung Stuttgart, Teil_2-Modul_c Standort. Auf die **allgemeinen Standortfaktoren** und **Standortprobleme** wird in Kapitel 3.1, S. 143ff. eingegangen.

Ist der Zielmarkt definiert, gilt es, diesen zu analysieren. Hierbei sind insbesondere folgende Fragen zu klären:

- Wie hoch sind die **Markteintrittsschranken** für einen Interessenten?

Beispiele:
Hohe Markteintrittsbarrieren sind z.B. spezifisches Know-how; Patente; hoher Kapitalbedarf für die Produktion und/oder Vermarktung; hohe Kundenloyalität; Kontrolle über Beschaffungsmärkte oder Absatzkanäle (spezielles Vertriebssystem); niedriges Preisniveau.

Hohe Markteintrittsbarrieren erschweren den Markteintritt.

- Wie hoch sind die **Marktaustrittsbarrieren** für die sich im Zielmarkt befindlichen Unternehmen?

Beispiele:
Hohe Marktaustrittsbarrieren sind z.B. Sozialkosten durch Personalabbau; langlebiger und spezialisierter Maschinenpark; langfristige Bereitstellung von Ersatzteilen; Vertragsstrafen bei Bruch von Kauf- und Lieferverträgen; Imageverlust durch Aufgabe des Geschäftsbereichs; Geschäftsbereich ist ein schwer verzichtbarer Teil eines Produktprogramms usw.

Hohe Marktaustrittsbarrieren erschweren den Markteintritt.

- Besitzt ein **Konkurrent** auf dem Zielmarkt eine **ausgeprägte Marktmacht?**

- Kann das auf dem Zielmarkt zu platzierende Produktangebot **Marktgeltung** beanspruchen und vergleichsweise **hohe Preise** erzielen?

(2) Strategien für eine Marktpositionierung[1]

Eine Unternehmung, die in einen Markt eindringt, kann z.B. folgende vier Marktpositionen anstreben: Marktführer, Herausforderer, Mitläufer oder Nischenbesetzer.[2]

Angestrebte Marktposition	Erläuterungen
Marktführer	Der Marktführer hält in der Regel den größten Anteil am relevanten Markt (ca. 40 %), ist führend bei Preisänderungen, innovativen Produkten, im Vertriebsnetz und bei der Absatzförderung. Die Konkurrenz orientiert sich an ihm, sie fordert ihn heraus, kopiert ihn oder meidet ihn.
Herausforderer	Unternehmen, die im Zielmarkt den zweitgrößten Anteil am relevanten Markt halten (ca. 30 %), bezeichnet man als Herausforderer. Sie können entweder den Marktführer bekämpfen – beispielsweise durch aggressives Streben nach Marktanteilsgewinnen – oder sich als Mitläufer mit ihrer Stellung begnügen und alle gewagten Marketingstrategien vermeiden.

---

1 Andere Möglichkeiten der Marktplatzierung sind z.B. das Streben nach Kostenführerschaft (kostengünstigster bzw. preisgünstigster Anbieter), Qualitätsführerschaft, Innovationsführerschaft u.Ä.

2 Die Ausführungen lehnen sich an Kotter, P./Bliemel, F.: Marketing-Management, 8. Aufl., Stuttgart 1995, S. 597ff. an.

Angestrebte Marktposition	Erläuterungen
Mitläufer	Von einem Mitläufer wird gesprochen, wenn sein Anteil am relevanten Markt ca. 20 % beträgt. Jeder Mitläufer möchte den Zielmarkt durch individuelle Wettbewerbsvorteile (z. B. Standort, Service, Qualität, Finanzierung) ansprechen. Mitläufer sind durch die Herausforderer ständig gefährdet. Der Mitläufer darf sich daher nicht passiv verhalten oder ausschließlich den Marktführer kopieren. Auch der Mitläufer muss eine Wachstumsstrategie für sich festlegen – allerdings eine, die nicht zu Vergeltungsaktionen der Konkurrenz führt.
Nischenbesetzer	Nischenbesetzer sind kleinere Unternehmen mit einem Anteil am relevanten Markt von ca. 10 %, die sich auf bestimmte Teilmärkte beschränken. Durch Spezialisierung besetzen sie Marktnischen, die von den größeren Unternehmen entweder übersehen oder vernachlässigt wurden.

1.3.4 Kundenanalyse

Ein vom Markt her gesteuertes Unternehmen kann nicht umhin, den Kunden zum Dreh- und Angelpunkt all seiner Überlegungen zu machen. Als Kunden kommen in Betracht: Privatpersonen, Unternehmen und der Staat. Bei allen Kundengruppen herrschen unterschiedliche Absatzbedingungen.

Um das Unternehmen auf die verschiedenen Absatzbedingungen der Kundengruppen ausrichten zu können, brauchen die Unternehmen Informationen über ihre Kunden. In der nachfolgenden Übersicht werden beispielhaft einige Bereiche angeführt, über die Informationen benötigt werden.[1] Aus den gewonnenen Daten erstellt das Unternehmen dann ein **Kundenprofil.** Das Kundenprofil hat besondere Bedeutung für den **Absatz der Waren,** für die **Risikosituation des Unternehmens** und es zeigt die **Abhängigkeit des Unternehmens von einzelnen Abnehmern** auf.

Bereiche (Beispiele)	Benötigte Informationen	
	Privatpersonen	Unternehmen
Wer sind unsere Käufer und welche potenziellen Käufer kaufen nicht bei uns?	Wohnort, Alter, Beruf, Familienstand, Einkommens- und Besitzverhältnisse u. Ä.	Unternehmensgröße, Wirtschaftszweig, Abnehmerstufe (Hersteller, Wiederverkäufer, Großverbraucher), Unternehmensform, finanzielle Ausstattung u. Ä.
Welche Größenordnungen liegen bei den verschiedenen Kundengruppen vor?	■ Zahl der potenziellen Kunden (Personen, Haushalte). ■ Wie entwickelt sich die Zahl der Jugendlichen, Arbeitnehmer, Rentner, Haushalte, …? ■ Welche Veränderungen der Lebensbedingungen sind zu erwarten? ■ …	■ Anzahl der Unternehmen als potenzielle Kunden. ■ Gliederung der Unternehmen nach Größe, Rechtsform, Branche, … ■ Entwicklung der Gesamtwirtschaft, von bestimmten Branchen, Einfluss der Globalisierung, … ■ Welche Teilmärkte sind bereits gesättigt? ■ …

---

1 Zuständig für die Erfassung der Daten ist die Marktforschung. Auf die Marktforschung wird in der Jahrgangsstufe 12, Lerngebiet 3, eingegangen.

Bereiche (Beispiele)	Benötigte Informationen	
	Privatpersonen	Unternehmen
Welches Kaufverhalten haben die Kunden entwickelt?	■ Welche Mengen, Qualitäten, Preislagen, Größen, Einheiten usw. werden bevorzugt? ■ Wie hoch ist der durchschnittliche Kaufbetrag? ■ Wann kaufen die Kunden (Stunde, Wochentag, Monat, Jahreszeit)? ■ Wie bzw. durch wen lassen sich die Betroffenen zu Einkäufen anregen? ■ Welche Gewohnheiten bestehen beim Verbrauch/Gebrauch der erworbenen Güter? ■ ...	■ Welche Unternehmen kommen als Abnehmer in Betracht? ■ Wer ist für den Einkauf zuständig (Anzahl der entscheidenden Personen, Abteilungen, ...)? ■ Bestehen kapitalmäßige Verflechtungen oder sonstige Bindungen an andere Unternehmen? ■ Welchen Jahresbedarf hat ein bestimmter Abnehmer? Wie viel wurde bisher von uns bezogen? ■ Wo hat ein potenzieller Kunde bisher eingekauft? Bestehen langfristige Verträge? ■ Wie verhält es sich mit der Zahlungsmoral des Kunden? ■ ...

1.3.5 Wettbewerberanalyse[1]

Bevor ein Unternehmen in den Markt eintritt bzw. sich mit seinen Produkten positioniert, muss es die Wettbewerbersituation analysieren. Dabei reicht es nicht aus, lediglich die aktuell auf dem Markt agierenden Konkurrenten in die Untersuchung einzubeziehen. Es gilt vielmehr, auch potenzielle Wettbewerber sowie Unternehmen, die Substitutionsprodukte[2] herstellen und vertreiben, zu analysieren.

Für die **Beurteilung der Wettbewerber** sind vor allem folgende Kriterien von Bedeutung:[3]

Beurteilungskriterien	Beispiele
Marketingressourcen und -fähigkeiten	■ Art und Qualität der Produkte ■ Breite und Tiefe des Produktprogramms ■ Altersstruktur der Produkte ■ Anteil der Neuproduktentwicklung ■ Qualität des Services, Kundendienst ■ Image des Unternehmens ...
Produktionsressourcen und Forschungspotenzial	■ Auslastung und Flexibilität der Produktion ■ Ausmaß der Rationalisierungsanstrengungen ■ Technischer Stand und Automatisierungsgrad der Fertigung ■ Qualität und Innovationsgrad der Forschung ■ Anzahl der Patentanmeldungen und Lizenzbeziehungen ■ Standortvor- und -nachteile ...

---

1 Auf die **Wettbewerber** als zentrale Marktteilnehmer wird vertieft im Kapitel 3.2, S. 149ff. eingegangen.

2 Substitution: Stellvertretung.
   Beispiel Behälterglasindustrie. Die in diesem Wirtschaftszweig agierenden Unternehmen stehen nicht nur mit ihresgleichen im Wettbewerb, sondern auch mit solchen, die Blechdosen (z.B. Bierdosen), Kartons (z.B. Milch), Aluminiumbehältnisse (z.B. Fruchtsaft) und Plastikgebinde (z.B. Joghurt) vermarkten.

3 Die Daten werden im Rahmen der Marktforschung erhoben.

Beurteilungskriterien	Beispiele
Finanzkraft und Rentabilität	■ Entwicklung der Bilanzen ■ Verzinsung des investierten Kapitals ■ Höhe der Fremdfinanzierung ■ Gewinnsituation ■ Möglichkeiten zur Finanzierung des weiteren Wachstums …
Fähigkeiten des Managements	■ Qualität der Führungskräfte und Mitarbeiter ■ Umsatz und Kosten je Mitarbeiter ■ Effektivität der Organisationsstruktur ■ Umfang von Aus- und Weiterbildung ■ Qualität der Informationssysteme ■ EDV-technische Durchdringung des Unternehmens …

Quelle: Nach Nieschlag, R., Dichtl, E., Hörschgen, H.: Marketing, 19. Aufl., Berlin 2002, S. 108.

1.3.6 Gesicherte Finanzierung[1]

Im Falle einer Neugründung, aber auch bei der Verwirklichung einer neuen Produkt- oder Geschäftsidee in einem bestehenden Unternehmen sind zunächst erhebliche Finanzmittel für

- Betriebs- und Geschäftsausstattung (z. B. Maschinen, Büroeinrichtung, Kasse),
- Beschaffung der Waren (z. B. Rohstoffe, Handelswaren),
- Einstellung von Personal,
- eventuelle Beschaffung von Patenten oder Lizenzen
- anfallende Gründungskosten

notwendig, bevor Geld verdient wird. In der Regel ist eine Anschubfinanzierung durch Eigenkapital und Bankkredite notwendig. Für Existenzgründer stehen in der Regel zinsgünstige Sonderkredite zur Verfügung.

Die Finanzmittel müssen in ausreichendem Umfang zur Verfügung stehen, um unvorhergesehenen Bedarf und die Kosten der persönlichen Lebensführung der Existenzgründer in der Anlaufphase abdecken zu können. Knapp die Hälfte der Existenzgründer kann in der ersten Zeit nicht allein von der Selbstständigkeit leben. Im Idealfall ist für diese Zeit eine Liquiditätsreserve (z. B. Sparguthaben) vorhanden. Viele Gründer haben einen verdienenden Ehepartner, erhalten Mittel von der Arbeitsagentur oder jobben nebenher.

1.3.7 Berechnung der Gewinnschwelle (Nutzenschwelle, Break-even-Point)

(1) Begriffsklärungen

Ein Unternehmen – sofern es nicht dem Gemeinwohl verpflichtet ist – kann auf Dauer nur bestehen, wenn es Gewinn erzielt. Ein Gewinn wird nur erzielt, wenn der Gesamterlös über den Gesamtkosten liegt, d. h. die Gewinnschwelle überschritten wird.

Die **Gewinnschwelle** (Nutzenschwelle, Break-even-Point) liegt bei der Ausbringungsmenge, bei der die Gesamtkosten gleich dem Gesamterlös sind.

---

[1] Um eine gesicherte finanzielle Basis zu schaffen, ist es sinnvoll, einen **Businessplan** zu erstellen. Vgl. hierzu S. 136 ff.

- Der **Gesamterlös** (E) ergibt sich aus der Multiplikation von Verkaufsmenge (x) mit dem Stückerlös (e).

$$E = x \cdot e$$

- Die **Gesamtkosten** (K) setzen sich zusammen aus den fixen Kosten und den variablen Kosten.[1]

  - **Fixe Gesamtkosten** (K_{fix}) sind Kosten, die sich in ihrer absoluten Höhe **nicht ändern,** wenn die Produktion gesteigert oder gedrosselt wird.

    Beispiele:

    Miete für eine Lagerhalle, Gehälter einschließlich der Sozialaufwendungen, Abnutzung der Gebäude.

  - **Variable Kosten** je Stück (k_v) sind Kosten, die sich in ihrer absoluten Höhe **ändern,** wenn die Produktion gesteigert oder gedrosselt wird.

    Beispiele:

    Verbrauch von Fertigungsmaterial, Reparaturkosten, Fertigungslöhne, Provisionen, Steuern.

$$K = x \cdot k_v + K_{fix}$$

(2) Berechnung der Gewinnschwelle

Im Punkt der Gewinnschwelle gilt folgende Gleichung:

$x \cdot e$	$= x \cdot k_v + K_{fix}$	umgeformt ergibt sich:
$x \cdot e - x \cdot k_v$	$= K_{fix}$	durch Ausklammern von x erhält man:
$x \, (e - k_v)$	$= K_{fix}$	daraus folgt für x:

$$x = \frac{K_{fix}}{e - k_v}$$

Beispiel:

K_{fix}: 20 000,00 EUR; e: 55,00 EUR; k_v: 30,00 EUR.

Gewinnschwelle: $x = \dfrac{20\,000}{55 - 30} = \underline{\underline{800 \text{ Stück}}}$

1.3.8 Chancen und Risiken der unternehmerischen Selbstständigkeit

Am Ende der Orientierungsphase hat der angehende Unternehmer die Chancen und Risiken einer unternehmerischen Selbstständigkeit abzuwägen.

In Deutschland wagten in den letzten Jahren immer mehr Menschen den Schritt in die berufliche Selbstständigkeit. Rund ein Drittel der Existenzgründer sind jünger als 30 Jahre. Eine Existenzgründung stellt immer eine gewisse Herausforderung dar. Jeder, der seine berufliche Zukunft in die eigenen Hände nimmt, betritt Neuland. Nicht immer verläuft eine Existenzgründung so erfolgreich wie erhofft, denn den Chancen stehen auch entsprechende Risiken gegenüber:

---

1 Auf die Gliederung der Kosten und die Berechnung der Gewinnschwelle wird in der Jahrgangsstufe 13, Lerngebiet 6, im Einzelnen eingegangen.

Chancen	Risiken
■ Unabhängigkeit ■ Ansehen in der Öffentlichkeit ■ Höheres Einkommen ■ Selbstverwirklichung ■ Leistungsgerechteres Einkommen	■ Lange und ungeregelte Arbeitszeit ■ Vernachlässigung der Familie ■ Verlust des eingesetzten Kapitals ■ Selbstüberschätzung

Viele Risiken können durch intensives Recherchieren, Planen und vor allem durch Erfüllung bestimmter Gründungsvoraussetzungen verringert werden.

Wie nebenstehende Grafik zeigt, sind neben einer soliden Finanzierung genaue Gedanken zum Kundennutzen der eigenen Geschäftsidee, eine sorgfältige Umfeldanalyse und gute kaufmännische Kenntnisse sehr bedeutende Einflussfaktoren für einen erfolgreichen Schritt in die Selbstständigkeit.

Quelle: DIHK-Gründerreport 2014, hrsg. vom Deutschen Industrie- und Handelskammertag.

Beispiel: Spezialgeschäft für Design-Boards

Sandra Sernatinger bringt als ehemalige Fachgymnasiastin kaufmännische Grundkenntnisse und als Grafikerin das Know-how für die individuelle Gestaltung der Surfboards mit. Carsten Kühn hat als Bootsbauer die nötigen Fähigkeiten zur Herstellung der Boards aus entsprechenden Rohlingen. Carsten Kühn ist außerdem ein begeisterter Windsurfer.

Sandra Sernatinger und Carsten Kühn entschließen sich – nach Prüfung der ermittelten Daten zur Markt- und Standortanalyse, zur Marktpositionierung, zur Kundenstruktur, zur Wettbewerbersituation und zur finanziellen Situation –, die Geschäftsidee umzusetzen. Sie beginnen daher mit der Planung ihrer Existenzgründung.

Zusammenfassung

■ Wichtige **Voraussetzungen** für eine erfolgreiche Existenzgründung sind die **unternehmerische Kompetenz** des Existenzgründers, eine **tragfähige Geschäftsidee**, eine **aussagekräftige Markt- und Standortanalyse**, eine **Strategie zur Marktpositionierung**, eine genaue **Kunden- und Wettbewerberanalyse**, eine **Berechnung der Gewinnschwelle** und eine **gesicherte Finanzierung**.

■ Die **unternehmerische Kompetenz** ist gegeben, wenn neben kaufmännischen und branchenspezifischen Kenntnissen auch ein geeignetes Persönlichkeitsprofil vorliegt.

■ Die **Marktanalyse** untersucht den Zustand des Marktes zum Gründungszeitpunkt und bildet die Grundlage für die Einschätzung der Marktchancen der Geschäftsidee.

- Einen wesentlichen Einfluss auf die **Standortwahl** hat die Abwägung der Kostenvorteile bzw. Absatzvorteile der verschiedenen Standortfaktoren.

- Das Eindringen eines Unternehmens mit einem Produktangebot in einen Markt ist umso einfacher, je **niedriger** die **Markteintrittsschranken** und die **Marktaustrittsbarrieren** sind.

- Grundsätzlich kann ein Unternehmen im Markt z. B. folgende **vier Marktpositionen** anstreben:
  - Marktführer
  - Herausforderer
  - Mitläufer
  - Nischenanbieter

- Aus den Informationen über einen Kunden wird ein **Kundenprofil** erstellt, das für die **Absatz- und Risikosituation** des Unternehmens von Bedeutung ist und außerdem die **Abhängigkeit des Unternehmens von einzelnen Abnehmern** zeigt.

- Die **Wettbewerberanalyse** hat die **aktuellen** und **potenziellen Wettbewerber** sowie die **Hersteller von Substitutionsprodukten** zu umfassen.

- Die **Finanzierung** muss auf die besondere Situation der Existenzgründung zugeschnitten sein und auch Reserven für unvorhergesehenen Bedarf berücksichtigen.

- Der Existenzgründer hat darauf zu achten, dass die **Gewinnschwelle** möglichst bald erreicht wird.

Übungsaufgabe

21

1. Formulieren Sie die Vorüberlegungen, die das Vorhaben einer Existenzgründung erfordern!

2. Klären Sie im Selbsttest, ob Sie eine Unternehmerpersönlichkeit sind! Führen Sie dazu unter der URL http://www.gruender-umfrage.de/test-gruender-persönlichkeit.html; [23.04.2015] den Online-Persönlichkeitstest durch!

3. Erkunden Sie in Gruppen bei den am Ort ansässigen Betrieben, auf welche Gründe ihre Standortentscheidung im Wesentlichen zurückzuführen sind und erfragen Sie die Probleme, die mit dem gegenwärtigen jeweiligen Standort verbunden sind.

   Aufgabe:
   Stellen Sie die Gruppenergebnisse im Klassenverband in einer Übersicht zusammen!

4. Die Gewinnlage eines Unternehmens hängt u. a. von der Wahl des optimalen Standorts bei der Gründung ab.

   Aufgaben:
   4.1 Erklären Sie den Begriff Standort und nennen Sie mindestens fünf Standortfaktoren!
   4.2 Erläutern Sie, warum die Standortwahl für die künftige Entwicklung eines Unternehmens von großer Bedeutung ist!

5. Die Metallwerke AG Mannheim stellen Bohrmaschinen für den Handel her. Der Verkaufspreis der Bohrmaschinen CD 80 beträgt 322,00 EUR. Bei voller Auslastung kann das Unternehmen monatlich 960 Bohrmaschinen herstellen. Die fixen Kosten betragen monatlich 65 520,00 EUR, die variablen Kosten je Bohrmaschine belaufen sich auf 231,00 EUR.

   Aufgabe:
   Ermitteln Sie, bei welcher Ausbringungsmenge die Gewinnschwelle liegt!

6.

Neue **Studie** der Zeppelin-University über Kundenwünsche
Outdoor-Kleidung im Trend

Zum Start der Fachmesse Outdoor liegen die Ergebnisse einer bislang einzigartigen Studie zur Outdoor-Branche vor. Für die international repräsentative Untersuchung wurden weltweit rund 4000 Unternehmen von Wissenschaftlern der Friedrichshafener Zeppelin-University befragt. „Nie zuvor wurde ein so groß angelegter Versuch unternommen, den Outdoor-Bereich zu definieren", sagt Professor Dr. Jansen, Präsident der Zeppelin-University.

Die Outdoor-Branche, die sich noch bis Sonntag in Friedrichshafen trifft, kann sich jetzt ein fundiertes Bild vom typischen Outdoorer und ihrem Kunden machen. Der typische Outdoorer ist laut dieser Studie ein so genannter Best-Ager und zwischen 30 und 50 Jahre alt. Dabei stellen die 30- bis 40-Jährigen mit 46 Prozent den größten Anteil. 26 Prozent der befragten Unternehmen gaben an, dass der Großteil ihrer Outdoor-Kunden zwischen 40 und 50 Jahre alt ist. Für die meisten steht die Erholung vom Alltag im Vordergrund (75 Prozent), gefolgt vom Bewegungsausgleich (37 Prozent).

Das Erlebnis in der Gruppe und das Körperbewusstsein gaben jeweils 29 Prozent der befragten Unternehmen als Grund für die sportliche Freizeitbetätigung ihrer Kunden an. Stephan Jansen: „Das Gruppenerlebnis ist ein wichtiges Element der Freizeitaktivität und wirkt sich auf den Stellenwert von Bekleidung und Ausrüstung aus. Das könnte für künftige Werbekampagnen eine wichtige Information sein."

Die Studie wirft ein neues Licht auf die Segmente innerhalb des Outdoor-Marktes. Die Mehrheit der befragten Unternehmen gab an, dass Kleidung den wichtigsten Platz im Sortiment einnimmt. Auf den weiteren Rängen finden sich Schuhe, Bergsport- und Campingausrüstungen, Rucksäcke, Schlafsäcke, Boote und Zubehör. Dabei wird die Mode nicht nur von ausgemachten Outdoor-Fans getragen. Immer mehr Nicht-Sportler tragen sie als trendige Alltagskluft.

Die große Bedeutung des Bekleidungssektors schlägt sich auch in den Umsätzen nieder. 55 Prozent der befragten Unternehmen gaben an, dass die Einnahmen im Bekleidungsbereich in den vergangenen Jahren gestiegen sind. Für den Schuhsektor gilt ähnliches. 80 Prozent sind der Meinung, dass die Schuhbranche gewachsen oder zumindest konstant geblieben ist.

Anders als der klassische Einzelhandel, dessen Umsätze laut Hauptverband des deutschen Einzelhandels 2005 um ein halbes bis dreiviertel Prozent sinken werden, wird die Outdoor-Branche weiter wachsen. 61 Prozent aller Studienteilnehmer sind der Meinung, dass sich der Markt in den nächsten Jahren positiv entwickeln wird.

Quelle: Südkurier, 22. Juli 2005, S. 32.

Aufgaben:

6.1 Analysieren Sie, welche Informationen der Artikel über den typischen Outdoor-Kunden enthält!

6.2 Stellen Sie dar, wie die Zukunftsaussichten der Outdoor-Branche eingeschätzt wird!

2 Planung des Existenzgründungsprozesses

2.1 Festlegung der Unternehmensziele

(1) Begriff Unternehmensziele

Eine grundlegende strategische Entscheidung ist die Festlegung der betriebswirtschaftlichen Ziele. Ohne eine eindeutige Zielformulierung sind weder eine sinnvolle Planung noch eine Steuerung und Kontrolle möglich.

 Unternehmensziele beschreiben einen zukünftigen, erstrebenswerten Zustand des Unternehmens, den der zuständige Entscheidungsträger anzustreben hat!

(2) Mögliche Unternehmensziele[1]

Unternehmensziele	Erläuterungen	Beispiele
Ökonomische Ziele	Maximaler Gewinn heißt, die größtmögliche Differenz zwischen Umsatzerlösen und Kosten anzustreben. Das ökonomische Prinzip kommt zum Tragen.	Gewinnmaximierung
	Umsatzsteigerungen werden durch die Stärkung der eigenen Wettbewerbsposition und Verdrängung der Konkurrenten vom Markt erreicht.	Umsatzmaximierung
	Insbesondere etablierte[2] Unternehmen schützen sich durch den Aufbau hoher Markteintrittsbarrieren vor neuen Anbietern, z.B. durch aggressive Preispolitik. Ein Existenzgründer muss entweder eine völlig neue Geschäftsidee haben, gleich „groß" ins Geschäft einsteigen oder einen Kostennachteil hinnehmen.	Streben nach Marktmacht
	Die Geschäftsführung hat darauf zu achten, die jederzeitige Zahlungsfähigkeit des Unternehmens zu erhalten.	Sicherung der Liquidität (Zahlungsfähigkeit)
	Der Erreichung dieses Ziels dienen Ausgaben für Forschung und Entwicklung sowie ein umfangreiches Qualitätsmanagement.	Streben nach einem hohen Qualitätsstandard
	Kundenorientierung und die damit verbundene Kundenzufriedenheit wird u.a. durch intensive Marktforschung erreicht. Das Halten auch ertragsschwacher Produkte im Produktprogramm erhöht außerdem die Kundentreue.	Kundenzufriedenheit
Ökologische Ziele	Dieses Ziel beinhaltet eine ▪ ressourcenschonende Herstellung ▪ Produktion recyclingbarer Produkte ▪ Verminderung von Produktionsemissionen sowie die Reduzierung von Lärmbelästigungen ▪ Nutzung erneuerbarer Energien ▪ Umweltgerechte Entsorgung der Abfälle	Schonung der Umwelt
Soziale Ziele	Manchmal werden ertragsschwache Produkte nicht aus dem Programm genommen, um die Arbeitsplätze zu sichern.	Sicherung der Arbeitsplätze Förderung des gesellschaftlichen Lebens
	Der Arbeitgeber leistet freiwillige Zulagen (z.B. Geburts- und Heiratsbeihilfe, Familienzulage, günstige Werkswohnung).	Ausgleich familiärer Belastungsunterschiede
	Bei der verfolgten Geschäftsidee steht mehr Lebensqualität für die Gesellschaft im Mittelpunkt.	Förderung des gesellschaftlichen Lebens

---

1 Vgl. Coca-Cola GmbH (Hrsg.): Marke, Markt und Marketing, Essen o.J., S. 26.

2 Etablieren: festsetzen, einen sicheren Platz gewinnen.

Mit den ökologischen und sozialen Zielen verfolgen die Unternehmen in der Regel auch ökonomische Ziele. So führt beispielsweise eine umweltschonende Produktion zu einer Verbesserung des Images oder die Gewährung freiwilliger betrieblicher Sozialleistungen steigert die Arbeitsmotivation.

(3) Zielharmonie und Zielkonflikt

■ **Erklärung der Begriffe**

Die Ansichten darüber, ob zwischen den ökonomischen, ökologischen und sozialen Zielen grundsätzlich eine **Konkurrenzbeziehung** (ein **Zielkonflikt**) oder eine **komplementäre Zielbeziehung (Zielharmonie)** besteht, sind in der Wissenschaft und Wirtschaftspraxis unterschiedlich.

■ **Zielkonflikt:** Die Verfolgung eines wirtschaftlichen und/oder ökologischen Ziels beeinträchtigt oder verhindert die Erreichung eines anderen wirtschaftlichen und/oder ökologischen Ziels.

■ **Zielharmonie:** Die Förderung des einen wirtschaftlichen und/oder ökologischen Ziels begünstigt zugleich die Förderung eines oder mehrerer anderer wirtschaftlicher/ökologischer Ziele.

■ **Zielharmonie zwischen ökonomischen und ökologischen Unternehmenszielen**

Bisherige Untersuchungen zeigen weitgehend übereinstimmend, dass zumindest in den größeren von Umweltproblemen besonders betroffenen Unternehmen (Branchen) zwischen den **ökologischen** und **ökonomischen Unternehmenszielen** grundsätzlich eine komplementäre (sich gegenseitig ergänzende, fördernde) Zielbeziehung und **keine Zielkonkurrenz** besteht.

Dies ist deshalb der Fall, weil gerade der Umweltschutz vielfältige Innovationsmöglichkeiten (z. B. Entwicklung und Anwendung umweltschonender, Rohstoffe sparender Technologien; Chancen von Innovationsgewinnen) bietet.

In dem Ausmaß, in dem es den Unternehmen gelingt, ihre Umweltschutzziele zu verwirklichen, erhöht sich z. B. auch deren Umsatz, ihr Umsatzanteil am gesamten Markt, ihre Marktmacht, ihr langfristiger Gewinn und das Produkt- und Firmenimage in der Öffentlichkeit. Dadurch werden die Unternehmensexistenz und die Arbeitsplätze gesichert, neue Arbeitsplätze geschaffen sowie die Wettbewerbsfähigkeit verbessert.

■ **Zielkonflikte/Zielharmonie zwischen ökonomischen und sozialen Unternehmenszielen**

Häufig bestehen dagegen **Zielkonflikte** zwischen den **ökonomischen** und den **sozialen Zielen**. Strebt ein Unternehmen z. B. zugleich Arbeitsplatzsicherung und Kostensenkung an, kann ein Zielkonflikt vorliegen, weil durch den Einsatz von Kosten sparenden Maschinen Arbeitskräfte „freigesetzt", d. h. entlassen werden müssen.

Auch zwischen den einzelwirtschaftlichen Zielen der Unternehmen und den wirtschafts- und gesellschaftspolitischen Zielen der Gesellschaft (des Staates) herrscht keineswegs immer Zielharmonie. Steigen aufgrund hoher Preise die Gewinne schneller als die Arbeitnehmereinkommen, nimmt der prozentuale Anteil der Arbeitnehmereinkommen am Gesamteinkommen (Volkseinkommen) – die sog. **Lohnquote** – ab. Dies widerspricht dem wirtschafts- und sozialpolitischen Ziel einer „sozialverträglichen Einkommensverteilung".

2.2 Festlegung der Rechtsform des Unternehmens

Die Rechtsform stellt die **Rechtsverfassung** eines Unternehmens dar. Sie regelt die Rechtsbeziehungen innerhalb des Unternehmens und zwischen den Unternehmen und Dritten. Das HGB untergliedert die Rechtsformen in drei Gruppen: Einzelunternehmen, Personengesellschaften (z. B. OHG, KG) und Kapitalgesellschaften (z. B. GmbH, AG).

Die Rechtsformen werden ausführlich in Kapitel 3.4, S. 163 ff. behandelt.

Beispiel: Rechtsform des Spezialgeschäfts Design-Boards
Sandra Sernatinger und Carsten Kühn entscheiden sich für eine GmbH. Die Firma lautet: Boarder GmbH.

2.3 Festlegung von Kundenkreis und Unternehmensstandort[1]

Für die konkrete Umsetzung einer Geschäftsidee muss sich der Jungunternehmer aus dem möglichen Kundenkreis auf einige **Zielgruppen** beschränken, um sich nicht zu verzetteln.

Die Auswahl der Zielmärkte erfordert folgende Entscheidungen:

- Sollen die Kunden Konsumenten und/oder Wiederverkäufer (Händler) sein?
- Soll sich das Angebot an Kinder, Jugendliche, Erwachsene oder Senioren richten?
- Sollen Durchschnittsverdiener oder Besserverdienende angesprochen werden?
- Soll eine Spezialisierung auf Kunden mit Sonderwünschen erfolgen?
- Soll der Zielmarkt regional, national oder international ausgelegt werden?

Eng verbunden mit der Bestimmung der Zielgruppe ist die Wahl des Standorts. Die **Standortwahl** orientiert sich vorwiegend an den Kosten, wenn der Zielmarkt überregional und der Verkauf vorwiegend an Wiederverkäufer geplant ist. Eine absatzorientierte Standortsuche kommt infrage, wenn eine Konzentration auf besser verdienende Kunden mit Sonderwünschen auf einem regionalen Markt erfolgen soll.

Beispiel: Standortwahl des Spezialgeschäfts für Design-Boards

Sandra Sernatinger und Carsten Kühn möchten vor allem Sonderwünsche der regionalen Kunden und Touristen erfüllen.

Sie haben die Wahl zwischen einem kostengünstigen und erweiterungsfähigen Standort im Überlinger Gewerbegebiet Nord oder eine etwas beengte, aber direkt am See beim Strandbad gelegene ehemalige Bootshalle.

Sie entscheiden sich für den teureren, jedoch kundennahen Standort am See, da sie hier mit Laufkundschaft rechnen und den Kunden die Möglichkeit bieten können, die Boards vor der Ausstattung mit dem individuellen Design zu testen.

---

1 Quelle: in Anlehnung an Coca-Cola GmbH (Hrsg.): Marke, Markt und Marketing, Essen o.J., S. 23.

2.4 Festlegung des strategischen Vorgehens im Markt

Die Festlegung der Unternehmensziele hat einen unmittelbaren Einfluss auf die Festlegung des strategischen Vorgehens im Markt. Nebenstehende Grafik verdeutlicht noch einmal die bereits erwähnten Zielkonflikte. So ist es unmöglich, das Ziel der Qualitätsführerschaft mit einer Niedrigpreis-Strategie erreichen zu wollen. Eine aggressive Preisstrategie ist nur mit Massenartikeln und eben nicht mit Nischenprodukten umsetzbar.

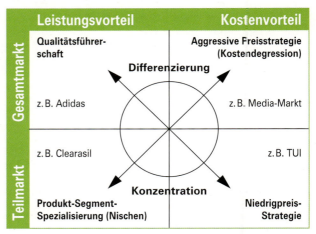

Quelle: in Anlehnung an Coca-Cola GmbH (Hrsg.): Marke, Markt und Marketing, Essen, o. J., S. 23.

Beispiel:

Auf der Grundlage von Sandra Sernatingers und Carsten Kühns Geschäftsidee, ein Spezialgeschäft für Design-Boards zu gründen, und ausgehend von den gesetzten Unternehmenszielen ist folgende **strategische Grundkonzeption** denkbar:

Die beiden Existenzgründer stellen nicht den Kostenvorteil, sondern den Leistungsvorteil in den Vordergrund ihrer Überlegungen. Nur ein qualitativ hochwertiges Sortiment gewährleistet dauerhafte Kundenzufriedenheit. Kundenbindung können sie mit einer Produkt-Segment-Spezialisierung in Form der individuellen Oberflächengestaltung (Design) und kompetenter Beratung erreichen.

Zusammenfassung

- Vor Erstellung des Businessplans sind die **Unternehmensziele**, die **Rechtsform**, der **Unternehmensstandort** und das **strategische Vorgehen im Markt** festzulegen.
- **Unternehmensziele** beschreiben einen zukünftigen Zustand des Unternehmens, den die Existenzgründer anstreben. Dabei wird zwischen ökonomischen, ökologischen und sozialen Zielen unterschieden.
- Können mit den gleichen Maßnahmen zwei oder mehr Unternehmensziele gleichzeitig erreicht werden, spricht man von **Zielharmonie**. Beeinträchtigt die Verfolgung eines Ziels die Erreichung eines anderen Ziels, entsteht ein **Zielkonflikt**.
- Die Bestimmung der Zielgruppen und des Unternehmensstandorts bilden die Grundlage für die Festlegung des **strategischen Vorgehens im Markt** (z. B. Spezialisierung, Qualitätsführerschaft).

Übungsaufgabe

22 1. Prüfen Sie, welche(s) der nachstehend genannten Ziele zu den ökonomischen Zielen, ökologischen Zielen oder sozialen Zielen gehören!

1.1 Gewinnziel,

1.2 Streben nach Macht und/oder Prestige,

1.3 Gewinnung politischen Einflusses,

1.4 Umsatzsteigerung,

1.5 Erhöhung des Marktanteils,

1.6 Unternehmenswachstum,

1.7 Verminderung der Umweltbelastungen,

1.8 Arbeitsplatzsicherung,

1.9 Streben nach Unabhängigkeit,

1.10 Versorgung der Bevölkerung mit lebensnotwendigen Erzeugnissen oder Dienstleistungen,

1.11 Verpflichtung gegenüber Familientradition,

1.12 Kostendeckung,

1.13 Kostensenkung.

2. Zwischen dem Umweltschutzziel und den ökonomischen und sozialen Zielen ergeben sich teils konkurrierende und teils komplementäre[1] Beziehungen.

Aufgaben:

Beschreiben Sie den Zielkonflikt bzw. die Zielharmonie, die zwischen dem Umweltschutzziel und den nachstehend genannten Zielen besteht! Begründen Sie Ihre Antworten!

2.1 Langfristige und kurzfristige Gewinnmaximierung,

2.2 Sicherung und Vermehrung der Arbeitsplätze,

2.3 Verbesserung des Unternehmensimages.

3. **Textauszug:**

> Die einseitigen Zielvorgaben (z. B. Gewinn- und/oder Umsatzmaximierung, Senkung der Herstellungskosten) des Managements haben in der Vergangenheit meistens dazu geführt, dass alle Aspekte[2] und Auswirkungen vernachlässigt („ausgeblendet") wurden, die nicht mit dem unmittelbaren Erfolg einer Zielvorgabe zusammenhängen. Die Auswirkungen erfolgsorientierter Unternehmensentscheidungen z. B. auf andere Mitglieder der Gesellschaft, auf spätere Generationen, auf die Tiere, Pflanzen, Böden und das Wasser (Umwelt) sowie auf die Gesundheit der Arbeitnehmer wurden zur effizienten (wirtschaftlichen) Realisierung kurzfristiger betriebswirtschaftlicher Erfolge (z. B. Erzielung eines höheren Gewinns, Erhöhung des Marktanteils bei einem bestimmten Produkt) bewusst nicht beachtet. Die erzielten Erfolge wurden jedoch oft mit hohen Belastungen der Umwelt (z. B. Wald- und Bodenschäden, Verschmutzung der Gewässer) erkauft, wodurch der Volkswirtschaft und Umwelt langfristige und zum Teil irreversible[3] Schäden entstanden sind.

Aufgaben:

3.1 Erklären Sie, worauf die einseitigen Zielvorgaben zurückzuführen sind!

3.2 Stellen Sie dar, welche Prioritäten die Umweltschutzziele im Zielsystem der Unternehmen haben sollen!

3.3 Erläutern Sie, warum diese einseitigen Zielvorgaben einen wirksamen Umweltschutz verhindern!

---

1 Komplementär (lat.-franz.): sich gegenseitig ergänzend.

2 Aspekt (lat.): Ansicht, Betrachtungsweise, Gesichtspunkt.

3 Irreversibel (lat.): nicht (wieder) umkehrbar; z.B. Vorgänge (Schäden), die nicht rückgängig gemacht (behoben) werden können.

2.5 Businessplan

2.5.1 Begriff und Bestandteile des Businessplans

(1) Begriff Businessplan

In einem **Businessplan** wird ein **Unternehmenskonzept** entworfen, das alle **Ziele** und **Strategien** eines Unternehmens für einen **bestimmten Zeitraum** (meist 3 bis 5 Jahre) beschreibt. Er zeigt die erforderlichen **Voraussetzungen** auf und beschreibt die **Vorhaben** sowie die **geplanten Maßnahmen**.

(2) Bestandteile eines Businessplans

Für den Aufbau eines Businessplans gibt es keine festen Vorgaben. Er besteht jedoch in der Regel aus einem

- **Textteil** mit einer ausführlichen Beschreibung der Geschäftsidee und der geplanten Umsetzung
- einem **Zahlenteil** mit Aussagen über die Finanzierung, die Umsatzentwicklung und die Wirtschaftlichkeit des Vorhabens sowie einem
- **Anhang,** der persönliche Daten und Dokumente, die das Unternehmen betreffen, enthält.

Nachfolgend wird eine **Checkliste** angeboten, die eine grobe **Gliederung für einen Businessplan** darstellt.[1]

Geschäftsidee	Wie lautet die Geschäftsidee? Was ist das Besondere an der Geschäftsidee? Welchen Nutzen hat die Geschäftsidee?
Produkt/Dienstleistung	Welches Produkt/Welche Dienstleistung soll hergestellt bzw. verkauft werden? Was ist das Besondere an dem Angebot? Welchen Entwicklungsstand weist das Produkt/die Dienstleistung auf? Welche gesetzlichen Formalitäten sind zu erfüllen? Wann kann die Produktion/Dienstleistung starten?
Markteinschätzung	Welche Kunden kommen infrage? Was sind die Wünsche dieser Kunden? Wie groß ist das Marktvolumen der Kunden? Wo sind die Kunden? Wie setzen sich die einzelnen Kundensegmente zusammen (z.B. Alter, Geschlecht, Einkommen, Beruf, Einkaufsverhalten, Privat- oder Geschäftskunden)?
Konkurrenzanalyse	Wer sind die Konkurrenten? Was kostet das Produkt/die Dienstleistung bei der Konkurrenz? Welches sind die größten Stärken und Schwächen der Konkurrenz? Was ist besser gegenüber dem Angebot der Konkurrenz?
Standort	Wo befindet sich für das Produkt/die Dienstleistung ein erfolgversprechender Markt und keine (übermächtige) Konkurrenz? Wie ist die Verkehrsanbindung des Standortes? Ist der Standort baurechtlich und planungsrechtlich gesichert? Welche Nachteile hat der Standort und wie können diese ausgeglichen werden?

---

1 Der vorgestellte Businessplan ist angelehnt an einen Vorschlag des Bundesministeriums für Wirtschaft und Energie. Vgl. http://www.existenzgruender.de/imperia/und/content/pdf/publikationen/gruenderzeiten/gz_07.pdf; 23.01.2015.

Marketing	Welche Preisstrategie soll verfolgt werden und warum? Welche Absatzgrößen werden in einem vorgegebenen Zeitraum angesteuert? Welche Vertriebspartner werden genutzt? Wie erfahren die Kunden von dem Produkt/der Dienstleistung? Welche Werbemaßnahmen (z.B. Werbeplan, Werbeetat) sind geplant?
Unternehmens- organisation	**Qualifikation** Welche persönlichen fachlichen und kaufmännischen Qualifikationen besitzen die Gründer? Wie können Defizite ausgeglichen werden? **Rechtsform des Unternehmens[1]** Soll das Unternehmen als Ein-Personen-Unternehmen oder mit Partnern gegründet werden? Welche Rechtsform ist die zweckmäßigste? **Geschäftsverbindungen** Mit wem soll das Unternehmen gestartet werden? Allein, Partner, Mitarbeiter, Lieferanten/Hersteller, Großhändler? Wer kommt infrage? Wer ist zuverlässig? Welche Qualifikationen sollen Mitarbeiter haben? **Geschäfts- und technische Ausstattung** Folgende Fragen sind z.B. zu klären: Raumabmessungen, Raumtemperatur, Belichtung/Beleuchtung, Toiletten, Wasch-, Pausen- und Umkleideräume, Schallpegelwerte, Umweltschutz.
Zukunftsaussichten (Risiken und Chancen)	Wie könnte die Entwicklung der Branche aussehen? Wie wird sich die Nachfrage nach dem eigenen Angebot entwickeln? Wie lange könnte der Vorsprung durch einen zusätzlichen Nutzen, eine zusätzliche Leistung oder die besondere Attraktivität des Unternehmens halten?
Finanzierung	**Investitionsplan** Wie hoch ist der Gesamtkapitalbedarf für Anschaffungen und Vorlaufkosten für den Unternehmensstart? Besteht eine Liquiditätsreserve[2] während der Anlaufphase? **Finanzierungsplan** Wie hoch ist der Eigen- und Fremdkapitalbedarf? Welche Sicherheiten können für Kredite eingesetzt werden? Welche Förderprogramme[3] kommen infrage? Kommen Beteiligungskapitalgeber infrage? **Liquiditätsplan** Wie hoch sind in der Aufbauphase des Unternehmens die monatlichen Einnahmen und Kosten (Material, Personal, Miete …)? Wie hoch ist der monatliche Kapitaldienst (Tilgung und Zinszahlungen)? In welcher Höhe bestehen Liquiditätsreserven?
Ertragsvorschau/ Rentabilitätsrechnung[4]	Wie hoch wird der Umsatz in den ersten drei Jahren geschätzt? Wie hoch werden die Kosten für die nächsten drei Jahre geschätzt? Welcher Gewinn wird in den nächsten drei Jahren erwartet?

Um möglichst viele Risiken einer Existenzgründung auszuschließen, sollte der Businessplan so sorgfältig wie möglich ausgearbeitet werden.

---

1 Die Rechtsformen der Unternehmung werden im Kapitel 3.4, S. 163ff. behandelt.

2 Liquidität bedeutet Zahlungsfähigkeit eines Unternehmens.

3 Auskunft über Förderprogramme geben insbesondere die Hausbank, die KfW-Mittelstandsbank oder das Bundesministerium für Wirtschaft und Energie.

4 Rentabilität ist eine Messgröße für die Ergiebigkeit eines Mitteleinsatzes.

Beispiel: $\text{Rentabilität} = \dfrac{\text{Gewinn} \cdot 100}{\text{eingesetztes Kapital}}$

Beispiel: Businessplan der Boarder GmbH

Sandra Sernatinger und Carsten Kühn haben sich inzwischen intensiv auf die Existenzgründung vorbereitet. Sie können 20 000,00 EUR Eigenkapital aufbringen. Der Vater von Sandra Sernatinger beteiligt sich mit 25 000,00 EUR an der GmbH.

Im Folgenden werden Ausschnitte eines möglichen Businessplans dargestellt, der mithilfe des Business-Plan-Assistenten der Software „TOPSIM EasyStartup" erstellt wurde.[1]

I. Ausschnitt aus dem Textteil des Businessplans

■ **Unternehmenskonzept**

Aus der Einheit von Produktion und Verkauf ergibt sich eine Exklusivität, die für die angesprochene Kundengruppe mutmaßlich wichtig ist.
Das Unternehmen „Boarder GmbH" versteht sich als Manufaktur[2]. Das Unternehmen soll eine Synthese aus moderner Lifestylekultur und handwerklichen Traditionen sein.

■ **Unternehmensname**

Boarder GmbH

■ **Produkt-/Servicebeschreibung**

Es sollen High-End-Surfbretter für Fortgeschrittene und Semiprofis angeboten werden, die in einem dem Produkt entsprechenden Rahmen zum Verkauf kommen.

■ **Zielgruppe**

Surfer, die auf individuelle Maßanfertigung sowohl in Form als auch im Design Wert legen.

■ **Vorteile/Nutzen für den Kunden**

Individualität, höchste Qualität, Full Service und Support.

■ **Momentane Wettbewerbssituation**

Es ist davon auszugehen, dass 5 Unternehmen am Markt sind, zwei Unternehmen werden um die Preisführerschaft konkurrieren und drei Unternehmen eher um die Qualitätsführerschaft.

■ **Vorteile gegenüber der Konkurrenz**

Es soll das beste Preis-Leistungs-Verhältnis angeboten werden. Besseres und attraktiveres Marketingkonzept.

■ **Unternehmensstrategie**

Konstante Preisgestaltung, Nutzen von Kostensenkungspotenzialen, Kundenbindung durch Service und Beratung, Aufbau eines zielgruppenansprechenden Unternehmensimages.

---

1 Die Darstellungen sind nur geringfügig veränderte Ausschnitte aus dem Muster-Businessplan des Existenzgründer-Planspiels „TOPSIM EasyStartup" der TATA Interaktive Systems GmbH, Tübingen.

2 Manufaktur ist ein Betrieb, der die Waren handwerklich in Serie hergestellt.

II. Ausschnitt aus dem Zahlenteil des Businessplans

Eine Periode umfasst ein halbes Jahr, wobei ein Geschäftsjahr bei der Boarder GmbH vom 1. Juli bis 30. Juni dauert, also zwei Perioden umfasst.

1. Aus Marktanalyse und den geplanten Strategien abgeleitete Zahlen:

■ **Markt und Absatz**

Geschätztes Marktvolumen des gesamten Marktes

Periode	1	2	3	4	5	6
in Stück	750	850	890	1.050	1.100	1.350
Veränderung zu VP		13,33%	4,71%	17,98%	4,76%	22,73%

Erwarteter Marktanteil pro Periode

Periode	1	2	3	4	5	6
in %	20,0%	20,0%	20,0%	20,0%	20,0%	20,0%
ergibt Absatz in Stück	150	170	178	210	220	270

voraussichtlicher Preis in Euro

	495	495	495	495	495	495

voraussichtlicher Umsatz in Euro

	74.250	84.150	88.110	103.950	108.900	133.650

Erwarteter Zahlungseingang in der aktuellen Periode

in % vom Umsatz	80%

■ **Marketing**

geplante Aufwendungen für Kommunikation (Printwerbung, Verkaufsförderung)

Periode	1	2	3	4	5	6
in Euro	10.000	9.000	9.000	9.000	9.000	9.000
Aufwendungen in % vom geplanten Umsatz	13,5%	10,7%	10,2%	8,7%	8,3%	6,7%

Erläuterungen:

Das Marktwachstum ist naturgemäß im Frühsommer am größten. Die voraussichtliche Absatzmenge ist neben dem Marktvolumen vor allem vom voraussichtlichen Preis und den geplanten Aufwendungen für Werbung und Verkaufsförderung abhängig.

Aus den erwarteten Absatzzahlen lassen sich der künftige Personalbedarf und die erforderliche Zahl an Maschinen und die damit verbundenen Aufwendungen ableiten.

2. Übersicht über die voraussichtliche Entwicklung der Ein- und Auszahlungen (Finanzplanung):[1]

Eigenkapital der Gründer: 20.000

Periode	Gründung	1	2	3	4	5	6
Kassenanfangsbestand	20.000	51.500	19.760	23.910	23.092	9.970	8.914
Einzahlungen							
Einzahlungen aus lfd. Periode		59.400	67.320	70.488	83.160	87.120	106.920
Einzahlungen aus Vorperiode			14.850	16.830	17.622	20.790	21.780
Einzahlung Beteiligungskapital	20.000						
Zinserträge							
Aufnahme von Krediten							
Beantragung Förderdarlehen[2]	20.000						
Bestand Förderdarlehen	20.000	20.000	20.000	20.000	20.000	20.000	20.000
Auszahlungen							
Einkauf (Eins.- u. Betr.Stoffe)		15.200	17.100	17.100	20.900	23.750	23.750
Personalaufwand		39.640	40.021	49.916	62.984	62.345	63.979
Sonstige Aufwendungen							
Gründungsaufwand	1.000						
Miete		7.400	7.400	7.400	7.400	7.400	7.400
Werbung		10.000	9.000	9.000	9.000	9.000	9.000
weiterer Aufwand*		18.100	3.700	3.920	5.320	5.670	5.620
Rückzahlung der Kredite							
Zinsaufwand		800	800	800	800	800	800
Kauf von Fertigungsanlagen	7.500				7.500**		
Kauf von BGA	5.000						
Kauf von Wertpapieren							
Steuern							4.579
Kassenendbestand	51.500	19.760	23.910	23.092	9.970	8.914	22.487

Erläuterungen:

*Im weiteren Aufwand sind u.a. die Aufwendungen für Forschung und Entwicklung enthalten, die sich in der 1. Periode auf 15000,00 EUR (Beschaffung von Know-how für die Surfboard-Fertigung) und in den Folgeperioden auf je 1500,00 EUR (Weiterentwicklung) geschätzt werden.

**Ab Periode 4 wird aufgrund der zu erwartenden Verkaufszahlen eine zweite Fertigungsmaschine benötigt.

III. Anhang

Der **Anhang** eines Businessplans enthält in der Regel noch folgende Nachweise:

- Lebenslauf mit Nachweis der Berufserfahrung
- Kopien geschlossener Verträge, z.B. Mietvertrag der Geschäftsräume
- gesammelte Marktforschungsergebnisse
- evtl. Patentschriften

---

1 Auf die Darstellung der Gewinn- und Verlustrechnungen sowie der Bilanzen wird aufgrund des Lehrplans an dieser Stelle verzichtet.
Auf die allgemeinen Anforderungen an einen **Finanzplan** wird im Kapitel 4, S. 213ff. eingegangen.

2 Da sich z.B. Anlass, Form, Voraussetzungen und Höhe von **Fördermitteln** ständig ändern bzw. häufig Einzelfalllösungen sind, können zu dieser Thematik keine allgemeingültigen Aussagen getroffen werden.

2.5.2 Funktionen (Aufgaben) des Businessplans[1]

Die Erstellung des Businessplans zwingt die Existenzgründer, die Geschäftsidee **systematisch** zu durchdenken, Wissenslücken zu schließen und alle Entscheidungen zu begründen.

Ein guter Businessplan ist **unternehmensextern** die **Visitenkarte** des jungen Unternehmens. Zunächst dient er dazu, die potenziellen Kapitalgeber (z. B. Gesellschafter, Banken) von der Geschäftsidee zu überzeugen. Auch bei Verhandlungsgesprächen mit künftigen Geschäftspartnern (z. B. Lieferanten, Kunden) und Ämtern kann ein detaillierter Businessplan hilfreich sein.

Unternehmensintern kommt dem Businessplan eine bedeutende Funktion zu. Er definiert die Unternehmensziele und -strategien klar und **hilft der Unternehmensführung** dabei

- Soll-Ist-Vergleiche durchzuführen,
- Engpässe im Bereich Betriebsmittel, Personal oder Kapital frühzeitig zu erkennen,
- Bilanz zu ziehen, wie sich das Unternehmen entwickelt hat,
- die Geschäftsidee weiterzuentwickeln.

Der Businessplan kann das Unternehmen über die Gründungsphase hinaus begleiten, wenn er laufend den sich wandelnden Umständen angepasst wird. Er wird damit zum ständigen Begleiter bei der Fortschreibung der Unternehmensziele und deren Kontrolle.

Zusammenfassung

- In einem **Businessplan** wird ein Unternehmenskonzept entworfen, das alle Ziele und Strategien eines Unternehmens für einen bestimmten Zeitraum (meist 3 bis 5 Jahre) beschreibt, die für den Erfolg oder Misserfolg der Existenzgründung entscheidend sein können.

- Ein Businessplan ist deshalb für die Anbahnung von Geschäftsbeziehungen die **Visitenkarte** des künftigen Unternehmens und unternehmensintern ein wichtiges **Steuerungs- und Kontrollinstrument** des Managements.

- Wichtige **Inhalte** eines Businessplans sind: Geschäftsidee, Beschreibung des Produkts/der Dienstleistung, Markteinschätzung, Konkurrenzanalyse, Standort, Marketingstrategie, Unternehmensorganisation, Zukunftsaussichten, Finanzierung, Ertragsvorschau/Rentabilitätsrechnung.

- In der **Anlage** zum Businessplan sind u.a. Informationen zur Unternehmerpersönlichkeit wie Lebenslauf und Zeugnisse beizufügen.

Übungsaufgabe

23 1. 1.1 Beschreiben Sie den Aufbau eines Businessplans!

1.2 Stellen Sie dar, inwiefern der Businessplan die Visitenkarte der angehenden Unternehmer ist!

1.3 Erläutern Sie die Steuerungs- und Kontrollfunktion eines Businessplans!

---

1 Vgl. http://www.foerderland.de/gruendung/businessplan/aufgaben-des-businessplans; 23.01.2015.

2. Im Rahmen einer StartUp-Gründerwerkstatt kam folgende Geschäftsidee auf Platz 3:

Auf der Internetplattform alltausch.de soll ein moderner Tauschhandel (Dienstleistung gegen Dienstleistung) betrieben werden. Das Unternehmen kassiert für die Nutzung der Plattform Mitgliedsbeiträge und Provisionen.[1]

Aufgaben:

2.1 Führen Sie mithilfe des Internets eine Konkurrenzanalyse durch!

2.2 Beurteilen Sie die Marktchancen dieser Geschäftsidee!

2.3 Formulieren Sie das Unternehmenskonzept nach dem Muster S. 138!

3. Alexander Neurer plant die Umsetzung seiner Geschäftsidee, Fahrräder nach Maß herzustellen. Er hat sich für einen Standort im Karlsruher Gewerbegebiet Maxau entschieden und rechnet mit Gründungskosten in Höhe von 6 000,00 EUR.

Herr Neurer rechnet mit folgenden Anschaffungen:

Maschinen	150 000,00 EUR
Betriebs- und Geschäftsausstattung	40 000,00 EUR
Roh-, Hilfs- und Betriebsstoffe	30 000,00 EUR
(Vorrat für 3 Monate)	

Vom Beginn der Fertigung bis zu den ersten Einnahmen rechnet er mit einem Zeitunterschied von 2 Monaten. In dieser Zeit fallen voraussichtlich folgende Aufwendungen an:

Löhne und Gehälter	15 000,00 EUR
Miete für die Fertigungshalle	4 000,00 EUR
Sonstige Aufwendungen (z.B. Werbung)	9 000,00 EUR

Aufgaben:

3.1 Ermitteln Sie den Kapitalbedarf für diese Existenzgründung!

3.2 Herr Neurer hat ein Eigenkapital in Höhe von 170 000,00 EUR. Ermitteln Sie, in welcher Höhe Kredite benötigt werden, wenn er noch ein Sicherheitspolster in Höhe von 5 000,00 EUR im Finanzplan vorsieht!

---

1 Quelle: http://www.starternetz.nrw.de/hfblank.php?id=982&idd=news; 10.04.2006.

3 Konstitutive[1] Bedingungen der Unternehmensgründung

3.1 Standortfaktoren und Standortprobleme

3.1.1 Begriff Standort und maßgebende Standortfaktoren

(1) Begriff Standort

> Der **Standort** ist die **örtliche Lage** eines **Unternehmens**.

Nicht alle Betriebe sind in der Wahl ihres Standorts frei. Die Urproduktionsbetriebe (z.B. Kohlebergbau, Erzbergbau, Erdölförderung, Kieswerk, Ziegelei) sind in der Wahl ihres Standorts an die Bodenvorkommen gebunden. Man spricht deshalb von **natürlichen** oder **gebundenen Standorten**. Eine mehr oder weniger **freie Standortwahl** besitzen die Verarbeitungs-, Handels- und Dienstleistungsbetriebe. Allerdings müssen bei der Neugründung die **Kostenvorteile** bzw. **Absatzvorteile** erwogen werden, die an den zur Auswahl stehenden Standorten zu erwarten sind.[2]

(2) Maßgebende Standortfaktoren

Maßgebende Standortfaktoren	Bezeichnung der Betriebe nach ihrer Standortorientierung	Beispiele
Nähe der Verkehrswege	verkehrsorientierte Betriebe	Massengüter verarbeitende Industrien (z.B. Kohlekraftwerke), schwere Güter herstellende Betriebe (z.B. Maschinenfabriken, Autofabriken), Transportgesellschaften, Lagerhausgesellschaften.
Nähe des Verbrauchers (Nähe des Absatzmarkts)	absatzorientierte Betriebe (verbrauchs- oder konsumorientierte Betriebe)	Getränkeindustrie, Einzelhandelsgeschäfte, Tankstellen, Genussmittelindustrie.
Rohstoffvorkommen	rohstofforientierte Betriebe	Bergwerke, Erdöl- und Erdgasgewinnung, Steinbrüche, Ziegeleien, Kieswerke sowie Rohstoff verarbeitende Industrien (z.B. Hüttenwerke).
Energievorkommen	energieorientierte Betriebe	Sägewerke, ehemals wasserkraftgetriebene Mühlen, Elektrizitätswerke an Flüssen und Stauseen, Aluminiumwerke, Atomkraftwerke (Wasser zur Kühlung).
klimatische Bedingungen, Bodenbeschaffenheit, landschaftliche Schönheit	naturorientierte Betriebe	Landwirtschaft, Forstwirtschaft, Fremdenverkehrswirtschaft, heilklimatische Einrichtungen, Brauereien, Hersteller von Heilwasser, Säften.

---

1 **Konstitutiv:** als wesentliche Bedingung den Bestand von etwas (in unserem Fall die Existenzgründung) ermöglichend.
2 Wiederholen Sie hierzu die Ausführungen auf S. 122.

Nähe der Arbeitskräfte	arbeitsorientierte Betriebe	Betriebe mit großem Bedarf an Arbeitskräften (lohnintensive Betriebe) wie optische oder feinmechanische Industrien (Bedarf an Fachkräften) oder Betriebe mit hohem Bedarf an Hilfskräften (z. B. Textilindustrie).
staatliche Maßnahmen (Subventionen)	wirtschaftspolitisch beeinflusster Standort	Allgemein: Ansiedlung von Betrieben in wirtschaftlich schwach entwickelten, oft dünn besiedelten Gebieten.

Erläuterungen:

■ **Nähe der Verkehrswege**

Betriebe, die Massengüter herstellen (z. B. Kohlekraftwerke, Hersteller von Fertigbeton) und Betriebe, die Waren für andere einlagern (Lagerhausgesellschaften) oder transportieren (Transportunternehmen), finden sich in der Nähe des Straßen-, Schienen-, Wasserstraßen- und Flugverkehrsnetzes.

■ **Nähe der Absatzmöglichkeiten**

Solche Betriebe, die ihre Rohstoffe oder Waren an jedem Ort zu etwa gleichen Preisen erhalten können, oder solche, bei denen die Absatzvorteile größer als die Kostennachteile sind, werden ihren Standort dort suchen, wo sich die besten Absatzmöglichkeiten ergeben, d. h., sie suchen die Nähe des Verbrauchers. Dies gilt beispielsweise für Lebensmittelgeschäfte (in der Nähe von Siedlungen), Warenhäuser und Kaufhäuser (im Stadtkern oder an Hauptstraßen) oder Tankstellen (an Hauptstraßen, Ausfallstraßen oder Autobahnen).

■ **Nähe der Rohstoffe und Energien**

Rohstoffe verarbeitende Betriebe befinden sich oft in der Nähe der Rohstoffgewinnung, weil der Transport der schwereren unverarbeiteten Rohstoffe teurer ist als der Transport der leichteren Fertigerzeugnisse. So finden sich z. B. in Bremen viele Kaffeeröstereien, weil der importierte Rohkaffee ein höheres Gewicht als der Fertigkaffee besitzt.

■ **Nähe natürlicher Rahmenbedingungen**

Die Standorte dieser Betriebe sind an besondere Bodenbeschaffenheiten und klimatische Bedingungen gebunden (z. B. Weinanbau, Spargelanbau, Obstkulturen). Fremdenverkehrsunternehmen und -einrichtungen finden sich in landschaftlich besonders reizvollen Gegenden (z. B. Seen, Mittelgebirge, Hochgebirge, Küstenlandschaften). Kureinrichtungen und Sanatorien werden in Orten mit Mineralquellen, heißen Quellen und/oder besonderen klimatischen Eigenschaften (z. B. am Meer, in besonderen Höhenlagen) gegründet. Brauereien und Limonaden- sowie Heilwasserfabriken richten sich in der Regel an der Qualität des vorhandenen Wassers aus.

■ **Nähe der Arbeitskräfte und des Lohnniveaus**

Hier spielen mehrere Gesichtspunkte eine Rolle. Einmal mag es sein, dass Betriebe deswegen in entferntere Gegenden ausweichen müssen, weil im Bereich der an sich günstigeren Standorte ein Mangel an qualifizierten Arbeitskräften herrscht. Werden vorwiegend ungelernte und angelernte Arbeitskräfte benötigt, werden Gegenden (auch das Ausland) bevorzugt, in denen die Löhne niedriger sind.

Zum anderen mag es günstiger sein, sich gerade in solchen Gebieten niederzulassen, in denen bereits ähnliche Betriebe arbeiten (Zusammenballung, Agglomeration). Hier nämlich sind die etwa erforderlichen gelernten Arbeitskräfte vorhanden. Hinzu kommt, dass solche Gegenden von vornherein einen guten Ruf genießen, was dem Absatz zugute kommt (z. B. Nürnberger Lebkuchen, Schwarzwälder Uhren, bayerisches Bier).

- **Staatliche Maßnahmen**

Der Staat kann Betrieben direkte oder indirekte **Zuschüsse (Subventionen)** gewähren.

- Von **indirekten Subventionen** spricht man, wenn z. B. die Gemeinden ansiedlungswilligen Betrieben günstige Wasser- oder Gastarife einräumen oder Grundstücke billig verkaufen. Auch zinsverbilligte Staatskredite gehören hierzu.
- **Direkte Subventionen** hingegen liegen vor, wenn staatliche Körperschaften (Bund, Länder, Gemeinden) den Betrieben Geldbeträge zur Verfügung stellen, die diese nicht mehr zurückzahlen (tilgen) müssen.

- Bei der **Standortwahl** sind in der Regel **mehrere Standortfaktoren von Bedeutung**. Sie fallen unterschiedlich stark ins Gewicht und liegen oft im Widerstreit miteinander (z. B. günstige Verkehrswege, teureres Lohnniveau).
- Die Standortwahl ist – von Ausnahmen abgesehen – immer eine **Kompromisslösung**.[1]

3.1.2 Standortprobleme, dargestellt am Beispiel des Umweltschutzes

Nicht ohne Einfluss auf die Standortwahl der Betriebe sind die Umweltschutzvorschriften. Es handelt sich hierbei z. B. um Rechtsvorschriften des Naturschutzes und des Schutzes gegen Emissionen (z. B. Verunreinigungen von Luft, Wasser und Erdreich, Lärm, Erschütterungen, Licht und Strahlen). Aber auch Vorschriften zur Sicherung bestimmter natürlicher Gegebenheiten, der Landschaft und der Raumordnung gehören zum Umweltrecht. Würde man es den Betrieben überlassen, ihre Standorte frei zu wählen, würde den Bedürfnissen des Umweltschutzes in aller Regel nur in unzureichendem Maß Rechnung getragen werden. Deshalb muss der Staat die Standortwahl der Betriebe beeinflussen: Er betreibt **Raumordnungspolitik**.

> **Fallbeispiel: Ein Betrieb soll erweitert werden**
>
> **Zur Situation**
> In einem ländlichen Dorf ist die Bebauung von alters her bunt gemischt. Reine Wohngebäude stehen neben Ställen, Läden und Handwerksbetrieben. Im Laufe der letzten Jahrzehnte hat sich die Zusammensetzung der Bebauung gewandelt. Immer mehr Landwirte haben ihren Betrieb aufgegeben und die bestehende Bausubstanz in Wohnbebauung umgewandelt.

---

1 Kompromiss: Vereinbarung, Übereinkunft, Lösung von Meinungsverschiedenheiten durch Findung eines Mittelwegs.

In diesem Umfeld befindet sich ein Arzneimittel herstellendes Unternehmen, die Arzneimittelwerke Wegmann KG. Aus einer ehemaligen Apotheke hat sich im Laufe der Jahre ein mittelständischer Betrieb mit ca. 50 Mitarbeitern entwickelt. Verschiedene Erweiterungsbauten haben trotz Zukauf das vorhandene Betriebsgelände nahezu ausgeschöpft.

Seit Jahren werden von den Anliegern Klagen über die Belästigungen, die von diesem Betrieb ausgehen, geführt. Zum einen sei der Lärm, den der Betrieb verursacht, nach Ansicht der Betroffenen unzumutbar, zum anderen seien die Abgase gesundheitsschädlich. Darüber hinaus würden die Beschäftigten in der ganzen Umgebung die Straßen zuparken und damit bei Arbeitsbeginn und -ende, neben allgemeinen Behinderungen, eine erhebliche Belästigung darstellen.

Die Gemeinde hat in den letzten Jahren durch Bebauungspläne die Entwicklung neu geordnet und Flächen für die gewerbliche Nutzung und Flächen für die Wohnbebauung ausgewiesen. Die Arzneimittelwerke Wegmann KG wurde durch diese Planung nicht betroffen.

Problemstellung

Der Betrieb der Arzneimittelwerke Wegmann KG muss erweitert werden und es wird überlegt, ob diese Erweiterung am bisherigen Standort erfolgen soll oder ob eine Verlagerung des gesamten Betriebs in das Gewerbe-/Industriegebiet richtig ist. Die Gemeinde würde die benötigte Fläche verkaufen.

Lösungsanbahnung

1. Der Betriebsinhaber, Herr Wegmann, nimmt zur Entscheidungsfindung mit den **Gemeindebehörden Kontakt auf**. Baugenehmigungsbehörde ist das Landratsamt. Dort erfährt er:

   ■ Es liegt kein Bebauungsplan vor. Deshalb ist § 34 Baugesetzbuch anzuwenden. Danach ist ein Vorhaben zulässig, wenn es sich nach Art und Maß der baulichen Nutzung in die umgebende Bebauung einfügt. Die Art der baulichen Nutzung der Umgebung ergibt sich aus der vorhandenen Wohnbebauung und aus kleinen Läden, einem Bürohaus, kleinen Handwerksbetrieben, einer Gaststätte und eben der Arzneimittelwerke Wegmann KG.

   ■ Die Baunutzungsverordnung, die in Ergänzung des Bundesbaugesetzes erlassen wurde, stuft eine derartige Bebauung als Mischgebiet ein. Die vorgesehene Bebauung würde an dieser Beurteilung nichts ändern und wäre damit zulässig. Gefordert wird allerdings, dass die in einem Mischgebiet zulässigen Emissionswerte nicht überschritten werden.

     Emissionen sind die von einer Anlage (z.B. einer Maschine) ausgehenden Luftverunreinigungen, Geräusche, Erschütterungen, Licht, Wärme, Strahlen und ähnliche Erscheinungen (siehe auch § 3 III BImSchG), die von einer Stelle ausgehen.

     Immissionen sind z.B. Luftverunreinigungen, Geräusche, Erschütterungen, Licht, Wärme und Strahlen, die auf die Organismen (Menschen, Tiere, Pflanzen), die Atmosphäre (Luft), Hydrosphäre (Gewässer), die Lithosphäre (Böden) und auf Kultur- und sonstige Sachgüter einwirken oder dort bereits vorhandene Schadstoffkonzentrationen (siehe § 3 I, II BImSchG).

   ■ Mehrere, auf der Rechtsgrundlage des Bundes-Immissionsschutzgesetzes [BImSchG] erlassene Rechtsverordnungen schreiben Immissionsgrenzwerte bzw. Immissionsrichtwerte vor. Entscheidend dabei ist, welche Umweltbelastungen auf die zu schützenden „Rechtsgüter" (Umweltschutzgüter) einwirken. Grundsätzlich gilt, dass alle nach dem Stand der Technik vermeidbaren Emissionen und damit auch Immissionen vermieden werden müssen. Im vorliegenden Fall wurden die Lärmwerte untersucht.

Hinsichtlich des Lärms sind in der TA-Lärm[1] Immissionswerte für Lärm vorgegeben. Danach dürfen folgende Werte als Durchschnittswerte nicht überschritten werden:

Als Immissionsrichtwerte sind festgesetzt für

– Gebiete, in denen nur gewerbliche oder industrielle Anlagen und Wohnungen für Inhaber und Leiter der Betriebe sowie für Aufsichts- und Bereitschaftspersonen untergebracht sind, auf .... 70 dB (A)[2]

– Gebiete, in denen vorwiegend gewerbliche Anlagen untergebracht sind, auf	tagsüber	65 dB (A)
	nachts	50 dB (A)
– Gebiete mit gewerblichen Anlagen und Wohnungen, in denen weder vorwiegend gewerbliche Anlagen noch vorwiegend Wohnungen untergebracht sind, auf	tagsüber	60 dB (A)
	nachts	45 dB (A)
– Gebiete, in denen vorwiegend Wohnungen untergebracht sind, auf	tagsüber	55 dB (A)
	nachts	40 dB (A)
– Gebiete, in denen ausschließlich Wohnungen untergebracht sind, auf	tagsüber	50 dB (A)
	nachts	35 dB (A)
– Kurgebiete, Krankenhäuser und Pflegeanstalten auf	tagsüber	45 dB (A)
	nachts	35 dB (A)
– Wohnungen, die mit der Anlage baulich verbunden sind, auf	tagsüber	40 dB (A)
	nachts	30 dB (A)

Die Durchschnittswerte werden mit einer genau festgelegten Messmethode errechnet.

Das Gewerbeaufsichtsamt hat aufgrund der vorangegangenen Beschwerden die Lärmbelastung durch den Betrieb ermittelt. Von 06:00 Uhr bis 22:00 Uhr wurden 68 dB (A) festgestellt, da der Betrieb in zwei Schichten arbeitet. Hinzu kommt noch der Verkehrslärm der an- und abfahrenden Fahrzeuge, der dem Betrieb ebenfalls zugerechnet werden muss.

■ Für die Abgase aus dem Betrieb ist die TA-Luft heranzuziehen. Auch hier ist geregelt, welche Stoffe in einer bestimmten Menge Abluft noch enthalten sein dürfen.

Die Genehmigungsbehörde fordert deshalb für den Fall eines Bauantrags neben den allgemeinen Bauvorlagen auch ein schallschutztechnisches Gutachten eines vereidigten Sachverständigen, in dem die geplanten Schallschutzmaßnahmen und deren Auswirkungen dargestellt werden. Ebenso wird ein Gutachten über die Lüftungsanlage gefordert.

■ Darüber hinaus weist die Genehmigungsbehörde darauf hin, dass nach den einschlägigen Vorschriften der Landesbauordnung ausreichend Stellplätze für Kraftfahrzeuge auf eigenem Grund angelegt werden müssen. Dies könne im vorliegenden Fall wohl nur über eine Tiefgarage erfolgen.

---

1 TA-Lärm: Technische Anleitung zum Schutz gegen Lärm.

2 Dezibel (dB) ist die Maßeinheit für Lärm. Da es mehrere „Lärmkurven" gibt, hat man die einzelnen Kurven mit Buchstaben bezeichnet. International wird meist die Kurve A angewendet, die mit dB (A) bezeichnet wird.
Geräusche von 0 – 20 dB (A) sind i.d.R. nur unter Laborbedingungen hörbar. In ruhigen Gegenden betragen die Umgebungsgeräusche 20 – 30 dB (A). Bei normalen Unterhaltungen schwanken die Pegelwerte zwischen 40 bis 60 dB (A). Starker Autoverkehr verursacht einen Lärm von rund 80 dB (A). Presslufthämmer, Musikanlagen erreichen bis zu 100 dB (A).

2. Der Betriebsleiter nimmt nach dieser Auskunft **Kontakt mit Fachleuten** auf.

- Es zeigt sich, dass die Schallschutzanforderungen an den Betrieb nur dann erfüllt werden können, wenn sämtliche Glasflächen im Alt- und Neubau in Schallschutzverglasung ausgeführt werden. Aus arbeitsschutzrechtlichen Gründen müssen Fenster vorhanden sein, sie dürfen jedoch nicht zu öffnen sein. In die Zugänge und Zufahrten zu den Werkshallen sind Schallschutzschleusen einzubauen.
- Die Abluft ist über spezielle Filter in einen Abluftschacht zu führen, dessen Austrittsöffnung im freien Windstrom, mindestens 5 Meter über den umgebenden Gebäuden liegt. Zuluftöffnungen und Ventilatoren sind in einer speziellen lärmgedämmten Ausführung herzustellen.
- Das Stellplatzproblem muss durch eine Tiefgarage gelöst werden.

Ergebnis

Bei der Überprüfung des Betriebsablaufs stellt sich heraus, dass ein Erweiterungsbau am bisherigen Standort nicht optimal in die bestehenden Betriebsgebäude eingegliedert werden kann. Durch Umstellung von Produktionsabläufen ist zwar eine Verbesserung der jetzigen Situation zu erwarten, die gleichzeitig aber wieder durch die schallschutz- und lüftungstechnischen Einrichtungen aufgehoben wird.

Völlig offen ist die Entwicklung der Anforderungen an den Betrieb aufgrund seiner Umgebung. Jede Verschärfung der Umweltschutzvorschriften kann sich hier in besonderem Maße auswirken.

Hinzu kommt, dass der Betrieb keinerlei Erweiterungsmöglichkeiten mehr hat.

Eine Kosten-Nutzen-Analyse zeigt, dass bei den gegebenen Verhältnissen eine Aussiedlung des Betriebs aus dem Dorfkern in das Gewerbe- und Industriegebiet wirtschaftlich und zukunftsorientiert richtig ist. Herr Wegmann entscheidet sich in diesem Sinne.

Zusammenfassung

- Wichtige **Standortfaktoren** für einen Betrieb sind die:

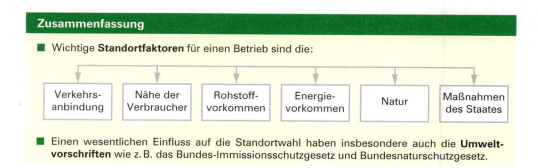

- Einen wesentlichen Einfluss auf die Standortwahl haben insbesondere auch die **Umweltvorschriften** wie z. B. das Bundes-Immissionsschutzgesetz und Bundesnaturschutzgesetz.

Übungsaufgabe

24 1. Die Gewinnlage eines Unternehmens hängt u. a. von der Wahl des optimalen Standorts bei der Gründung ab.

Aufgaben:

1.1 Erklären Sie den Begriff Standort und nennen Sie mindestens fünf Standortfaktoren!

1.2 Erklären Sie, warum die Standortwahl für die künftige Entwicklung eines Unternehmens von großer Bedeutung ist!

2. Erkunden Sie in Gruppen bei den am Ort ansässigen Unternehmen, auf welche Gründe ihre Standortentscheidung im Wesentlichen zurückzuführen sind und erfragen Sie die Probleme, die mit dem gegenwärtigen jeweiligen Standort verbunden sind.

Aufgabe:
Stellen Sie die Gruppenergebnisse im Klassenverband in einer Übersicht zusammen!

3.2 Wettbewerber als zentrale Marktteilnehmer

Bevor ein Unternehmen in den Markt eintritt bzw. sich mit seinen Produkten neu positioniert, muss es die Wettbewerbersituation analysieren. Zur Analyse der Wettbewerbersituation werden in der Praxis vor allem zwei Vorgehensweisen herangezogen: die **SWOT-Analyse** und das **Benchmarking**.

3.2.1 SWOT-Analyse

3.2.1.1 Grundlegendes

Um die eigene Marktsituation zu bestimmen, ist es jetzt erforderlich, die erfassten Daten der wichtigsten Wettbewerber mit denen des eigenen Unternehmens zu vergleichen und zu bewerten. Dabei werden auf der Grundlage eines Bewertungssystems (z. B. Schulnotenskala) die ausgewählten Kriterien gesichtet und beurteilt, und zwar zum einen für das eigene

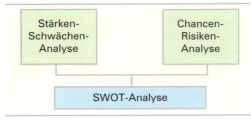

Angebot/Unternehmen und zum anderen für die wichtigsten Wettbewerber. Durch diese Gegenüberstellung lässt sich ein **Stärken-Schwächen-Profil** unseres Unternehmens im Verhältnis zu wichtigen Wettbewerbern erstellen.

Werden die Stärken und Schwächen eines Unternehmens mit der möglichen Entwicklung des Marktes konfrontiert, kommt es zu einer **Chancen-Risiken-Analyse**. Durch die Auswertung der Chancen-Risiken-Analyse hat das Unternehmen die Möglichkeit, rechtzeitig entsprechende strategische Entscheidungen vorwegzunehmen.

Eine Kombination der Ergebnisse von Stärken-Schwächen-Analysen mit der Chancen-Risiken-Analyse ermöglicht die **SWOT-Analyse** (**S**trengths, **W**eaknesses, **O**pportunities, **T**hreats).[1]

3.2.1.2 Stärken-Schwächen-Analyse

> Die **Stärken-Schwächen-Analyse** beinhaltet die Bewertung der wesentlichen Vorteile (Stärken) und Nachteile (Schwächen) eines Unternehmens im Vergleich zu seinen wichtigsten Wettbewerbern.

Ziel der Stärken-Schwächen-Analyse ist es, auf den jeweiligen Geschäftsfeldern wettbewerberbezogene Handlungsspielräume aufzuzeigen. Zur Durchführung der Stärken-Schwächen-Analyse empfiehlt sich eine dreistufige Vorgehensweise:

---
1 strength: Stärke; weakness: Schwäche; opportunities: (günstige) Gelegenheit; threat: Bedrohung.

- Festlegung, Erfassung und Bewertung der **eigenen strategischen Potenziale** (z. B. der finanziellen, technischen und organisatorischen Ausstattung sowie der Verfügbarkeit von Ressourcen wie Energie, Rohstoffen, Infrastruktur u. Ä.).
- Ermittlung der **Stärken und Schwächen der wichtigsten Wettbewerber**.
- Visualisierung der Resultate dieser Gegenüberstellung anhand eines **Stärken-Schwächen-Profils**.

Potenziale	Beurteilung		
Unternehmensführung	schwach	indifferent	stark
■ Unternehmenskultur und -philosophie			
■ Ziele und erkennbare Strategien			
■ System der Mitarbeiter-Motivation			
■ …			
Produktion			
■ Fertigungstechnische Ausstattung			
■ Elastizität der Produktionsanlagen			
■ Qualität der Fertigungsplanung/-steuerung			
■ …			
Forschung und Entwicklung			
■ Intensität und Wirksamkeit der F&E			
■ Know-how			
■ Einführung neuer Kommunikationstechnologien			
■ …			
Marketing			
■ Organisation des Vertriebs			
■ Standort der Vertriebsniederlassung			
■ Stellung der Produkte im Lebenszyklus			
■ …			
Personal			
■ Altersstruktur der Belegschaft			
■ Ausbildungsstand			
■ Qualifikation/Motivation der Führungskräfte			
■ …			
Finanzen			
■ Eigenkapitalausstattung			
■ Finanzieller Überschuss			
■ Möglichkeiten der Fremdfinanzierung			
■ …			

Stärken-Schwächen-Profil eines Unternehmens im Verhältnis zu einem wichtigen Wettbewerber

Legende: ● Eigenes Unternehmen ● Wichtiges Konkurrenzunternehmen

Quelle: Nieschlag, R.; Dichtl, E.; Hörschgen, H.: Marketing, 19. Aufl., Berlin 2002, S. 114.

Über die Stärken-Schwächen-Analyse gelingt es, die Hauptstärken herauszuarbeiten, auf denen eine erfolgreiche Strategie aufgebaut werden kann. Zudem werden die Hauptschwächen deutlich, die zur Vermeidung von Misserfolgen beseitigt werden müssen.

3.2.1.3 Chancen-Risiken-Analyse

Im Rahmen der Chancen-Risiken-Analyse versucht das Unternehmen, mögliche Entwicklungen aus dem Markt und aus dem weiteren Umfeld (z.B. technischer Fortschritt, politisch-rechtliche Gegebenheiten, ökonomische Situation, gesellschaftspolitische Lage) aufzudecken. Eine solche Analyse versetzt ein Unternehmen in die Lage, rechtzeitig strategische Entscheidungen vornehmen zu können. Außerdem kann das Unternehmen seine Möglichkeiten nutzen, die negativen Ereignisse zu verhindern, d.h. ihrem Eintreten (z.B. durch Lobbyarbeit) aktiv entgegenzuwirken.

> **Aufgabe** der **Chancen-Risiken-Analyse** ist es, die Entwicklungen aus dem Markt und dem weiteren Umfeld aufzudecken, die die Stärken und Schwächen des Unternehmens betreffen.

Beispiel: Chancen und Risiken für einen Automobilhersteller

Chancen	Risiken
■ Entwicklung eines Kompaktwagens mit extrem niedrigem Benzinverbrauch ■ Entwicklung eines Autos mit extrem niedrigen Abgaswerten bei gleichzeitig hoher Leistung ■ Entwicklung eines leistungskräftigen elektrischen Autos mit hoher Reichweite und leichten Batterien ■ Attraktivitätsverlust der öffentlichen Verkehrsmittel	■ Entwicklung eines Kompaktwagens mit extrem niedrigem Benzinverbrauch und Abgaswerten durch einen Konkurrenten ■ Zunehmende Verbraucherakzeptanz von einfachen Fahrzeugen zu niedrigen Preisen von Wettbewerbern aus „Niedriglohnländern" ■ Drastische Geschwindigkeitsbeschränkungen und Einführung autofreier Tage ■ Anhaltende Treibstoffverknappung in Verbindung mit Mineralölsteuererhöhungen

Quelle: Meffert, H.: Marketing-Grundlagen marktorientierter Unternehmensführung, 9. Aufl., Wiesbaden 2000, S. 66.

3.2.1.4 Ziele der SWOT-Analyse

Die SWOT-Analyse führt die Stärken-Schwächen-Analyse und die Chancen-Risiken-Analyse in einer Matrix zusammen. Durch deren Analysen können die Entscheidungen der Unternehmensführung präziser getroffen werden.

- So kann z.B. festgestellt werden, dass die Kompetenzen des Unternehmens genau die Entwicklung und spezifischen Anforderungen des Marktes treffen (siehe Feld 1 im Beispiel auf S. 152). In diesem Fall hat das Unternehmen alle Anstrengungen zu unternehmen, die Chance zu einem Durchbruch in neue Marktdimensionen zu nutzen.

- Die Analyse kann aber auch deutlich machen, dass eine bestimmte Marktchance nicht genutzt werden kann, weil sie die Ressourcen des Unternehmens übersteigt oder mit dem spezifischen Ressourcenprofil der Unternehmung nicht vereinbar ist (siehe Feld 3 des Beispiels).

Die **SWOT-Analyse** stellt sicher, dass für anstehende Marketingentscheidungen alle Daten aus Unternehmung, Markt und Umfeld erfasst werden. Sie ist ein wichtiges Instrument, um Marketingstrategien zu entwickeln.

Beispiel: SWOT-Analyse am Beispiel des Volkswagen Konzerns (beispielhaft)

Unternehmens-interne Faktoren \ Unternehmens-externe Faktoren	Chancen	Risiken
Stärken	① ■ Starke Nachfragebelebung bei verbrauchsgünstigen TDI-(Diesel-)Motoren als Folge einer drastischen Mineralölsteuererhöhung ■ Nachfrageverlagerung von Oberklasse- zu Mittelklasse-Pkw aufgrund wachsender Preissensibilität der Verbraucher (Downsizing)	② ■ Die chinesische Regierung erlaubt zahlreichen Konkurrenten den Aufbau von Fabriken in China ohne weitere Auflagen ■ Schwächen der Marke Volkswagen aufgrund umfassender Verwendung von Gleichteilen bei allen Konzerngesellschaften. VW, Seat und Skoda werden austauschbar (Mehrmarkenstrategie wird zu einem Risiko statt zu einer Chance)
Schwächen	③ ■ Starkes Markenanteilswachstum leistungsstarker Sport- und Fun-Pkw ■ Nachfragesteigerung bei zweisitzigen, elektrisch betriebenen Stadtautos aufgrund technischer Innovationen außerhalb des Unternehmens	④ ■ Starkes Nachfragewachstum in der Kompaktwagenklasse in den USA aufgrund steigender Benzinpreise und schlechter Wirtschaftsentwicklung. Geringe Partizipation am US-Marktwachstum wegen niedrigem VW-Marktanteil in den USA

Quelle: Meffert, H.: Marketing-Grundlagen marktorientierter Unternehmensführung, 9. Aufl., Wiesbaden 2000, S. 68.

Zur SWOT-Analyse ist **kritisch anzumerken,** dass sie vor allem dazu geeignet ist, einzelne Geschäftsfelder eines Unternehmens zu beurteilen. Sie ermöglicht jedoch keine aussagefähige Gesamtanalyse über die verschiedenen Tätigkeitsbereiche des Unternehmens und deren zukünftige Entwicklung im Markt.

3.2.2 Benchmarking

(1) Begriff Benchmarking

Die Wettbewerberanalyse kann auch als Instrument des Benchmarkings eingesetzt werden. Der Ansatz des Benchmarkings vergleicht die eigene Leistungsfähigkeit in Bezug auf Produkte, Prozesse, strategisches Vorgehen usw. mit den aus Kundensicht **besten Unternehmen (Best-practice-Unternehmen)**. Für die Abbildung des Best-practice-Unternehmens setzt man vielfach Kennzahlen ein. Der Vergleich der Kennzahlen offenbart den Abstand zum Best-practice-Unternehmen, die sogenannte „Leistungslücke". Benchmarking bedeutet im Management, einen Referenzpunkt zur Selbsteinschätzung zu finden.[1]

- **Benchmarking** ist ein Planungsinstrument, das dazu dient, das **eigene Unternehmen** mit dem **besten Mitbewerber** (Best-practice-Unternehmen) zu vergleichen.
- Bei der Gegenüberstellung mit dem Best-practice-Unternehmen vergleicht man z. B. **Produkte, Dienstleistungen, Produktionsverfahren, Prozesse** und **Methoden**.
- Für den Vergleich setzt man vielfach **Kennzahlen** ein.

(2) Ablauf und Ziele des Benchmarkings

Der Anlass für Benchmarking-Studien liegt in der Regel in der Vermutung, dass zwischen der eigenen Leistungsfähigkeit und der der Wettbewerber Leistungslücken bestehen. Solche Leistungslücken können z. B. in der Kostenstruktur, im Faktor Zeit bei der Neuentwicklung von Produkten, in der Produktqualität, bei den Prozessabläufen u. Ä. liegen.

- Im **ersten Schritt** wird die **quantitative Leistungslücke** (z. B. der Unterschied in der Höhe der Stückkosten, die Anzahl der Funktionen, die das eigene Produkt gegenüber dem Konkurrenzprodukt weniger aufweist, Zeitunterschied in der Lebensdauer eines Produktes) im Vergleich zu den Best-practice-Unternehmen aufgedeckt.
- Im **zweiten Schritt** folgt eine **qualitative Analyse** der Gründe für die aufgedeckte Leistungslücke.
- Im **dritten Schritt** erfolgt die **Formulierung von Verbesserungsvorschlägen** und deren **Umsetzung** zum Auf- und Ausbau von Stärken und zur Beseitigung von Schwächen. Anschließend wird die **Effektivität der Maßnahmen** vom Controlling **überprüft** und ein **neues Benchmarking** eingeleitet.

Benchmarking ist ein **kontinuierlicher Prozess**. Es gilt, ständig die Besten der Besten zu finden und in zwischenbetriebliche Vergleiche einzubinden. Benchmarking ist somit kein einmalig durchzuführendes Projekt.

Ziel des Benchmarkings ist es, von den „Klassenbesten" zu lernen und deren Leistungen für das eigene Unternehmen nutzbar zu machen, um so selbst zum besten Unternehmen aufzusteigen. Durch die ständigen und systematischen Vergleiche soll im Unternehmen eine dauerhaft kreative Unruhe geschaffen werden, die große Sprünge im Leistungsniveau auslöst.

---

[1] Benchmark bedeutet „Referenzpunkt" in der Geodäsie, also in der Erd-, Land- und Feldmessung.

Zusammenfassung

- Die **Stärken-Schwächen-Analyse** beinhaltet die Bewertung der wesentlichen Vorteile (Stärken) und Nachteile (Schwächen) eines Unternehmens im Vergleich zu seinen wichtigsten Wettbewerbern.

- Ziel der **Chancen-Risiken-Analyse** ist es, die Entwicklungen aus dem Markt und dem weiteren Umfeld aufzudecken, die die Stärken und Schwächen des Unternehmens betreffen.

- Die Kombination der Ergebnisse von Stärken-Schwächen-Analyse und Chancen-Risiken-Analyse ermöglicht die **SWOT-Analyse**. Sie ist ein wichtiges Instrument, um Marketingstrategien zu entwickeln.

- Das **Benchmarking** ist ein Planungsinstrument. Es dient dem systematischen, meist kennzahlengestützten Vergleich des eigenen Unternehmens mit den besten Mitbewerbern (Best-practice-Unternehmen). Benchmarking ist als **ständiger Prozess** einzurichten.

Übungsaufgabe

25 1. 1.1 Stellen Sie dar, warum Unternehmen eine Wettbewerberanalyse betreiben!

1.2 Nennen Sie vier Bereiche, auf die sich eine Wettbewerberanalyse beziehen kann und bilden Sie zu jedem Bereich zwei Beispiele!

1.3 Erläutern Sie den Begriff Benchmarking!

1.4 Unterscheiden Sie die Wettbewerberanalyse vom Benchmarking!

2. 2.1 Beschreiben Sie den Inhalt der Stärken-Schwächen-Analyse!

2.2 Interpretieren Sie das auf S. 150 abgebildete Stärken-Schwächen-Profil!

2.3 Erläutern Sie, inwiefern die Stärken-Schwächen-Analyse durch die Chancen-Risiken-Analyse ergänzt wird!

2.4 Interpretieren Sie für die nachfolgenden Abbildungen jeweils die beiden Quadranten, die Ihrer Meinung nach am wichtigsten für das Unternehmen sind!

Abbildung 1:

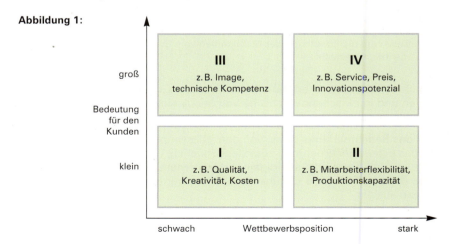

154

Abbildung 2:

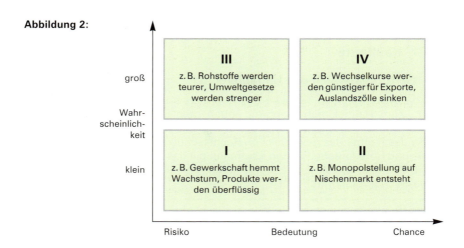

3. 3.1 Beschreiben Sie die Bedeutung der SWOT-Analyse!
   3.2 Zur Beschreibung der strategischen Situation eines Unternehmens kann eine SWOT-Matrix erstellt werden.

	S Auflistung der Stärken/Strengths	**W** Auflistung der Schwächen/Weaknesses
O Auflistung der Gelegenheiten/Opportunities	SO-Situation:	WO-Situation:
T Auflistung der Bedrohungen/Threats	ST-Situation:	WT-Situation:

Quelle: Nieschlag, R.; Dichtl, E.; Hörschgen, H.: Marketing, 19. Aufl., Berlin 2002, S. 117.

Aufgabe:
Formulieren Sie zu den vier Situationen die Ihrer Meinung nach richtige Marketingstrategie!

3.3 Rechtliche Grundlagen der Unternehmen

3.3.1 Kaufleute

(1) Geltungsbereich des Handelsrechts

Für die wirtschaftliche Tätigkeit des Kaufmanns im rechtlichen Sinne gilt das Handelsrecht. Zum Handelsrecht gehören neben dem HGB und seinen Nebengesetzen (z. B. Scheck- und Wechselgesetz) u. a. das in verschiedenen Gesetzen geregelte Gesellschaftsrecht, das Rechte des gewerblichen Rechtsschutzes, sowie das Wertpapierrecht und das Bank- und Börsenrecht. Für den Kaufmann gilt das BGB nur subsidiär,[1] das bedeutet, dass das BGB nur insoweit Anwendung findet, als es für den Sachverhalt im Handelsrecht keine Sondervorschriften gibt.

Das **Handelsrecht** ist das Sonderprivatrecht für den Kaufmann.

(2) Begriff Kaufmann

Kaufmann im Sinne des HGB ist, wer ein **Handelsgewerbe** betreibt [§ 1 I HGB].

Ein Handelsgewerbe ist jeder Gewerbebetrieb,[2] wenn er einen nach Art oder Umfang in **kaufmännischer Weise eingerichteten Geschäftsbetrieb** erfordert. Merkmale eines kaufmännisch eingerichteten Geschäftsbetriebs sind z. B.

- doppelte Buchführung,
- Erreichen eines bestimmten Umsatzes,
- mehrere Beschäftigte,
- Produktvielfalt (Sach- und/oder Dienstleistungen),
- Gewinnziel und
- Zahl der Betriebsstätten.

(3) Abgrenzung des Begriffs Kaufmann vom Nichtkaufmann

Gewerbetreibende, deren Unternehmen **keinen** nach Art oder Umfang eines in kaufmännischer Weise eingerichteten Geschäftsbetrieb erforderlich macht, sind keine Kaufleute.

Hierzu gehören vor allem alle **Kleinbetriebe** sowie die **freien Berufe** (z. B. Rechtsanwälte, Architekten, Ärzte mit einer eigenen Praxis).

---

1 Subsidiär: zur Aushilfe dienend.
2 Ein Gewerbebetrieb liegt vor, wenn die Tätigkeit selbstständig und auf Dauer angelegt ist, planmäßig betrieben wird, auf dem Markt nach außen in Erscheinung tritt, nicht gesetzes- oder sittenwidrig ist und in der Regel eine Gewinnerzielungsabsicht beinhaltet.

(4) Formen des Kaufmanns

■ Istkaufmann

> Ein **Gewerbetreibender,** dessen Unternehmen eine **kaufmännische Einrichtung** erforderlich macht, ist **in jedem Fall Kaufmann,** gleichgültig, ob er bereits im Handelsregister eingetragen ist oder nicht. Man spricht deswegen auch vom **Istkaufmann** [§ 1 HGB].

Der Istkaufmann ist **verpflichtet,** sich mit seiner Firma und mit sonstigen wichtigen Merkmalen seines Handelsgewerbes (z.B. Niederlassungsort, Zweck des Unternehmens, Gesellschafter) in das Handelsregister eintragen zu lassen. Die Eintragung erklärt nach außen, dass es sich um ein kaufmännisches Unternehmen handelt. Die Eintragung wirkt nur noch **deklaratorisch,**[1] was besagt, dass die Rechtswirkung schon vor der Eintragung in das Handelsregister eingetreten ist.

■ Kannkaufmann

> ■ Ein **Kleinbetrieb** ist **kein Kaufmann** im Sinne des § 1 HGB und unterliegt daher **nicht** den **Vorschriften des HGB.**
>
> ■ Ein Kleingewerbetreibender **kann** sich aber in das **Handelsregister eintragen lassen.** Mit der Eintragung erlangt er die Kaufmannseigenschaft.
>
> ■ Kleingewerbetreibende zählen deshalb zu den **Kannkaufmännern.**

Auch die Inhaber land- und forstwirtschaftlicher Betriebe und/oder ihrer Nebenbetriebe haben die Möglichkeit, sich ins Handelsregister eintragen zu lassen. Voraussetzung ist, dass diese Betriebe einen nach Art und Umfang in kaufmännischer Weise eingerichteten Geschäftsbetrieb erfordern [§§ 2, 3 II HGB].

Bei einem Kannkaufmann wirkt die Handelsregistereintragung **konstitutiv.**[2] Dies bedeutet, dass die Kaufmannseigenschaft erst mit der Handelsregistereintragung erworben wird.

■ Kaufmann kraft Rechtsform

> Kaufmann kraft Rechtsform **(Formkaufmann)** sind die juristischen Personen des Handelsrechts ohne Rücksicht auf die Art der betriebenen Geschäfte und der Betriebsgröße.

Wichtige Beispiele für einen Kaufmann kraft Rechtsform sind die Gesellschaft mit beschränkter Haftung (GmbH))[3] sowie die Aktiengesellschaft (AG),[4] die mit der Eintragung in das Handelsregister Kaufmann werden. Bei einem Formkaufmann wirkt die Handelsregistereintragung **konstitutiv,** d.h., die Rechtswirkung tritt erst mit der Eintragung in das Handelsregister ein.

---

1 Deklaratorisch (lat.): erklärend, rechtserklärend. Deklaration (lat.): Erklärung, die etwas Grundlegendes enthält.
2 Konstitutiv (lat.): rechtsbegründend, rechtschaffend. Konstitution (lat.): Verfassung, Rechtsbestimmung.
3 Vgl. Kapitel 3.8, S. 189ff.
4 Vgl. Kapitel 3.10, S. 201ff.

3.3.2 Handelsregister

(1) Begriff Handelsregister

> Das **Handelsregister** ist ein amtliches, öffentliches, elektronisch geführtes Verzeichnis aller Kaufleute eines Amtsgerichtsbezirks. Für die Führung des Handelsregisters sind die Amtsgerichte zuständig [§ 8 HGB; § 376 I FamFG].
>
> - Für die **Anmeldungen zur Eintragung** ist eine **öffentliche Beglaubigung**[1] (z. B. durch einen Notar) erforderlich.
> - Die für die Anmeldung erforderlichen **Unterlagen** sind **elektronisch einzureichen**.

(2) Aufgabe und Bedeutung des Handelsregisters

Die Aufgabe des Handelsregisters besteht darin, der **Öffentlichkeit** die Rechtsverhältnisse der eingetragenen kaufmännischen Gewerbebetriebe offenzulegen. Das Handelsregister ist frei zugänglich, d. h., jeder Interessierte kann ohne Angabe von Gründen in das Register Einsicht nehmen. Das Handelsregister gibt z. B. Auskunft über

- die Firma,
- die Rechtsform,
- den Gegenstand des Unternehmens,
- den (oder die) Geschäftsinhaber,
- die Haftungsverhältnisse,
- den Ort des Geschäftssitzes,

- die inländische Geschäftsanschrift der Handelsniederlassung,
- den Gegenstand des Unternehmens,
- die Vertretungsbefugnisse der Vertretungsorgane des Unternehmens und
- den Tag der Handelsregistereintragung.

Die Handelsregistereintragungen werden **elektronisch bekannt gemacht**. Auskünfte über die Eintragungen (z. B. Registerblätter, Gesellschafterlisten und Satzungen) können über das gemeinsame Justizportal aller Bundesländer (www.justiz.de) online eingesehen werden.[2] Zudem kann jeder auf elektronischem Wege (kostenpflichtig) Abschriften und Registerausdrucke erhalten.[3]

Das Handelsregister genießt **öffentlichen Glauben**. Zum Schutz des Vertrauens Dritter auf die bekannt gemachten Handelsregistereintragungen gilt die **Vermutung der Richtigkeit** der Handelsregistereintragungen.

(3) Abteilungen des Handelsregisters

Das Handelsregister besteht aus zwei Abteilungen:

Abteilung A	Abteilung B
Hier werden u. a. eingetragen: ■ Einzelkaufleute, ■ OHG, ■ KG.	Hier wird u. a. eingetragen: ■ GmbH, ■ AG.

---

1 Beglaubigung: Vom Notar wird die **Echtheit der eigenhändigen Unterschrift** des Erklärenden beglaubigt.
2 Die Einsichtnahme „vor Ort" ist grundsätzlich bei jedem Amtsgericht über ein Terminal möglich.
3 Außerdem besteht ein Unternehmensregister, das als bündelndes Portal über die Informationen des Handelsregisters hinaus alle wirtschaftlich relevanten Daten über Unternehmen zugänglich macht (www.unternehmensregister.de).

(4) Löschung

Die Löschung der Eintragung erfolgt dadurch, dass die Eintragung rot unterstrichen wird. Auf diese Weise können alle früheren Eintragungen zurückverfolgt werden.

3.3.3 Firma

(1) Begriff Firma

> Die **Firma** ist der im Handelsregister eingetragene Name, unter dem ein Kaufmann sein Handelsgewerbe betreibt und seine Unterschrift abgibt [§ 17 I HGB]. Der Kaufmann kann unter seiner Firma klagen und verklagt werden [§ 17 II HGB].

Das Recht an einer bestimmten Firma ist gesetzlich geschützt. Das Gesetz schützt den Inhaber einer Firma beispielsweise davor, dass ein anderer Kaufmann am selben Ort eine nicht deutlich abweichende Firma annimmt [§ 30 HGB].

Eintragungsfähig ist – unabhängig von der Rechtsform des Unternehmens – jede Firma, die folgende Bedingungen erfüllt:

- Sie muss sich deutlich von **anderen Firmen unterscheiden** [§ 18 I HGB].
- Die **Geschäftsverhältnisse** müssen ersichtlich sein [§ 19 I HGB].
- Die **Haftungsverhältnisse** müssen offengelegt werden [§ 19 II HGB].
- Die Firma darf **nicht irreführend** sein (Irreführungsverbot nach § 18 II HGB).

Eine Firma ist von der Eintragung ins Handelsregister ausgeschlossen, wenn sie eine dieser Bedingungen nicht erfüllt.

(2) Firmenarten

Wenn die oben genannten vier Voraussetzungen erfüllt sind, können die einzutragenden Unternehmen zwischen folgenden Firmenarten wählen:

Firmenart	Erläuterungen	Beispiele
Personenfirmen	Sie enthalten einen oder mehrere Personennamen.	Schneider & Bauer KG
Sachfirmen	Sie sind dem Zweck des Unternehmens entnommen.	Vereinigte Ostfriesische Lebensmittelfabriken GmbH
Fantasiefirmen	Es handelt sich um erdachte Namen.	Fantasia Verlagsgesellschaft mbH, Impex KG
Gemischte Firmen	Sie enthalten sowohl einen oder mehrere Personennamen als auch einen dem Zweck des Unternehmens entnommenen Begriff und/oder einen Fantasienamen.	Arzneimittelfabrik Peter & Schmid GmbH; Paradiso Ferienpark GmbH

(3) Rechtsformzusätze

Den einzelnen Rechtsformen der Unternehmen sind **verbindliche Firmenzusätze (Rechtsformzusätze)** zugeordnet.

- Die Firma der **Einzelunternehmung** muss die Bezeichnung „eingetragener Kaufmann" bzw. „eingetragene Kauffrau" enthalten. Allgemein verständliche Abkürzungen dieser Bezeichnungen sind zulässig (z.B. e.K., e.Kfm., e.Kfr.) [§ 19 I, Nr. 1 HGB].

- Die Firma der **offenen Handelsgesellschaft** muss die Bezeichnung „Offene Handelsgesellschaft" aufweisen. Eine allgemein verständliche Abkürzung dieser Bezeichnung wie z.B. OHG ist zulässig [§ 19 I, Nr. 3 HGB].

- Die Firma der **Aktiengesellschaft** muss die Bezeichnung „Aktiengesellschaft" [§ 4 AktG], die Firma der **Gesellschaften mit beschränkter Haftung** muss die Bezeichnung „Gesellschaft mit beschränkter Haftung" enthalten [§ 4 GmbHG]. Eine allgemein verständliche Abkürzung dieser Bezeichnung ist zulässig (z.B. AG bzw. GmbH).

Freiwillige Firmenzusätze haben die Aufgabe, den Informationsgehalt einer Firma zu verstärken.

> **Beispiel:**
>
> Die Inhaberin einer Schuhfabrik firmiert wie folgt: „Inge Kern GmbH – Fabrik für den modernen Schuh".

(4) Pflichtangaben auf Geschäftsbriefen

Für sämtliche kaufmännischen Unternehmen[1] sind auf allen **Geschäftsbriefen, die an einen bestimmten Empfänger gerichtet sind,** folgende Angaben **verpflichtend** vorgeschrieben [§ 37 a HGB]:

- die **Firma** (d.h. die Angabe der Rechtsform, z.B. „eingetragener Kaufmann"),
- der **Ort der Handelsniederlassung,**
- das **Registergericht,**
- die **Nummer,** unter der die Firma in das **Handelsregister eingetragen** ist und die Steuernummer [§ 14 I a UStG].

(5) Firmengrundsätze

Firmenwahrheit und -klarheit	Die Firma darf nicht über Art und/oder Umfang des Geschäfts täuschen.
Firmen-öffentlichkeit	Jeder Kaufmann ist verpflichtet seine Firma und den Ort seiner Handelsniederlassung und deren spätere Änderungen zur Eintragung in das zuständige Handelsregister anzumelden. Damit wird erreicht, dass die Öffentlichkeit (also Kunden, Lieferanten, Banken, Behörden usw.) erfährt, unter welcher Firma Geschäftsvorgänge abgewickelt werden.

---

1 Pflichtangaben auf Geschäftsbriefen bestehen somit für die eingetragenen Einzelunternehmen, die offene Handelsgesellschaft [§ 125 a HGB], die Kommanditgesellschaft [§ 177 a HGB], die Aktiengesellschaft [§ 80 AktG], die Gesellschaft mit beschränkter Haftung [§ 35 a GmbHG] und die eingetragene Genossenschaft [§ 25 a GenG].

Firmen-ausschließlichkeit	Jede neue Firma muss sich von anderen an demselben Ort oder in derselben Gemeinde bereits bestehenden und in das Handelsregister eingetragenen Firmen deutlich unterscheiden. Bei gleichen Familiennamen der Inhaber muss ein Firmenzusatz eine eindeutige Unterscheidung ermöglichen.
Firmen-beständigkeit[1]	Die bisherige Firma kann beibehalten werden, wenn sich der Name des Inhabers ändert (z.B. bei Heirat), das Unternehmen durch einen neuen Inhaber fortgeführt wird (z.B. bei Verkauf oder Erbschaft) oder bei Eintritt eines zusätzlichen Mitinhabers (Gesellschafters). Voraussetzung für die Weiterführung der Firma ist die ausdrückliche Einwilligung des bisherigen Inhabers oder dessen Erben. Ein Zusatz, der auf das Nachfolgeverhältnis hinweist, ist möglich.

(6) Haftung bei Übernahme

Wer ein Handelsgeschäft erwirbt und dieses unter **Beibehaltung der bisherigen Firma** mit oder ohne Beifügung eines das Nachfolgeverhältnis andeutenden Zusatzes fortführt, **haftet für alle** im Betrieb des Geschäfts begründeten **Verbindlichkeiten des früheren Inhabers** [§ 25 I HGB]. Eine abweichende Vereinbarung ist Dritten gegenüber nur wirksam, wenn sie in das Handelsregister eingetragen und bekannt gemacht oder von dem Erwerber bzw. dem Veräußerer dem Dritten mitgeteilt wurde [§ 25 II HGB].

Wird die **Firma nicht fortgeführt,** haftet der Erwerber für die früheren Geschäftsverbindlichkeiten grundsätzlich nur dann, wenn ein **besonderer Verpflichtungsgrund** vorliegt, insbesondere wenn die Übernahme der Verbindlichkeiten vom Erwerber in handelsüblicher Weise (z.B. durch Rundschreiben) bekannt gemacht worden ist [§ 25 III HGB].

Zusammenfassung

■
Arten des Kaufmanns		
Istkaufmann	**Kannkaufmann**	**Kaufmann kraft Rechtsform (Formkaufmann)**
Alle Gewerbebetriebe, die einen in kaufmännischer Weise eingerichteten Geschäftsbetrieb benötigen	■ Kleinbetriebe ■ Land- und forstwirtschaftliche Betriebe, die nach Art und Umfang eine kaufmännische Einrichtung benötigen	Juristische Personen des Handelsrechts
Die Eintragung ins Handelsregister ist Pflicht	Die Eintragung ins Handelsregister ist freiwillig	Die Eintragung ins Handelsregister ist Pflicht
Eintragung wirkt deklaratorisch	Eintragung wirkt konstitutiv	

■ Die **Firma** eines Kaufmanns ist sein im Handelsregister eingetragener Name, unter dem er seine Geschäfte betreibt und seine Unterschrift abgibt.

■ Man unterscheidet **Personen-, Sach-, Fantasie-** und **gemischte Firmen.**

---

1 Der Grundsatz der Firmenbeständigkeit kann dem Grundsatz der Firmenwahrheit widersprechen, ist aber aus wirtschaftlichen Gründen gerechtfertigt. Denn viele alteingesessene Unternehmen haben sich im Laufe der Zeit einen guten Ruf erworben, sind also bei ihren Kunden bekannt. Um diesen Geschäftswert (**Goodwill**) nicht aufs Spiel zu setzen, muss es den Unternehmen erlaubt sein, auch bei Änderungen der Rechtsverhältnisse den bisherigen Namen beizubehalten.

Übungsaufgabe

26 1. Katja Stehlin übernimmt für verschiedene Verlage Setzarbeiten. Sie hat zwei Teilzeitangestellte beschäftigt. Ihr Gewerbebetrieb erfordert keinen nach Art oder Umfang in kaufmännischer Weise eingerichteten Geschäftsbetrieb. Dennoch möchte sich Frau Stehlin ins Handelsregister eintragen lassen.

Aufgaben:

1.1 Unterbreiten Sie drei Vorschläge für einen Firmennamen!

1.2 Erläutern Sie, was unter dem Begriff Firma zu verstehen ist!

1.3 Katja Stehlin möchte wie folgt firmieren:

> Die Texterfassung e. K.

Beurteilen Sie, ob diese Firma zulässig ist!

1.4 Auf den Rat eines Bekannten hin meldet Katja Stehlin beim Amtsgericht folgende Firma an:

> Die Texterfassung
> Inh. Katja Stehlin e. K.

Die Eintragung erfolgt am 24. Mai 20...

Stellen Sie dar, welche rechtliche Wirkung die Handelsregistereintragung für Katja Stehlin hat!

2. Der Installateurmeister Ernst Kopf hat vor Jahren einen kleinen Reparaturbetrieb gegründet, der sich gut entwickelte. Heute beschäftigt er fünf Gesellen und zwei Angestellte. Sein Betrieb ist kaufmännisch voll durchorganisiert. Im Handelsregister ist Ernst Kopf nicht eingetragen.

Aufgaben:

2.1 Beurteilen Sie, ob Ernst Kopf Kaufmann ist!

2.2 Der Steuerberater Klug macht Ernst Kopf darauf aufmerksam, dass er seinen Gewerbebetrieb ins Handelsregister eintragen lassen muss.
Unterbreiten Sie einen Vorschlag, wie die Firma lauten könnte!

2.3 Ernst Kopf lässt sich am 15. Februar 20.. unter der Firma „Ernst Kopf e. K. – Installateurfachbetrieb" ins Handelsregister eintragen.

Erläutern Sie, welche rechtliche Wirkung die Handelsregistereintragung hat!

3. Entscheiden Sie folgenden Rechtsfall:

Der Angestellte Fabian Kugel erwirbt den Pflanzenhandel Karl Klein e. K. Die neue Firma lautet „Fabian Kugel e. Kfm., Pflanzenhandel". Mit dem ehemaligen Inhaber Klein vereinbart Fabian Kugel, dass dieser die restlichen Verbindlichkeiten an die Lieferer persönlich zu begleichen habe. Karl Klein zahlt nicht. Bei Fälligkeit der Verbindlichkeiten verlangen die Gläubiger die Begleichung der Verbindlichkeiten von Fabian Kugel.

Klären Sie die Rechtslage!

4. Die Wirkung von Handelsregistereintragungen kann deklaratorisch oder konstitutiv sein.

Aufgaben:

4.1 Erklären Sie, was jeweils hierunter zu verstehen ist!

4.2 Ermitteln Sie, bei welchem Kaufmann die Handelsregistereintragung deklaratorisch, bei welchen sie konstitutiv ist!

3.4 Rechtsformen der Unternehmen im Überblick

(1) Begriff Rechtsformen

> Die **Rechtsform** stellt die Rechtsverfassung eines Unternehmens dar. Sie regelt die Rechtsbeziehungen innerhalb des Unternehmens und zwischen dem Unternehmen und Dritten.

(2) Einzelunternehmung

Der Begriff Unternehmer kommt von „etwas unternehmen". Unternehmer ist also, wer es selbst „unternimmt", Geschäfte in eigenem Namen und auf eigene Rechnung mit vollem Risiko zu tätigen. Unternehmer dieser (ursprünglichen) Art bezeichnet man daher als **Einzelunternehmer (Eigentümerunternehmer)**.

(3) Gesellschaftsunternehmen

- Bei den **Personengesellschaften** schließen sich mindestens zwei Unternehmer zusammen, die alle (bei der offenen Handelsgesellschaft) oder wenigstens teilweise (bei der Kommanditgesellschaft) die oben genannten Unternehmerfunktionen wahrnehmen.

- Die Möglichkeiten der Personengesellschaften, d. h. der Unternehmensformen, bei denen die Person als Gesellschafter im Vordergrund steht, reichen in vielen kapitalintensiven[1] Wirtschaftszweigen nicht aus, um den riesigen Kapitalbedarf zu decken. Es werden **Kapitalgesellschaften** wie z. B. die Aktiengesellschaften oder die Gesellschaften mit beschränkter Haftung gegründet. Die Kapitalgesellschaften sind unter anderem dadurch gekennzeichnet, dass die Unternehmerfunktionen „geteilt", d. h. von unterschiedlichen Personengruppen wahrgenommen werden. Die **Eigenkapitalaufbringung** erfolgt durch viele „kleine" oder auch „große" **Kapitalanleger** (z. B. durch die GmbH-Gesellschafter bzw. Aktionäre), wobei das Risiko auf den Wert der Kapitaleinlage beschränkt wird. Die Leitung der Kapitalgesellschaften obliegt angestellten Geschäftsführern (z. B. bei der GmbH) oder Direktoren (z. B. Vorstandsmitgliedern der AG), die selbst nicht am Unternehmen beteiligt sein müssen. Die Leiter (Geschäftsführer, Vorstandsmitglieder) der Kapitalgesellschaften werden deshalb als **Auftragsunternehmer** oder als **Managerunternehmer** bezeichnet.

---

[1] Kapitalintensive Betriebe sind solche mit hohem Kapitalbedarf (z.B. Hochöfen, Stahlwerke, Werften, Eisenbahnen, Raffinerien).

Zusammenfassung

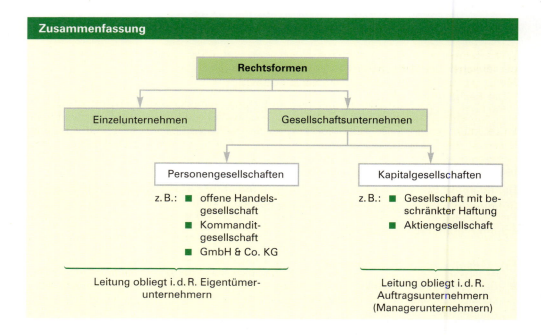

3.5 Einzelunternehmung

(1) Begriff Einzelunternehmer

Einzelunternehmer ist, wer es selbst „unternimmt", Geschäfte in **eigenem Namen** und auf **eigene Rechnung** mit **vollem Risiko** zu tätigen und hierzu sein **eigenes Geld- und Sachkapital** einsetzt.

(2) Firma

Die Firma der Einzelunternehmung richtet sich i. d. R. nach dem Vor- und Zunamen des Einzelunternehmers. Sie muss die Bezeichnung „eingetragener Kaufmann" bzw. „eingetragene Kauffrau" oder eine allgemein verständliche Abkürzung dieser Bezeichnung enthalten [§ 19 I, Nr. 1 HGB].

Beispiele:

Beauty-Farm Julia Starnecker, eingetragene Kauffrau; Textilwerke Daniel Schmidt e. Kfm.

(3) Voraussetzungen für die Unternehmensgründung und -führung

Wer erfolgreich ein Einzelunternehmen gründen und führen will, der muss nicht nur die persönlichen und wirtschaftlichen Voraussetzungen beachten, sondern weitere typische[1] Merkmale des Einzelunternehmens berücksichtigen.

Nur wer z. B. das Geschäftsführungs- und Vertretungsrecht der Gesellschafter, die Gesellschafterrisiken (Haftungsverhältnisse) und die Gewinn- und Verlustverteilung bei einem Einzelunternehmen kennt, kann die Vor- und Nachteile des Einzelunternehmens beurteilen sowie den persönlichen Zielsetzungen[2] entsprechend entscheiden, ob ein Einzelunternehmen oder ein Gesellschaftsunternehmen die günstigste Rechtsform für das zu gründende und zu führende Unternehmen ist.

Die folgende Tabelle informiert deshalb über die bei der Unternehmensgründung und -führung zu beachtenden Unternehmensmerkmale.

Personenzahl	Der Einzelunternehmer ist **alleiniger Inhaber** (Gesellschafter) des Unternehmens.
Geschäftsführung	Die Geschäftsführung, d.h., die Leitung des Unternehmens, obliegt dem Einzelunternehmer allein. Er trifft alle Anordnungen in seinem Betrieb (also im **Innenverhältnis**) allein, ohne andere anhören zu müssen.
Vertretung	Das Recht auf Vertretung des Unternehmens gegenüber Dritten (im **Außenverhältnis**) hat der Einzelunternehmer. Er schließt für das Unternehmen alle erforderlichen Rechtsgeschäfte mit Dritten ab (z.B. Kaufverträge, Mietverträge, Kreditverträge).
Haftungsverhältnisse[3]	Der Einzelunternehmer haftet für alle Verbindlichkeiten des Unternehmens mit seinem Geschäfts- und sonstigen Privatvermögen **unbeschränkt** und **unmittelbar (direkt).**
Eigenkapitalaufbringung	Das Eigenkapital stellt der Einzelunternehmer zur Verfügung. Über die **Höhe des aufzubringenden Eigenkapitals** gibt es **keine gesetzliche Vorschrift.**
Gewinn- und Verlustverteilung	Der Einzelunternehmer hat das Recht auf den gesamten **Gewinn**. Andererseits hat er den **Verlust** ebenfalls allein zu tragen.
Kreditwürdigkeit	Die Kreditwürdigkeit hängt vor allem von der **persönlichen Zuverlässigkeit,** Ehrlichkeit sowie den menschlichen und beruflichen **Erfahrungen, Kenntnissen, Fähigkeiten** sowie von der **Leistungsfähigkeit** und **-willigkeit** des Einzelunternehmers ab. Aufgrund der meistens beschränkten Finanzierung durch erzielte Gewinne und des relativ niedrigen, den Gläubigern haftenden Vermögens, ist die Kreditwürdigkeit nicht sehr hoch.

---

1 Typisch: Kennzeichnend, z.B. für eine bestimmte Rechtsform eines Unternehmens charakteristisch.

2 Die Gesellschafter können mit der Unternehmensgründung sehr unterschiedliche persönliche Zielsetzungen verfolgen. Gesellschafter möchten z.B. das zu gründende Unternehmen allein oder zusammen mit weiteren Gesellschaftern leiten. Die Gesellschafter sind bereit, mit ihrem gesamten Privatvermögen oder nur mit ihrem Gesellschaftsvermögen beschränkt für die Unternehmensverbindlichkeiten zu haften.

3 Die Haftung betrifft die Rechtsbeziehung des Unternehmens mit außenstehenden Dritten und damit das **Außenverhältnis.**

Form der Gründung	Für die Gründung des Einzelunternehmens bestehen **keine gesetzlichen Formvorschriften.** Erfordert ein Unternehmen eine kaufmännische Einrichtung, ist eine Eintragung ins Handelsregister erforderlich. Werden in das Einzelunternehmen **Grundstücke** eingebracht, ist die **Schriftform** mit **notarieller Beurkundung**[1] erforderlich [§ 311 b I, S. 1 BGB].

(4) Anmeldung des Unternehmens

Der Gründer **muss** sein neu zu gründendes Unternehmen vor allem bei folgenden öffentlichen Stellen anmelden:

■ Amtsgericht

Eine Anmeldung beim zuständigen **Amtsgericht** zur **Eintragung** in das **Handelsregister** ist erforderlich, sofern ein **Handelsgewerbe** vorliegt.

■ Gemeindebehörde

Der Gründer des Unternehmens muss sein zu gründendes Unternehmen bei der für den betreffenden Ort zuständigen Behörde, z. B. beim **Gewerbeamt** der Gemeinde [§ 14 GewO] anmelden.

Die Gewerbeanmeldung (Fachausdruck: Gewerbeanzeige) verfolgt den Zweck, dem Gewerbeamt jederzeit über Zahl und Art der ansässigen Gewerbebetriebe Kenntnis zu geben. Dadurch soll eine wirksame Überwachung der Gewerbebetriebe gewährleistet werden.

Mit der Gewerbeanzeige werden auch die sonstigen Meldeverpflichtungen erfüllt. Die nachfolgend genannten Stellen erhalten je eine Ausfertigung von der Gewerbeanzeige:

- ■ das **Finanzamt,** um die Abführung der Steuern zu gewährleisten;

- ■ die **Berufsgenossenschaft** als Träger der gesetzlich vorgeschriebenen Unfallversicherung;

- ■ die **Industrie- und Handelskammer** bzw. die **Handwerkskammer** als berufsständische Vertretung;

- ■ das **Gewerbeaufsichtsamt** als Aufsichtsbehörde für Anlagen, die einer besonderen Überwachung bedürfen (z. B. Dampfkesselanlagen, Aufzugsanlagen, Getränkeschankanlagen).

Die Gewerbeanzeige ist nicht immer ausreichend. Für bestimmte Gewerbezweige ist eine behördliche Genehmigung erforderlich (z. B. für Spielhallen, Makler, Bauträger, Gaststätten, Reisegewerbe).

■ Sozialversicherungsträger

Werden Arbeitnehmer beschäftigt, so ist eine Anmeldung bei den Sozialversicherungsträgern (gesetzliche Krankenkassen, gesetzliche Pflegekassen, Deutsche Rentenversicherung [gesetzliche Rentenversicherung], Bundesagentur für Arbeit [gesetzliche Arbeitsförderung] und z. B. Berufsgenossenschaften [gesetzliche Unfallversicherung]) erforderlich, um Versicherungsschutz zu erhalten.

---

1 Bei der Beurkundung werden die Willenserklärungen der Beteiligten von einem Notar in eine Urkunde aufgenommen. Der Notar beurkundet dabei die Unterschrift bzw. die Unterschriften und den Inhalt der Erklärungen.

(5) Auflösung des Unternehmens

Die Auflösung des Einzelunternehmens liegt allein im Entscheidungsbereich des Einzelunternehmens, es sei denn, das Unternehmen wird wegen Zahlungsunfähigkeit im Rahmen eines Insolvenzverfahrens[1] aufgelöst. Auch die Umwandlung in eine andere Rechtsform (z.B. in eine OHG) führt zur Beendigung (Auflösung) des Einzelunternehmens.

(6) Bedeutung, Vor- und Nachteile des Einzelunternehmens

Für einen **Unternehmer** hat diese Unternehmensform Vor- und Nachteile:

Vorteile (Gründungsmotive)	Nachteile
■ Keine Abstimmung der Entscheidungen mit anderen (Ausnahme: Mitbestimmung der Arbeitnehmer). ■ Schnelle Entscheidungsmöglichkeiten. ■ Rasche Anpassung an veränderte wirtschaftliche Verhältnisse (z.B. Aufnahme neuer Produkte). ■ Klarheit und Eindeutigkeit der Unternehmensführung. ■ Großes Eigeninteresse des Inhabers an der Arbeit, da ihm der Gewinn allein zusteht (Gewinn als Leistungsanreiz). ■ Keine Publizitätspflicht (Pflicht zur Veröffentlichung des Jahresabschlusses) bei kleinen und mittelgroßen Unternehmen.	■ Alleiniges Entscheidungsrecht liegt beim Einzelunternehmer (nachteilig bei unzureichender Qualifikation des Unternehmers). ■ Unter Umständen nachteilige Beeinflussung der betrieblichen Arbeit (des „Betriebsklimas") durch persönliche Charaktereigenschaften. ■ Gefahr, dass durch aufwendige Lebenshaltung des Inhabers die Existenz des Unternehmens aufs Spiel gesetzt wird. ■ In der Regel geringe Eigenkapitalkraft und beschränkte Kreditbeschaffungsmöglichkeiten. ■ Großes Haftungsrisiko.

Gesamtwirtschaftlich gesehen nimmt das Einzelunternehmen eine wichtige Stellung ein. Wir finden es in allen Wirtschaftsbereichen. In der Landwirtschaft, im Einzelhandel und im Handwerk stellen Einzelunternehmen die vorherrschende Unternehmensform dar. In der Industrie sind dagegen die Gesellschaftsunternehmen die wichtigsten Unternehmensformen.

Zusammenfassung

- Bei der **Einzelunternehmung** werden alle wichtigen Unternehmerfunktionen und Risiken vom Einzelunternehmer wahrgenommen, dem auch der Gewinn allein zusteht und der auch entstehende Verluste allein zu tragen hat.

- Wichtige **wirtschaftliche Voraussetzungen** sind, dass bei der Gründung und für die laufende Geschäftstätigkeit des Unternehmens (z.B. für den Einkauf, die Lagerhaltung, die Leistungserstellung und den Verkauf) ausreichend Finanzmittel vorhanden sind und das Unternehmen seine Leistungen auch langfristig mit Gewinn verkaufen kann.

- Das **Haftungsrisiko** ist aufgrund der unbeschränkten und unmittelbaren alleinigen Haftung des Einzelunternehmers für die Geschäftsverbindlichkeiten hoch.

- Die **Kreditwürdigkeit** der Einzelunternehmen hängt vor allem von der persönlichen Zuverlässigkeit sowie von den beruflichen Fähigkeiten und Kenntnissen der Einzelunternehmer ab.

---

1 Insolvenz: Zahlungsunfähigkeit.

- Einzelunternehmen verfügen grundsätzlich nur über ein **relativ niedriges Eigenkapital**. Aufgrund des niedrigen, den Gläubigern haftenden Eigenkapitals besteht für die Einzelunternehmen eine beschränkte Kreditbeschaffungsmöglichkeit.

- Einzelunternehmen müssen vom Gründer z. B. beim Amtsgericht zur Handelsregistereintragung, beim Gewerbeamt und (wenn Arbeitnehmer beschäftigt werden) bei den **verschiedenen Sozialversicherungsträgern** (z. B. bei der Krankenkasse, Bundesagentur für Arbeit und Berufsgenossenschaft) **angemeldet** werden.

Übungsaufgabe

27 1. Heinz Augustin, Angestellter in einem Unternehmen für Bioprodukte, möchte sich selbstständig machen und als Einzelunternehmer Bioprodukte herstellen.

Aufgaben:
1.1 Nennen Sie drei persönliche Voraussetzungen, die Heinz Augustin mitbringen sollte, um das Unternehmen zur Herstellung von Bioprodukten erfolgreich führen zu können!
1.2 Notieren Sie die öffentlichen Stellen, bei denen Heinz Augustin sein neu gegründetes Unternehmen anmelden muss! Geben Sie jeweils den Grund für die Anmeldepflicht an!
1.3 Nennen Sie drei Gründe, die Heinz Augustin zur Wahl dieser Rechtsform veranlasst haben könnten!
1.4 Nennen Sie die Abteilung des Handelsregisters, in welche die Firma „Heinz Augustin e. Kfm., Bioprodukte" eingetragen wird!

2. Nennen und beurteilen Sie je drei Vor- und Nachteile des Einzelunternehmens
2.1 aus der Sicht der Arbeitnehmer,
2.2 aus der Sicht des Einzelunternehmers!

3.6 Offene Handelsgesellschaft (OHG)

3.6.1 Begriff, Firma und Gründung der OHG

(1) Begriff

- Die **offene Handelsgesellschaft** (OHG) ist
  - eine **Gesellschaft**,
  - deren Zweck auf den Betrieb eines **Handelsgewerbes** unter **gemeinschaftlicher Firma** gerichtet ist und
  - bei der die **Haftung keines Gesellschafters gegenüber den Gesellschaftsgläubigern** (z. B. Lieferern) **beschränkt ist** [§ 105 I HGB].
- Die offene Handelsgesellschaft ist eine **Personengesellschaft**.

(2) Firma

Die Firma, unter der die OHG ihre Rechtsgeschäfte abschließt (z. B. Kauf-, Miet-,
Arbeitsverträge), muss die Bezeichnung
„offene Handelsgesellschaft" oder eine
allgemein verständliche Abkürzung dieser
Bezeichnung enthalten [§ 19 I, Nr. 2 HGB].

Haftet in einer offenen Handelsgesellschaft keine natürliche Person, muss die
Firma eine Bezeichnung enthalten, welche die Haftungsbeschränkung anzeigt.

> **Beispiele:**
>
> Karl Wagner OHG; Wagner & Wunsch – offene
> Handelsgesellschaft; Wunsch OHG, Kraftfahr-
> zeughandel und -reparaturen; Kölner Kraft-
> fahrzeughandel und -reparaturen OHG.

> **Beispiele:**
>
> Fritz Kleiner GmbH & Co. OHG, Hans Schmied
> AG & Co. OHG.

(3) Gründung

Zur Gründung der OHG sind **zwei Voraussetzungen** erforderlich:

■ **Abschluss eines Gesellschaftsvertrags**

Der Gesellschaftsvertrag regelt das Rechtsverhältnis der Gesellschafter untereinander
[§ 109 HGB]. Er kann mündlich abgeschlossen werden. In der Praxis wird er aber aus
Gründen der Rechtssicherheit (Beweissicherheit) regelmäßig **schriftlich** abgeschlossen.[1]
Im Gesellschaftsvertrag werden alle wesentlichen Rechte und Pflichten, die die Gesellschafter geregelt sehen wollen, festgehalten, z. B. die Art und Höhe der Kapitaleinlage,[2]
die Gewinn- und Verlustverteilung, die Höhe der Privatentnahmen usw.

■ **Eintragung ins Handelsregister**

Die OHG ist beim zuständigen Gericht zur Eintragung in das Handelsregister anzumelden
[§ 106 I HGB]. Die Anmeldung beim Handelsregister muss von sämtlichen Gesellschaftern
der OHG vorgenommen werden [§ 108 HGB]. Die **Anmeldung beim Registergericht** hat
zu enthalten:

- ■ Namen, Vornamen, Geburtsdatum und Wohnort jedes Gesellschafters,
- ■ Firma der Gesellschaft und den Ort, wo sie ihren Sitz hat,
- ■ Zeitpunkt des Geschäftsbeginns,
- ■ Vertretungsmacht des Gesellschafters [§ 106 II HGB].

(4) Entstehung der Gesellschaft

Im Innen-verhältnis	Das Unternehmen entsteht mit Abschluss des Gesellschaftsvertrags bzw. zu dem im Gesellschaftsvertrag festgelegten Termin.
Im Außen-verhältnis	■ Betreibt die OHG **ein Handelsgewerbe**, so ist sie nach **§ 1 I HGB** auch ohne Eintragung Kaufmann. In diesem Fall entsteht die OHG im Außenverhältnis, sobald ein Gesellschafter im Namen der OHG Geschäfte tätigt, z. B. einen Kaufvertrag abschließt **(deklaratorische Wirkung der Handelsregistereintragung)**. ■ Erfordert das Unternehmen **keine kaufmännische Organisation**, entsteht die OHG im Außenverhältnis mit ihrer Eintragung **(konstitutive Wirkung der Handelsregistereintragung [§ 1 II i. V. mit § 2 HGB])**.

---

1 Werden in die OHG Grundstücke eingebracht, ist Schriftform mit **notarieller Beurkundung** erforderlich (siehe §§ 311 b I, S. 1; 128 BGB).

2 Ebenso wie beim Einzelunternehmen gibt es bei der OHG keine gesetzliche Vorschrift über die Höhe des Eigenkapitals.

Beispiel für einen Gesellschaftsvertrag

Verhandelt in Braunschweig, den 10. Mai 20..

Vor dem unterzeichnenden Notar Dr. jur. Wilhelm Ambach in Braunschweig
erschienen heute:
Friedrich Stolz, Braunschweig, und Frank Krug, Braunschweig

Genannte Personen gaben nachstehende Erklärung zur notarischen Niederschrift. Sie schließen nachstehenden

Gesellschaftsvertrag

§ 1 Gründer

Herr Stolz betreibt in Braunschweig unter der Firma Friedrich Stolz e.Kfm. eine Reparaturwerkstatt für Verpackungsmaschinen. Er nimmt Herrn Krug als Gesellschafter einer zu gründenden offenen Handelsgesellschaft auf.

§ 2 Firma

Die offene Handelsgesellschaft erhält die Firma Stolz & Krug OHG.

§ 3 Sitz der Gesellschaft

Der Niederlassungsort der Gesellschaft ist Braunschweig.

§ 4 Gegenstand und Dauer des Unternehmens

Die Gesellschaft betreibt auf unbestimmte Zeit die Reparatur und den An- und Verkauf von Verpackungsmaschinen samt Zubehör.

§ 5 Einlagen

Herr Stolz bringt seinen Gewerbebetrieb ein. Der Wert der Einlage wird entsprechend der letzten Bilanz vom 31. Dezember 20.. und mit Zustimmung von Herrn Krug mit 800000,00 EUR angesetzt. Herr Krug beteiligt sich mit seinem Grundstück im Wert von 380000,00 EUR.

§ 6 Mitarbeit (Geschäftsführung, Vertretung)

(1) Jeder Gesellschafter hat der Gesellschaft Stolz & Krug OHG seine volle Arbeitskraft zu widmen.

(2) Zur Geschäftsführung und Vertretung der Gesellschaft ist jeder Gesellschafter für sich allein berechtigt und verpflichtet.

(3) Geschäfte, deren Gegenstand den Wert von 50000,00 EUR übersteigen, dürfen von beiden Gesellschaftern nur gemeinsam vorgenommen werden. Das Gleiche gilt uneingeschränkt für die Aufnahme von Krediten und das Eingehen von Wechselverbindlichkeiten.

§ 7 Privatentnahmen

Jeder Gesellschafter kann für seine Arbeitsleistung monatlich 5000,00 EUR Privatentnahmen tätigen.

§ 8 Gewinn- und Verlustverteilung

Am Gewinn und Verlust sind Herr Stolz mit 60 %, Herr Krug mit 40 % beteiligt.

§ 9 Kündigung

Die Frist zur Kündigung des Gesellschaftsvertrages beträgt 10 Monate zum Schluss des Kalenderjahres.

§ 10 Tod eines Gesellschafters

Stirbt ein Gesellschafter, so wird die Gesellschaft mit dessen Erben fortgesetzt. Diese sind von Geschäftsführung und Vertretung ausgeschlossen.

gez. Stolz   gez. Krug   gez. Ambach, Notar

3.6.2 Pflichten und Rechte der Gesellschafter im Innenverhältnis

(1) Begriff Innenverhältnis

- Unter **Innenverhältnis** verstehen wir die Rechtsbeziehungen der Gesellschafter untereinander.
- Innerhalb der Gesellschaft gelten zunächst die **Vereinbarungen des Gesellschaftsvertrags** sowie die **zwingenden Vorschriften des HGB**. Ist ein Sachverhalt im Gesellschaftsvertrag nicht geregelt, gelten die **Bestimmungen des HGB**.

(2) Pflichten der Gesellschafter im Innenverhältnis

- **Fristgemäße Leistung der festgesetzten Kapitaleinlage**

Die Kapitaleinlagen können in Geld, in Sachwerten und/oder in Rechtswerten geleistet werden (z. B. Buchgeld, Gebäude, Grundstücke, Maschinen, Patente). Die Summe der geleisteten Kapitaleinlagen bildet als gemeinschaftliches Vermögen der Gesellschaft ein Sondervermögen [§ 718 I BGB] und steht den Gesellschaftern zur **gesamten Hand** zu [§ 719 BGB]. Das persönliche Eigentum der Gesellschafter an ihren Einlagen erlischt. Die Einlagen der Gesellschafter werden **gemeinschaftliches Vermögen (Gesamthandsvermögen)** aller Gesellschafter. Ein einzelner Gesellschafter kann damit nicht mehr über seinen Kapitalanteil verfügen. Grundstücke werden im Grundbuch auf die OHG eingetragen. Alle Gesellschafter können nur noch gemeinsam über den einzelnen Gegenstand verfügen.

- **Persönliche Arbeitsleistung**

Die OHG wird allein schon deshalb zu den Personengesellschaften gerechnet, weil die Gesellschafter zur persönlichen Arbeitsleistung (Geschäftsführung) verpflichtet sind [§ 114 I HGB].

Pflichten der OHG-Gesellschafter (Innenverhältnis)
- Leistung der Kapitaleinlage
- Persönliche Arbeitsleistung
- Wettbewerbsenthaltung
- Verlustbeteiligung

- **Wettbewerbsenthaltung**

Die enge persönliche Bindung an die OHG verlangt von den Gesellschaftern, dass sie keine Geschäfte im Wirtschaftszweig der OHG auf eigene Rechnung machen oder als persönlich haftende Gesellschafter an einer anderen gleichartigen Handelsgesellschaft teilnehmen (z. B. als Gesellschafter in einer anderen OHG). Bei einer Verletzung des Wettbewerbsverbots kann die Gesellschaft Schadensersatz fordern oder in das betreffende Geschäft (z. B. Vertrag) eintreten und die Herausgabe der bezogenen Vergütung bzw. die Abtretung des Anspruchs auf die Vergütung verlangen [§ 113 I HGB]. Ferner können die übrigen Gesellschafter die Auflösung der OHG verlangen [§ 113 IV HGB]. Ein Gesellschafter kann jedoch mit Einwilligung der übrigen Gesellschafter von diesem sogenannten Wettbewerbsverbot entbunden werden.

■ **Verlustbeteiligung**

Nach der gesetzlichen Regelung wird der Verlust zu gleichen Teilen (nach „Köpfen") verteilt [§ 121 III HGB]. Abweichende vertragliche Regelungen sind möglich.

(3) Rechte der Gesellschafter im Innenverhältnis

■ **Geschäftsführung**

Die Geschäftsführungsbefugnisse der Gesellschafter richten sich nach dem Gesellschaftsvertrag, bei fehlender Vereinbarung nach dem HGB [§§ 114 – 116 HGB].

■ Bei **gewöhnlichen Geschäften** besteht nach HGB **Einzelgeschäftsführungsrecht**, d.h., jeder einzelne Gesellschafter ist zur Vornahme aller Handlungen berechtigt, die der gewöhnliche Betrieb des Handelsgewerbes dieses Unternehmens mit sich bringt [§ 116 I HGB]. Widerspricht ein ge-

> **Beispiele:**
>
> Arbeitsaufträge an Belegschaftsmitglieder erteilen, Rechnungen bezahlen, Bestellungen unterschreiben, Arbeitnehmer einstellen oder entlassen.

schäftsführender Gesellschafter einer Geschäftsführungsmaßnahme eines Mitgesellschafters, so muss diese unterbleiben. Bei einem gewöhnlichen Geschäft steht jedem Gesellschafter ein **Vetorecht** zu.

■ Bei **außergewöhnlichen Geschäften** besteht nach HGB **Gesamtgeschäftsführungsrecht,** d.h., es bedarf eines Gesamtbeschlusses aller Gesellschafter [§ 116 II HGB].

Eine Sonderregelung besteht bei der Ernennung eines Prokuristen.[1] Als ein außergewöhnliches Geschäft bedarf die Ernennung eines Prokuristen der Zustimmung aller Gesellschafter. Der Widerruf der Prokura kann dagegen durch jeden geschäftsführenden Gesellschafter in alleiniger Verantwortung erfolgen.

> **Beispiel:**
>
> Der geschäftsführende Gesellschafter Albrecht befürwortet einen riskanten Aktienkauf zur Geldanlage. Dem Mitgesellschafter Berthold ist das Risiko zu hoch. Das Geschäft muss unterbleiben.
>
> Weitere Beispiele für außergewöhnliche Geschäfte: Grundstückskäufe bzw. -verkäufe, Aufnahme neuer Gesellschafter, Änderung des Unternehmenszwecks, Aufnahme von Großkrediten.

Der **Gesellschaftsvertrag** kann vorsehen, dass bei **allen Geschäften** die Zustimmung aller Gesellschafter, der Mehrheit der Gesellschafter oder die von mindestens zwei Gesellschaftern vorliegen muss **(Gesamtgeschäftsführungsbefugnis)**.

Auf Antrag der übrigen Gesellschafter kann einem Gesellschafter die Befugnis zur Geschäftsführung durch gerichtliche Entscheidung entzogen werden, wenn ein wichtiger Grund vorliegt (z.B. grobe Pflichtverletzung, Unfähigkeit zur ordnungsmäßigen Geschäftsführung [§ 117 HGB]).

■ **Kontrollrecht**

Im Rahmen des Geschäftsführungsrechts erwähnt das Gesetz [§ 118 HGB] ausdrücklich, dass die Gesellschafter (auch wenn sie von der Geschäftsführung ausgeschlossen sind) die Befugnis haben, sich über die Angelegenheiten der Gesellschaft persönlich zu unterrichten, in die Handelsbücher und Papiere der Gesellschaft einzusehen und sich hieraus einen Jahresabschluss (Bilanz und Gewinn- und Verlustrechnung) anzufertigen. Das Kontrollrecht ist zwingendes Recht, kann also nicht durch Gesellschaftsvertrag aufgehoben werden.

---

1 Die Prokura ist eine besonders weitgehende im Handelsgesetzbuch geregelte Vollmacht [§§ 48– 53 HGB]. Der Prokurist ist zu allen gerichtlichen und außergerichtlichen Geschäften und Rechtshandlungen ermächtigt, die der Betrieb irgendeines Handelsgewerbes mit sich bringt [§ 49 I HGB].

■ **Gewinnberechtigung**

Jeder Gesellschafter hat Anspruch auf einen Anteil am Jahresgewinn. Ist im Gesellschaftsvertrag nichts anderes vereinbart, gilt das HGB [§ 121 HGB]. Danach erhalten die Gesellschafter zunächst eine 4%ige Verzinsung der (jahresdurchschnittlichen) Kapitalanteile. (Falls der Gewinn nicht ausreicht, erfolgt eine entsprechend niedrigere Verzinsung.) Ein über die 4% hinausgehender Rest wird unter die Gesellschafter „nach Köpfen", d.h. zu gleichen Teilen verteilt.

■ **Recht auf Privatentnahme**

Da die Gesellschafter im Normalfall ihren Lebensunterhalt aus der Entlohnung ihrer unternehmerischen Tätigkeit bestreiten müssen, sieht das Gesetz vor, dass (bei fehlender sonstiger Vereinbarung) jeder Gesellschafter berechtigt ist, **während des Geschäftsjahrs** bis zu 4% seines zu Anfang des Geschäftsjahrs vorhandenen Kapitalanteils zu entnehmen [§ 122 I HGB]. Dieses Recht zur Privatentnahme besteht auch dann, wenn die Gesellschaft derzeit Verluste erzielt. Will ein Gesellschafter mehr als 4% bzw. mehr als den im Gesellschaftsvertrag vereinbarten Prozentsatz entnehmen, müssen die übrigen Gesellschafter zustimmen [§ 122 II HGB].

Rechte der OHG-Gesellschafter (Innenverhältnis)
■ Geschäftsführung
■ Kontrollrecht
■ Gewinnberechtigung
■ Privatentnahme
■ Aufwandsersatz
■ Kündigung
■ Liquidationsanteil

■ **Anspruch auf Aufwandsersatz**

Dieser Anspruch entsteht dann, wenn ein Gesellschafter im Rahmen seiner Geschäftsführung betriebliche Auslagen zunächst mit Privatmitteln begleicht [§ 110 HGB]. Ein Entgelt für ihre Tätigkeit als solche steht den Gesellschaftern nicht zu. Die Geschäftsführung ist durch die Gewinnbeteiligung abgegolten.

■ **Kündigungsrecht der Gesellschafter (Austritt aus der OHG)**

Wenn keine Vereinbarung zwischen den Gesellschaftern getroffen wurde, gilt die gesetzliche Regelung: Kündigungsmöglichkeit unter Einhaltung der Kündigungsfrist von mindestens 6 Monaten zum Schluss des Geschäftsjahrs [§ 132 HGB].

■ **Recht auf Liquidationserlös bei Auflösung der OHG** [§ 155 HGB]

Wird die OHG aufgelöst, so ist das nach Abzug der Schulden verbleibende Vermögen im Verhältnis der Kapitalanteile unter die Gesellschafter aufzuteilen **(Recht auf Liquidationserlös)**. Verbleibt nach der Liquidation der OHG ein negativer Kapitalanteil, so haben die Gesellschafter eine entsprechende **Ausgleichszahlung** zu erbringen.

3.6.3 Pflichten und Rechte der Gesellschafter im Außenverhältnis

(1) Begriff Außenverhältnis

Unter **Außenverhältnis** versteht man die Rechtsbeziehungen der Gesellschafter gegenüber **außenstehenden Dritten**. Im Außenverhältnis **gelten grundsätzlich die Bestimmungen des HGB**. Abweichende Vereinbarungen müssen, soweit sie gesetzlich zulässig sind, im Handelsregister eingetragen werden.

(2) Pflichten der Gesellschafter im Außenverhältnis

■ **Haftung** [§§ 128 – 130 HGB]

Da die OHG gewissermaßen aus der Kooperation (Zusammenarbeit) mehrerer Einzelunternehmer entsteht, entspricht die Haftung der OHG-Gesellschafter der eines Einzelunternehmers. Die OHG-Gesellschafter haften

unbeschränkt	Die OHG-Gesellschafter haften mit ihrem Geschäftsvermögen **und** mit ihrem sonstigen Privatvermögen.
unmittelbar	Die Gläubiger (z. B. die Lieferanten) können die Forderungen nicht nur der OHG gegenüber, sondern zugleich unmittelbar (direkt) gegenüber **jedem OHG-Gesellschafter** geltend machen. Dies bedeutet, dass jeder einzelne Gesellschafter durch die Gesellschaftsgläubiger verklagt werden kann. Der Gesellschafter kann nicht verlangen, dass der Gläubiger zuerst gegen die OHG klagt. Eine „Einrede der Vorausklage" steht dem Gesellschafter nicht zu.
gesamtschuldnerisch („solidarisch")	Jeder Gesellschafter haftet persönlich (allein) für die gesamten Schulden der Gesellschaft [§ 128 I HGB], nicht jedoch für die privaten Schulden der übrigen Gesellschafter.

Eine vertragliche Vereinbarung zwischen den Gesellschaftern, durch die die Haftung beschränkt wird (z. B. auf den übernommenen Kapitalanteil), ist nur im **Innenverhältnis** gültig [§ 128, S. 2 HGB].

Der Gläubiger kann seine Forderung somit nach Belieben von jedem Gesellschafter ganz oder teilweise verlangen. Der Gesellschafter hat nicht das Recht, vom Gläubiger zu verlangen, auch die anderen Gesellschafter in Anspruch zu nehmen bzw. zu verklagen. Hat ein Gesellschafter an einen Gläubiger eine Zahlung vorgenommen, so hat er gegenüber seinen Mitgesellschaftern einen Ausgleichsanspruch.

> **Beispiel:**
>
> Der Gesellschafter Haufe der Kleiner & Haufe OHG hat mit Kleiner im Gesellschaftsvertrag vereinbart, dass er für Verbindlichkeiten nur in Höhe von 25 000,00 EUR haftet. Wird Herr Haufe von einem Gläubiger der OHG mit 30 000,00 EUR in Haft genommen, so kann er von Herrn Kleiner den Mehrbetrag von 5 000,00 EUR fordern.

■ **Haftung bei Eintritt** [§ 130 I HGB]

Tritt ein Gesellschafter in eine bereits bestehende OHG ein, haftet er auch für die vor seinem Eintritt bestehenden Verbindlichkeiten der OHG. Schließen die Gesellschafter die Haftung aus oder wird die Haftung vertraglich eingeschränkt, so ist dies nur im Innenverhältnis gültig [§ 130 II HGB]. Ein Haftungsausschluss gegenüber Dritten ist nicht möglich.

- **Haftung bei Austritt** [§ 160 I HGB]

Tritt ein Gesellschafter aus, haftet er noch fünf Jahre für die Verbindlichkeiten der OHG, die zum Zeitpunkt seines Ausscheidens bestanden [§ 160 I, S. 1 HGB].

(3) Rechte der Gesellschafter im Außenverhältnis

- **Einzelvertretungsrecht** [§§ 125, 126 HGB]

Ist im Gesellschaftsvertrag nichts anderes bestimmt und im Handelsregister eingetragen, besteht Einzelvertretungsrecht, d.h., jeder einzelne Gesellschafter hat das Recht, die OHG (und damit die übrigen Gesellschafter) gegenüber Dritten zu vertreten und zu verpflichten (z.B. durch Kaufverträge, Darlehensverträge, Mietverträge, Arbeitsverträge). Dieses Einzelvertretungsrecht gilt somit für **gewöhnliche** und **außergewöhnliche Rechtsgeschäfte**. Zum Schutz der Dritten (z.B. Lieferer und Kunden) kann das Einzelvertretungsrecht **nicht** durch den Gesellschaftsvertrag beschränkt werden.

> **Beispiel:**
>
> Angenommen, die Arndt OHG hat drei Gesellschafter: Arndt, Brecht und Czerny. Im Gesellschaftsvertrag wurde Gesamtgeschäftsführung vereinbart, d.h., alle Geschäfte bedürfen eines Gesamtbeschlusses der Gesellschafter. Brecht kauft, ohne die übrigen Gesellschafter zu fragen und zu informieren, eine neue Maschine. Der Kaufvertrag ist rechtswirksam, weil Brecht das Einzelvertretungsrecht besitzt. Die übrigen Gesellschafter müssen den Vertrag gegen sich gelten lassen: Die OHG muss die Maschine abnehmen und bezahlen. Brecht hat jedoch gegen die Vereinbarungen über die Geschäftsführung verstoßen. Sollte durch seinen Vertragsabschluss der Gesellschaft ein Schaden entstehen, ist er gegenüber den übrigen Gesellschaftern schadensersatzpflichtig.

- **Gesamtvertretungsrecht** [§ 125 II HGB]

Im Gesellschaftsvertrag kann Gesamtvertretung vereinbart werden. Dies bedeutet, dass ein Gesellschafter nur zusammen mit mindestens einem weiteren Gesellschafter Rechtsgeschäfte mit Dritten rechtswirksam für die OHG abschließen kann.

Die Gesamtvertretung ist Dritten gegenüber nur rechtswirksam, wenn sie im Handelsregister eingetragen oder dem Dritten z.B. durch Rundschreiben bekannt ist.

Der **Entzug der Vertretungsmacht** ist bei wichtigem Grund (z.B. Ernennung eines Prokuristen ohne Beschluss aller Gesellschafter) auf Antrag der übrigen Gesellschafter durch eine Gerichtsentscheidung möglich [§ 127 HGB]. Der Ausschluss eines Gesellschafters von der Vertretung ist von sämtlichen Gesellschaftern zur Eintragung in das Handelsregister anzumelden.

3.6.4 Auflösung der OHG

Auflösungsgründe können z.B. sein [§ 131 I HGB]:

- Ablauf der Zeit, für welche die OHG eingegangen ist,
- Beschluss der Gesellschafter,
- Eröffnung des Insolvenzverfahrens über das Vermögen der OHG,
- eine gerichtliche Entscheidung.

Ist im Gesellschaftsvertrag nichts anderes vereinbart, führt das Ausscheiden eines Gesellschafters nicht zur Auflösung der OHG.

3.6.5 Vor- und Nachteile der OHG

Vorteile	Nachteile
■ Ausnutzung unterschiedlicher Kenntnisse und Fähigkeiten der Gesellschafter verbessert die Geschäftsführung.	■ Persönliche Meinungsverschiedenheiten zwischen den Gesellschaftern können den Bestand des Unternehmens gefährden (siehe Kündigungsrecht!).
■ Die Umwandlung eines Einzelunternehmens in eine OHG vergrößert die Eigenkapitalbasis des Unternehmens.	■ Dem Wachstum des Unternehmens sind häufig finanzielle Grenzen gesetzt, weil das Eigenkapital der Gesellschafter zur Finanzierung großer Investitionen nicht ausreicht.
■ Bei guten privaten Vermögensverhältnissen ist die Kreditwürdigkeit der OHG größer als die des Einzelunternehmens.	■ Fremdkapital kann nur in begrenztem Maße aufgenommen werden.
■ Da das Eigenkapital und die Unternehmensführung in einer Hand sind, ist das Interesse der Gesellschafter an der Geschäftsführung groß.	■ Durch aufwendige Lebenshaltung der Gesellschafter kann die Existenz des Unternehmens aufs Spiel gesetzt werden, da Kontrollorgane fehlen.
■ Verteilung des Unternehmerrisikos.	■ Unbeschränkte, direkte, gesamtschuldnerische Haftung der Gesellschafter.
■ Bei kleinen und mittelgroßen Personengesellschaften keine Prüfungs- und Offenlegungspflicht.	

3.6.6 Bedeutung der OHG

Die OHG ist der Modellfall (Prototyp) einer Personengesellschaft. Innerhalb der OHG kooperieren zwei oder mehrere Gesellschafter, die persönlich und unbeschränkt haften. Die OHG-Gesellschafter sind daher **Unternehmer im ursprünglichen Sinne,** d. h. Leute, die das Eigenkapital selbst aufbringen, die Geschäfte persönlich führen, das Unternehmen vertreten und das Risiko auf sich nehmen **(Eigentümerunternehmer).** Deshalb ist das Interesse der Gesellschafter am Wohlergehen des Unternehmens und an der Unternehmensführung normalerweise sehr groß (Leistungsanreiz durch die Chance, Gewinn zu erzielen). Somit ist die OHG die geeignete Unternehmensform für mittelgroße Unternehmen, die keinen allzu großen Bedarf an finanziellen Mitteln haben.

Zusammenfassung

■ Die **OHG** ist u. a. durch folgende **Merkmale** charakterisiert: (1) Zusammenschluss von mindestens zwei Personen; (2) Handelsgewerbe; (3) gemeinschaftliche Firma; (4) unbeschränkte, unmittelbare und gesamtschuldnerische Haftung aller Gesellschafter.

■ Die **Firma** muss die Bezeichnung „offene Handelsgesellschaft" oder eine allgemein verständliche Abkürzung dieser Bezeichnung enthalten [§ 19 I, Nr. 2 HGB].

■ Zur **Gründung** ist erforderlich: (1) Gesellschaftsvertrag; (2) Eintragung ins Handelsregister.

■ **Beginn der OHG:**

■ im **Innenverhältnis** beginnt das Unternehmen mit Abschluss des Gesellschaftsvertrags bzw. zum vereinbarten Termin.

■ im **Außenverhältnis** beginnt die OHG – sofern ein Handelsgewerbe im Sinne des § 1 II HGB betrieben wird – sobald ein Gesellschafter im Namen der OHG tätig wird. Wird kein Handelsgewerbe im Sinne des § 1 II HGB betrieben, beginnt die OHG mit der Eintragung ins Handelsregister.

■ **Rechtsverhältnisse im Innenverhältnis:**

■ Die **Pflichten der Gesellschafter** sind: (1) Leistung der im Gesellschaftsvertrag vereinbarten **Kapitaleinlage;** (2) Pflicht zur **persönlichen Mitarbeit;** (3) **Verlusttragung** nach HGB oder nach Vertrag; (4) Einhaltung des **Wettbewerbsverbots.**

■ Die **Rechte der Gesellschafter** sind: (1) Recht auf **Geschäftsführung** (gesetzlich: Einzelgeschäftsführungsbefugnis bei gewöhnlichen Geschäften, Gesamtgeschäftsführungsbefugnis bei außergewöhnlichen Geschäften). Gesamtgeschäftsführungsbefugnis für gewöhnliche Geschäfte muss im Gesellschaftsvertrag vereinbart sein; (2) **Kontrollrecht** über Geschäftslage und -entwicklung; (3) **Recht auf Gewinnanteil** (gesetzlich: 4% des jahresdurchschnittlichen Kapitalanteils, Rest Pro-Kopf-Anteil); (4) Recht auf **Privatentnahme** (gesetzlich höchstens jährlich bis zu 4% des Eigenkapitalanteils zu Beginn des Geschäftsjahrs); (5) Anspruch auf **Aufwandsersatz;** (6) **Kündigungsrecht;** (7) Recht auf **Liquidationserlös** bei Auflösung der OHG.

■ **Rechtsverhältnisse im Außenverhältnis:**

■ **Pflicht zur Haftung.** Die OHG-Gesellschafter haften unbeschränkt, unmittelbar und gesamtschuldnerisch (solidarisch).

■ **Recht auf Vertretung.** Gesetzlich: Einzelvertretungsmacht; Gesamtvertretung muss im Handelsregister eingetragen sein.

Übungsaufgaben

28 Frank Strobel, 40 Jahre alt, ist seit 15 Jahren im Verkauf des Saatgutproduzenten Hans Stolz tätig, davon 10 Jahre als Verkaufsleiter. Strobel ist bereit, sich mit einem Grundstück im Wert von 380000,00 EUR am Unternehmen zu beteiligen. Er möchte als gleichberechtigter Partner mitarbeiten und volle Verantwortung mitübernehmen. Stolz und Strobel entschließen sich zur Gründung einer OHG.

Aufgaben:

1. Begründen Sie, ob der Gesellschaftsvertrag einer Formvorschrift unterliegt!

2. Erläutern Sie die gesetzlichen Voraussetzungen, die bei der Gründung einer OHG bezüglich der Form des Gesellschaftsvertrags und hinsichtlich der Firmierung beachtet werden müssen!

3. Untersuchen Sie, ob die bisherige Firma „Hans Stolz e.Kfm." fortgeführt werden kann!

4. Stolz und Strobel schließen am 1. September 20.. einen Gesellschaftsvertrag ab. Die Handelsregistereintragung erfolgt am 14. November 20.. Prüfen Sie, wann die OHG entstanden ist!

5. Die Handelsgeschäfte werden am 15. September 20.. aufgenommen. Am 20. September kauft Frank Strobel eine Abfüllmaschine im Wert von 140000,00 EUR. Der Lieferer verlangt von Friedrich Stolz die Bezahlung der Rechnung. Beurteilen Sie die Rechtslage!

6. Stolz möchte im Januar des folgenden Jahres zwei Mechaniker einstellen. Entscheiden Sie begründet, ob Stolz die Mechaniker einstellen darf!

7. Unterscheiden Sie die Vertretungsbefugnis von der Geschäftsführungsbefugnis!

8. Im Februar des folgenden Jahres nehmen Stolz und Strobel Franz Stang als neuen Gesellschafter in die OHG auf. Einige Wochen später wendet sich die Langinger KG, Lieferer für Paletten, mit ihrer Forderung über 9700,00 EUR direkt an den neuen Gesellschafter. Dieser lehnt die Zahlung ab.

12 Speth - ISBN 978-3-8120-0591-3

Beurteilen Sie die folgenden Argumente und begründen Sie Ihre Antwort:

8.1 Die Langinger KG soll sich direkt an die OHG wenden.

8.2 Die Verbindlichkeit sei von Stolz eingegangen worden, also müsse im Zweifel dieser zahlen.

8.3 Die Verbindlichkeit stamme aus dem vorigen Jahr, also aus der Zeit vor seinem Eintritt in die Gesellschaft.

8.4 Die Haftung austretender OHG-Gesellschafter ist gesetzlich nicht geregelt.

9. Laut Gesellschaftsvertrag darf Stang nur Geschäfte bis zu einer Höhe von 20 000,00 EUR ohne Einwilligung der anderen Gesellschafter vornehmen. Stang bestellt Saatgut im Wert von 25 000,00 EUR. Prüfen Sie, ob die Gesellschaft an die Willenserklärung gebunden ist!

10. Frank Strobel ist über den Vorfall so verärgert, dass er aus der OHG ausscheiden möchte. Ermitteln Sie, welche Regelung das HGB für das Ausscheiden eines OHG-Gesellschafters vorsieht!

11. Geben Sie wieder, wie die Gewinnverteilung der OHG gesetzlich geregelt ist!

12. Für den Bau eines Einfamilienhauses will Frank Strobel sein von ihm eingebrachtes unbebautes Grundstück zum Verkehrswert aus dem Vermögen der OHG entnehmen. Prüfen Sie, ob er gegen den Willen seiner Mitgesellschafter das Grundstück zurückerhalten kann!

29 Die Herren Meier, Schmidt und Kunz betreiben gemeinsam eine Möbelfabrik als OHG.

Aufgaben:

1. Nennen Sie zwei Gründe, die die Gesellschafter veranlasst haben könnten, die Gesellschaftsform der OHG zu wählen!

2. Formulieren Sie vier Firmierungsbeispiele!

3. Herr Meier und Herr Schmidt kaufen am 24. November 20.. gegen den Willen von Herrn Kunz ein zusätzliches Lagergebäude.

   3.1 Prüfen Sie, ob die OHG an diesen Vertrag gebunden ist!

   3.2 Der Verkäufer des Lagergebäudes verlangt am 25. November 20.. von Herrn Kunz die Bezahlung der gesamten Kaufsumme. Dieser lehnt entschieden ab. Er glaubt, ausreichende Gründe zu haben. Erstens war er gegen diesen Kauf. Zweitens müsse sich der Gläubiger doch erst einmal an die OHG wenden und, wenn diese nicht zahle, an die Gesellschafter, die den Kaufvertrag unterzeichnet haben. Drittens sehe er gar nicht ein, dass er alles zahlen solle. Wenn überhaupt, so zahle er höchstens den ihn betreffenden Anteil an der Kaufsumme, nämlich ein Drittel. Nehmen Sie zu diesen Aussagen Stellung!

   3.3 Am 30. Juni des folgenden Jahres scheidet Herr Kunz wegen bestehender Differenzen aus der Gesellschaft. Am 30. September des folgenden Jahres wendet sich der Verkäufer des Lagergebäudes erneut an ihn und fordert ihn auf, den noch offenen Restbetrag von 12 000,00 EUR zu bezahlen. Beurteilen Sie die Rechtslage!

4. Als Schmidt im Urlaub ist, kauft Meier ein Grundstück, das für die Erweiterung der Großhandlung notwendig ist. Schmidt, der von dem Grundstückskauf erst nachträglich Kenntnis erhält, ist gegen den Kauf.

   4.1 Prüfen Sie, ob Meier berechtigt war, das Grundstück zu kaufen!

   4.2 Untersuchen Sie, ob der Kaufvertrag für die OHG bindend ist!

   4.3 Entscheiden Sie, ob Schmidt die Zahlung des Kaufpreises verweigern kann, wenn der Verkäufer des Grundstücks von ihm den gesamten Kaufpreis fordert!

30 Axel Sterk betreibt als Einzelunternehmer die industrielle Herstellung und den Vertrieb von Arzneimitteln. Das Unternehmen firmiert unter „Arzneimittelwerke Axel Sterk e.K." und ist in das Handelsregister eingetragen. Der Umsatz des Einzelunternehmens hat sich so vergrößert, dass es der Inhaber für zweckmäßig hält, den Betrieb zu erweitern. Sterk bietet Igor Wetzel an, ihn als Gesellschafter aufzunehmen. Wetzel ist hierzu bereit und bringt 140000,00 EUR Barvermögen und ein unbebautes Grundstück in die zu gründende OHG ein.

Am 15. August 20.. wird der Gesellschaftsvertrag abgeschlossen (siehe nachfolgenden Auszug). Die Eintragung in das Handelsregister erfolgt am 10. September 20..

Auszug aus dem Gesellschaftsvertrag

§ 1 Gegenstand des Unternehmens ist die Herstellung und der Vertrieb von Arzneimitteln.

§ 2 Axel Sterk nimmt Igor Wetzel als Gesellschafter in sein Unternehmen auf. Die dadurch entstehende OHG wird unter der bisherigen Firmenbezeichnung „Arzneimittelwerke Axel Sterk OHG" geführt.

§ 3 Axel Sterk bringt in die OHG sein Einzelunternehmen ein, und zwar so, wie es bis zum 15. August 20.. geführt wurde. Der Einbringung wird die berichtigte Bilanz zum 15. August 20.. zugrunde gelegt. In ihr ist ein Eigenkapital von 500000,00 EUR ausgewiesen.

Igor Wetzel bringt sein Grundstück an der Simoniussteige ein. Der Wert wird mit 200000,00 EUR festgelegt. Außerdem leistet er eine Bareinlage von 140000,00 EUR.

§ 4 Igor Wetzel haftet nicht für die bisherigen Verbindlichkeiten der Firma „Arzneimittelwerke Axel Sterk e.K.".

§ 5 Die Gesellschaft beginnt am 1. September 20..

§ 6 Kündigt ein Gesellschafter, ist der andere Gesellschafter berechtigt, das Unternehmen ohne Liquidation zu übernehmen und unter der bisherigen Firma weiterzuführen.

§ 7 Die Aufnahme von Darlehen sowie Anschaffungen, deren Wert im Einzelfall 60000,00 EUR überschreitet, erfordern einen gemeinsamen Beschluss aller Gesellschafter.

§ 8 Für die Gewinn- und Verlustverteilung gelten die gesetzlichen Bestimmungen.

Aufgaben:

1. Begründen Sie, ob der Gesellschaftsvertrag einer gesetzlichen Formvorschrift unterliegt!

2. Prüfen Sie, ob die in § 2 des Gesellschaftsvertrags vorgesehene Firmierung zulässig ist!

3. Erklären Sie, welche rechtliche Wirkung die Handelsregistereintragung im vorgegebenen Fall hat!

4. Igor Wetzel schließt am 15. November 20.. mit der Seppl AG einen langfristigen Vertrag über die Lieferung von ätherischen Ölen im Wert von 62000,00 EUR. Als Sterk von der Lieferung erfährt, verweigert er die Bezahlung der Rechnung, da er den Preis für überhöht hält. Außerdem sei Wetzel nicht zum Abschluss des Kaufvertrags befugt gewesen. Die Seppl AG solle daher den Kaufpreis direkt von Wetzel einfordern.

   Erläutern Sie die Rechtslage!

5. Wetzel ist kaufmännisch nicht vorgebildet.

   5.1 Machen Sie ihm den Unterschied zwischen der unbeschränkten, persönlichen Haftung und der Verlustbeteiligung deutlich!

   5.2 Erläutern Sie ihm den Unterschied zwischen Geschäftsführung und Vertretung!

6. Sterk möchte im November 20.. für seine Sammlung eine Skulptur für 40000,00 EUR erwerben. Er beabsichtigt, den Betrag dem Gesellschaftsvermögen zu entnehmen. Beurteilen Sie die Rechtslage!

7. Das eingebrachte Grundstück von Igor Wetzel geht in das Gesellschaftsvermögen ein. Erläutern Sie, welche rechtlichen Konsequenzen sich daraus für Wetzel ergeben!

8. Wetzel möchte trotz zu erwartender Verluste 20.. monatlich 1200,00 EUR entnehmen. Sterk ist gegen die Entnahme.

   Beurteilen Sie die Lage unter rechtlichem und betriebswirtschaftlichem Aspekt!

9. Stellen Sie dar, warum Wetzel und Sterk im Gesellschaftsvertrag vereinbart haben, dass beim Ausscheiden eines Gesellschafters das Unternehmen nicht liquidiert (aufgelöst) werden soll!

10. Kann Igor Wetzel die Haftung für die bei seinem Eintritt in die Gesellschaft bestehenden Verbindlichkeiten ausschließen?

    Nehmen Sie hierzu Stellung!

11. Peter Sterk, der Bruder von Axel Sterk, möchte in die OHG eintreten. Allerdings will er keine Einlage leisten, sondern der OHG lediglich seine Arbeitskraft zur Verfügung stellen. Beurteilen Sie diesen Sachverhalt

    11.1 im Hinblick auf die Einlagepflicht des OHG-Gesellschafters,

    11.2 aus Sicht der Mitgesellschafter und

    11.3 aus Sicht der Gläubiger!

3.7 Kommanditgesellschaft (KG)

3.7.1 Begriff, Firma und Gründung der KG

(1) Begriff

- Die **Kommanditgesellschaft (KG)** ist eine Gesellschaft mit mindestens zwei Personen, die ein **Handelsgewerbe** unter **gemeinschaftlicher Firma** betreibt, wobei mindestens ein Gesellschafter **unbeschränkt haftet (Komplementär)** und mindestens ein Gesellschafter **beschränkt haftet (Kommanditist)**.[1]
- Die Kommanditgesellschaft ist eine **Personengesellschaft**.

---

[1] Die KG muss mindestens einen Komplementär aufweisen. Tritt der einzige (letzte) Komplementär aus der KG aus, so führt dies zur Auflösung der KG. Führen die Kommanditisten die Gesellschaft ohne (neuen) Komplementär fort, dann wird die KG grundsätzlich zu einer OHG, d. h., die Kommanditisten haften unbeschränkt.

Es gibt bei der KG also mindestens einen Gesellschafter, der nach den Vorschriften des OHG-Rechts [§§ 128 ff. HGB] haftet (den persönlich haftenden Gesellschafter, Komplementär), und auf der anderen Seite mindestens einen Gesellschafter (Kommanditist), dessen Haftung beschränkt ist. In der Praxis macht der Vorteil der Haftungsbeschränkung für die Kommanditisten die große Attraktivität der KG im Vergleich mit der OHG aus.

Außerdem bietet die KG die Möglichkeit, eine juristische Person als Komplementär einzusetzen. Ist eine GmbH Komplementär, so entsteht eine GmbH & Co. KG.[1]

(2) Firma

Die Firma der KG muss die Bezeichnung „Kommanditgesellschaft" oder eine allgemein verständliche Abkürzung dieser Bezeichnung (z. B. KG) enthalten [§ 19 I, Nr. 3 HGB].

Beispiele:
Müller und Moser sind Vollhafter (Komplementäre), Krause ist Teilhafter (Kommanditist). Mögliche Firmen sind z. B.: Müller & Moser KG; Müller Kommanditgesellschaft; Göttinger Import KG; Göttinger Import-Export KG.

(3) Gründung

Der Gründungsablauf der KG entspricht derjenigen der OHG. Einzige Besonderheit: Wegen der beschränkten Haftung des Kommanditisten wird die **Höhe der Kommanditeinlagen ins Handelsregister** eingetragen [§ 162 I HGB]. Veröffentlicht wird jedoch nur die Zahl der Kommanditisten, nicht aber die Höhe ihrer Einlage. Die Anmeldung zum Handelsregister ist von allen Gesellschaftern vorzunehmen, also auch von den Kommanditisten.

3.7.2 Pflichten und Rechte der Komplementäre im Innenverhältnis und im Außenverhältnis

Beachte:
Für die Komplementäre gelten die gleichen Bestimmungen wie für die persönlich haftenden Gesellschafter einer OHG, d. h., es werden die für die OHG geltenden gesetzlichen Vorschriften angewendet [§ 161 II HGB]. Die eigenständige Regelung der KG in den §§ 162 ff. HGB befasst sich nur mit der Sonderstellung des Kommanditisten.

3.7.3 Pflichten und Rechte der Kommanditisten im Innenverhältnis

Beachte:
Zunächst gelten immer die Vereinbarungen zwischen den Gesellschaftern und erst dann ersatzweise die gesetzlichen Bestimmungen des HGB.

---

1 Vgl. Kapitel 3.9, S. 196 f.

(1) Pflichten der Kommanditisten im Innenverhältnis

■ Fristgemäße Leistung der festgesetzten Kapitaleinlage

Die vertraglich festgelegte Kapitaleinlage **(Pflichteinlage)** kann in Geld, in Sachwerten und/oder in Rechtswerten erfolgen. Die Höhe der Pflichteinlage kann dabei von der in das Handelsregister eingetragenen Einlage, der **Haftsumme (Hafteinlage),** abweichen.

■ Verlustbeteiligung

Eine Verlustbeteiligung erfolgt bis zur Höhe des Kapitalanteils und der noch rückständigen Einlagen [§ 167 III HGB] in einem „angemessenen" Verhältnis der Kapitalanteile [§ 168 II HGB]. Wegen der Unbestimmtheit der gesetzlichen Regelung empfiehlt es sich, die Art und Weise der Verlustbeteiligung der Kommanditisten im Gesellschaftsvertrag eindeutig festzulegen.

> **Beispiel:**
>
> Bei der Müller KG (Müller und Moser sind Vollhafter, Krause ist Teilhafter) könnte die Verlustbeteiligung wie folgt geregelt sein: „Müller, Moser und Krause teilen sich einen eventuellen Verlust im Verhältnis 3 : 3 : 1."

(2) Rechte der Kommanditisten im Innenverhältnis

■ Kontrollrecht

Die Kommanditisten haben **kein ständiges Kontrollrecht.** Sie können jedoch Abschriften des Jahresabschlusses (Jahresbilanz mit Gewinn- und Verlustrechnung) verlangen und deren Richtigkeit unter Einsicht in die Geschäftsbücher und sonstiger Geschäftspapiere überprüfen [§ 166 I, II HGB].

■ Gewinnberechtigung und Gewinnverwendung

Nach dem Gesetz erhalten die Kommanditisten (und die Komplementäre) zunächst eine **4 %ige Verzinsung** der (durchschnittlichen) Kapitalanteile. Der eventuell verbleibende **Restgewinn ist in „angemessenem" Verhältnis** (z. B. nach den Kapitalanteilen) zu verteilen [§§ 167 f. i. V. m. §§ 120, 221 I und II HGB]. Wegen der Unbestimmtheit der gesetzlichen Regelung ist es erforderlich, im Gesellschaftsvertrag die Gewinnverteilung eindeutig zu regeln, um spätere Unstimmigkeiten zu vermeiden.

> **Beispiel:**
>
> Bei der Müller KG könnte die Gewinnbeteiligung wie folgt geregelt sein: „Aus dem Jahresreingewinn erhält jeder Gesellschafter zunächst eine 6 %ige Verzinsung der durchschnittlichen Kapitalanteile. Reicht der Gewinn nicht aus, erfolgt eine entsprechend niedrigere Verzinsung. Übersteigt der Jahresreingewinn 6 % der durchschnittlichen Kapitalanteile, wird der übersteigende Betrag im Verhältnis 3 : 3 : 1 verteilt."

Die Gewinnanteile der Kommanditisten werden ihren Kapitalanteilen nur so lange gutgeschrieben, bis diese voll geleistet sind [§ 167 II HGB]. Ist die Pflichteinlage der Kommanditisten erreicht, so haben sie Anspruch auf Auszahlung ihrer Gewinnanteile. Die im Unternehmen belassenen Gewinnanteile der Kommanditisten stellen „sonstige Verbindlichkeiten" der KG gegenüber den Kommanditisten dar.

Wird der Kapitalanteil des Kommanditisten durch Verlust oder Auszahlung gemindert, und zwar unter den auf die vereinbarte Einlage geleisteten Betrag, so kann der Kommanditist keine Auszahlung seines Gewinnanteils fordern. In diesem Fall wird der Gewinnanteil zur Auffüllung der Kommanditeinlage verwendet. Der Kommanditist ist dabei nicht verpflichtet, früher bezogene Gewinne wegen später eingetretener Verluste zurückzuzahlen [§ 169 II HGB].

Rechte des Kommanditisten (Innenverhältnis)
▪ Kontrolle
▪ Gewinnbeteiligung
▪ Widerspruch
▪ Kündigung

■ Privatentnahme

Der Kommanditist hat **kein Recht auf Privatentnahmen** [§§ 169 I, 122 HGB].

■ Widerspruchsrecht

Die Kommanditisten sind im Regelfall von der **Geschäftsführung ausgeschlossen.**[1] Sie können lediglich Handlungen der persönlich haftenden Komplementäre widersprechen, wenn diese über den gewöhnlichen Betrieb des Handelsgewerbes der KG hinausgehen, z.B. bei Grundstückskäufen und -verkäufen, bei der Aufnahme eines neuen Gesellschafters oder bei Änderung des Betriebszwecks [§ 164 HGB].

■ Kündigungsrecht

Wenn keine abweichenden Vereinbarungen zwischen den Gesellschaftern getroffen wurden, gilt die gesetzliche Regelung: Kündigungsmöglichkeit unter Einhaltung einer Kündigungsfrist von mindestens 6 Monaten zum Schluss des Geschäftsjahres [§ 161 II i.V.m. § 132 HGB].

■ Für die **Kommanditisten** besteht **kein gesetzliches Wettbewerbsverbot** [§ 165 HGB].

3.7.4 Pflichten und Rechte der Kommanditisten im Außenverhältnis

Beachte:
Im Außenverhältnis sind allein die gesetzlichen Bestimmungen des HGB maßgebend.

Vertretung	Kommanditisten sind nach dem HGB grundsätzlich **nicht** zur Vertretung der KG ermächtigt [§ 170 HGB].[2] Die Kommanditgesellschaft wird durch die Vollhafter vertreten. Möglich ist jedoch, einem oder mehreren Kommanditisten Handlungsvollmacht oder Prokura zu erteilen.
Haftung ■ **nach Eintragung der KG ins Handelsregister**	▪ Soweit die Kommanditisten ihre vertraglich bestimmte und im Handelsregister **eingetragene Einlage geleistet** haben, haften sie mit ihrer Einlage nur mittelbar **(Risikohaftung)**[3] [§ 171 I, S. 1, 2. HS. HGB].

---

1 Durch Gesellschaftsvertrag kann einem Kommanditisten auch die Geschäftsführung übertragen werden.

2 Aufgrund des Gesellschaftsvertrags können jedoch auch die Kommanditisten das Vertretungsrecht haben.

3 Zur Risikohaftung siehe auch S. 205.

	■ Soweit ein Kommanditist seine **Einlage** nach Eintragung **noch nicht geleistet** hat, haftet er den Gesellschaftsgläubigern **persönlich in Höhe der ausstehenden Einlage** [§ 171 I, S. 1, 1. HS. HGB].
■ **bei Eintritt in eine bestehende KG**	Tritt ein Kommanditist in eine bestehende KG ein, so haftet der beitretende Kommanditist gegenüber einem gutgläubigen Dritten **in der Zeit zwischen seinem Eintritt und der Eintragung der Kapitaleinlage** in das Handelsregister **persönlich und unbeschränkt** [§ 176 II HGB].

3.7.5 Auflösung der KG

Es gelten die für die OHG angegebenen Auflösungsgründe (siehe S. 175).[1]

Beim Tod eines Kommanditisten wird die Gesellschaft, sofern keine abweichenden vertraglichen Regelungen getroffen worden sind, mit den Erben fortgesetzt [§ 177 HGB]. Die Erben des verstorbenen Kommanditisten sind zunächst Teilhafter der KG mit dem Recht, die geerbte Einlage zu kündigen.

3.7.6 Vor- und Nachteile der KG

Vorteile	Nachteile
■ Ausnutzung unterschiedlicher Kenntnisse und Fähigkeiten der Gesellschafter verbessert die Geschäftsführung.	■ Unbeschränkte, direkte, gesamtschuldnerische Haftung der Komplementäre.
■ Da das Eigenkapital und die Unternehmensführung in einer Hand sind, ist das Interesse der Gesellschafter an der Geschäftsführung groß.	■ Persönliche Meinungsverschiedenheiten zwischen den Gesellschaftern können den Bestand des Unternehmens gefährden (siehe Kündigungsrecht!).
■ Verteilung des Unternehmerrisikos.	■ Dem Wachstum des Unternehmens sind häufig finanzielle Grenzen gesetzt, weil das Eigenkapital der Gesellschafter zur Finanzierung großer Investitionen nicht ausreicht. Fremdkapital kann nur in begrenztem Maße aufgenommen werden.
	■ Durch aufwendige Lebenshaltung der Gesellschafter kann die Existenz des Unternehmens aufs Spiel gesetzt werden, da Kontrollorgane fehlen.

3.7.7 Bedeutung der KG

Die Rechtsform der Kommanditgesellschaft ermöglicht den **Kommanditisten,** sich an einem Unternehmen durch Kapitaleinlagen zu beteiligen und die Haftung (das Risiko ihres Verlusts) auf diese Einlagen zu beschränken, ohne zur Geschäftsführung und Vertretung verpflichtet (und berechtigt) zu sein.

Für **Komplementäre** bietet die Rechtsform der KG die Möglichkeit, das Gesellschaftskapital sowie die Kreditbasis durch Aufnahme von Kommanditisten zu erweitern, ohne in der Geschäftsführung und Vertretungsbefugnis beschränkt zu werden.

---

1 Die KG muss mindestens einen Komplementär aufweisen. Tritt der einzige (letzte) Komplementär aus der KG aus, so führt dies zur Auflösung der KG. Führen die Kommanditisten die Gesellschaft ohne (neuen) Komplementär fort, dann wird die KG grundsätzlich zu einer OHG, d. h., die Kommanditisten haften unbeschränkt.

Zusammenfassung

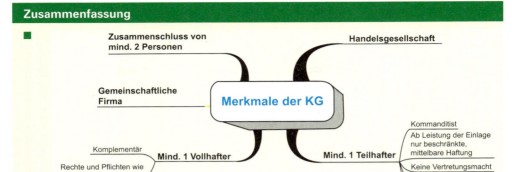

- **Beginn** der KG:
  - im **Innenverhältnis** beginnt das Unternehmen mit Abschluss des Gesellschaftsvertrags bzw. zum vereinbarten Termin.
  - im **Außenverhältnis** beginnt die KG – sofern ein Handelsgewerbe betrieben wird – sobald ein Gesellschafter im Namen der KG tätig wird. Wird kein Handelsgewerbe betrieben, beginnt die KG mit der Eintragung ins Handelsregister.

Vergleichs-merkmale	OHG	KG
Gründung	<ul><li>Gesellschaftsvertrag (notarielle Beurkundung, falls Grundstücke eingebracht werden [§ 311b BGB]).</li><li>Geld- oder Sachleistungen. Einlagen werden zu Gesamthandsvermögen [§ 719 BGB].</li><li>Eintragung ins Handelsregister [§§ 106, 108 HGB].</li></ul>	Entspricht der OHG. Besonderheit: Die Höhe der Kommanditeinlage ist ins Handelsregister einzutragen [§ 162 I HGB].
Firma	Sach-, Personen-, Fantasiefirma oder gemischte Firma mit dem Zusatz OHG.	Sach-, Personen-, Fantasiefirma oder gemischte Firma mit dem Zusatz KG.
Geschäftsführung	Geschäftsführung erfolgt durch die OHG-Gesellschafter [§§ 114–116 HGB]. Für gewöhnliche Geschäfte: Einzelgeschäftsführungsbefugnis und -pflicht jedes Gesellschafters [§ 116 I HGB]. Für außergewöhnliche Geschäfte: Gesamtbeschluss (Gesamtgeschäftsführungsbefugnis) aller Gesellschafter [§ 116 II HGB].	Geschäftsführung erfolgt durch Komplementär(e). Die Kommanditisten haben (gesetzlich) keine Geschäftsführungsbefugnisse. Die gesetzlichen Regelungen bezüglich der Komplementäre entsprechen denen für die OHG-Gesellschafter [§ 161 II HGB].

Vergleichs-merkmale	OHG	KG
Gewinn- und Verlust-verteilung	4% Verzinsung der (jahresdurch-schnittlichen) Kapitalanteile; Rest-gewinn sowie Verlust zu gleichen Teilen (nach Köpfen) [§ 121 HGB].	4% Verzinsung der (jahresdurch-schnittlichen) Kapitalanteile; Rest-gewinn „in angemessenem Verhält-nis". Ergänzende gesellschaftsver-tragliche Regelung somit erforder-lich. Verlustverteilung gesetzlich in „angemessenem Verhältnis" der Kapitalanteile [§§ 121, 167, 168 HGB].
Vertretung	Vertretung durch OHG-Gesellschaf-ter. Grundsätzlich besteht Einzelver-tretungsbefugnis jedes Gesellschaf-ters [§§ 125, 126 HGB].	Vertretung durch Komplementäre entsprechend den Regelungen für die OHG-Gesellschafter. Die Kom-manditisten besitzen (gesetzlich) keine Vertretungsmacht [§§ 161 II, 170 HGB].
Gesell-schafter-risiko (Haftung)	Unmittelbare, unbeschränkte und gesamtschuldnerische Haftung je-des OHG-Gesellschafters [§§ 128, 129, 130, 159f. HGB].	Die Komplementäre haften wie die OHG-Gesellschafter. Die Haftung der Kommanditisten ist auf die Höhe ihrer geleisteten Einlagen beschränkt. Außerdem haften die Kommanditisten nur indirekt (Risi-kohaftung § 171 HGB).

Übungsaufgaben

31 1. Der bisherige Einzelunternehmer Fritz Irmler e. Kfm. möchte sich aus Altersgründen aus der Unternehmensführung zurückziehen. Zusammen mit seinen beiden Söhnen Hans und Hein-rich gründet er eine KG. Kapitalmäßig möchte Fritz Irmler noch im Unternehmen verbleiben.

Aufgaben:

1.1 Nennen Sie zwei Gründe, die Herrn Irmler dazu bewogen haben könnten, eine KG zu gründen!

1.2 Erklären Sie anhand der angeführten Personen, wie man die Gesellschafter bei dieser Rechtsform bezeichnet und beschreiben Sie kurz deren Aufgaben!

1.3 Bilden Sie ein Beispiel, wie die Firma der KG lauten könnte!

1.4 Um die Liquidität der KG zu stärken, wollen die Söhne Hans und Heinrich ein Betriebs-grundstück verkaufen. Der Vater Fritz widerspricht dem Geschäft. Beurteilen Sie die Rechtslage!

2. Der Kommanditist Gerhard Paulußen beabsichtigt, in die am Ort bestehende Arzneimittel-fabrik Franz OHG als persönlich haftender Gesellschafter einzutreten.

Aufgaben:

2.1 Beurteilen Sie die Rechtslage!

2.2 Häufig wird eine OHG in eine KG umgewandelt, wenn ein OHG-Gesellschafter stirbt. Nennen Sie hierfür Gründe!

2.3 Kommanditgesellschaften sind oft „Familiengesellschaften", d.h., die Gesellschafter sind miteinander verwandt. Begründen Sie diese Tatsache!

2.4 Müller und Moser sind Vollhafter, Krause ist Teilhafter. Müller ernennt im Einverständnis mit Moser einen Prokuristen. Krause wurde nicht gefragt und ist auch nicht einverstanden. Analysieren Sie den Sachverhalt!

3. Die gute Konjunktur möchte der Inhaber der Lebensmittelfabrik Karl Müller e.K. nutzen und sein Unternehmen durch einen großzügigen Anbau erweitern.

Seinem Nachbarn Heilmann, dessen angrenzendes Grundstück für den Bau eines Lagergebäudes geeignet ist, bietet Müller an, sich als Gesellschafter an seinem Unternehmen zu beteiligen. Herr Heilmann ist dazu bereit, will aber nur teilweise haften und im Unternehmen nicht mitarbeiten. Auf seine Einlage in Höhe von 250 000,00 EUR bringt er das angrenzende Grundstück im Wert von 150 000,00 EUR ein und zahlt auf den Rest 65 % bar ein. Auch der Lebensmittelchemiker Kaiser beteiligt sich mit einer Bareinlage von 80 000,00 EUR als Teilhafter an dieser neuen Kommanditgesellschaft.

Aufgaben:

3.1 Begründen Sie, welcher Form der Gesellschaftsvertrag bedarf!

3.2 Beurteilen Sie, ob die bisherige Firma Karl Müller e.K. beibehalten werden kann!

3.3 Erläutern Sie, welche rechtliche Wirkung die am 1. Dez. 20.. erfolgte Eintragung der Gesellschaft ins Handelsregister hat!

3.4 § 162 II HGB lautet: „Bei der Bekanntmachung der Eintragung ist nur die Zahl der Kommanditisten anzugeben ..."

Nennen und erläutern Sie die maßgebenden Gründe dafür, dass alle weiteren im Handelsregister eingetragenen Tatbestände in Bezug auf die Teilhafter nicht publiziert werden!

3.5 Die Karl Müller KG schuldet der Bach GmbH für gelieferte Lagereinrichtung 43 440,00 EUR. Die Bach GmbH fordert von Heilmann die Bezahlung der Lagereinrichtung. Untersuchen Sie, ob Heilmann die Zahlung verweigern kann!

3.6 Teilhafter Kaiser hat für die Karl Müller KG beim Autohaus Münster OHG einen Lkw, im Wert von 95 482,00 EUR bestellt. Beurteilen Sie die Rechtslage!

3.7 Prüfen Sie, ob Heilmann und Kaiser das Recht haben, dem Verkauf eines Betriebsgrundstücks zu widersprechen!

3.8 Erklären Sie jeweils zwei Rechte und Pflichten der Kommanditisten!

3.9 Stellen Sie dar, wie bei der KG nach dem HGB die Gewinne und Verluste verteilt werden!

3.10 Nennen Sie zwei Gründe, die zur Auflösung der KG führen können! Muss die KG z.B. beim Tod von Kaiser aufgelöst werden?

32 Wolfgang Thein und Michael Kreher haben eine OHG gegründet. Der Gesellschaftsvertrag setzt den Beginn der OHG auf den 1. Januar 20.. fest, die Eintragung im Handelsregister erfolgt am 10. Januar 20..

Aufgaben:

1. Nach dem unerwarteten Tod Krehers wird die Gesellschaft mit dessen beiden volljährigen Söhnen als Kommanditisten fortgesetzt.

1.1 Die Kommanditisten wollen so weit wie möglich in die Rechte ihres verstorbenen Vaters eintreten. Weisen Sie nach, welche Rechte ihres Vaters ihnen nach dem Gesetz verschlossen bleiben!

1.2 Beurteilen und begründen Sie im Hinblick auf das Außen- und Innenverhältnis, ob die Kommanditisten bei entsprechendem Gesellschaftsvertrag eine dem Komplementär ähnliche „Machtposition" ausüben!

2. Beim Tode Theins wollen dessen Erben ebenfalls – wie die Erben Krehers – nur als Teilhafter in die Gesellschaft eintreten. Zeigen Sie, wie unter den gegebenen Umständen der Fortbestand des Unternehmens gewährleistet werden kann! (Mehrere Möglichkeiten!)

33 Frau Eva Schrade betreibt die sich seit mehreren Generationen in Familienbesitz befindliche Waschmittelfabrik A. Schrade e. Kfr.

Der ständige Zwang zu Neuerungen und der harte Preiskampf ließen Frau Schrade wenig Spielraum zur Selbstfinanzierung.[1] Deshalb musste sie verstärkt auf Fremdkapital ausweichen. Weitere Investitionen will sie deshalb vorrangig mit Eigenkapital durchführen. Sie entschließt sich deshalb dazu, eine offene Handelsgesellschaft oder eine Kommanditgesellschaft zu gründen. Von den von ihr angesprochenen Personen sind ihrer Ansicht nach der langjährige und erfolgreiche Vertreter Heinz Mann und dessen Frau Doris Waggis-Mann die geeignetsten Partner. Herr Mann will als Komplementär, Frau Waggis-Mann als Kommanditistin in die Waschmittelfabrik A. Schrade e. Kfr. eintreten.

Im Gesellschaftsvertrag vom 31. März 20.. wird unter anderem Folgendes vereinbart:

§ 1 Frau Schrade bringt ihr Unternehmen in die KG ein. Das Eigenkapital der Waschmittelfabrik A. Schrade e. Kfr. beträgt 3 600 000,00 EUR. Herr Mann leistet 800 000,00 EUR in bar und bringt ein unbebautes Grundstück im Wert von 1 000 000,00 EUR ein. Die Einzahlung auf das Geschäftsbankkonto und die Übereignung des Grundstücks auf die KG erfolgt zum 30. April 20..

§ 2 Frau Waggis-Mann übernimmt eine Kommanditeinlage in Höhe von 500 000,00 EUR. Am 30. April 20.. zahlt sie 300 000,00 EUR auf das Geschäftsbankkonto ein. Den Restbetrag will sie am 30. Mai überweisen.

§ 3 Jeder Gesellschafter erhält 5 % Guthabenzinsen. Der verbleibende Rest des Jahresgewinns wird im Verhältnis 4 (Schrade) : 3 (Mann) : 1 (Waggis-Mann) verteilt. Der Verlust wird im Verhältnis der Kapitalanteile der Gesellschafter verteilt.

§ 4 Die Gesellschaft beginnt am 30. April 20..

Die Eintragung der KG ins Handelsregister erfolgt am 14. Mai 20..

Aufgaben:

1. Nennen Sie die Rechtsform, die das Unternehmen von Frau Schrade aufweist!

2. Zählen Sie fünf wesentliche Merkmale der von Frau Schrade betriebenen Unternehmensform auf!

3. Begründen Sie, welcher Form der Gesellschaftsvertrag für diese KG genügen muss!

4. Erörtern Sie die Vorteile, die Frau Schrade durch die Gründung der KG hat!

5. Beurteilen Sie, welche Nachteile Frau Schrade durch die Gründung der KG auf sich nimmt!

6. Erläutern Sie, welche Gründe Frau Waggis-Mann und Herrn Mann bewogen haben können, als Gesellschafter in das Unternehmen von Frau Schrade einzutreten!

7. Bilden Sie mindestens zwei Beispiele für die Firmierung der KG!

8. Erklären Sie die Geschäftsführungs- und Vertretungsbefugnisse der Komplementäre Eva Schrade und Heinz Mann, wenn der Gesellschaftsvertrag hierzu keine Regelungen enthält!

---

1 Selbstfinanzierung ist die Bereitstellung von Finanzmitteln aus dem Gewinn des Unternehmens.

9. Die Kommanditistin Frau Waggis-Mann wird vom Finanzamt am 20. Mai 20.. aufgefordert, die für die KG fällige Umsatzsteuerschuld in Höhe von 210 000,00 EUR zu überweisen. Prüfen Sie, ob sie zahlen muss!
10. Der Komplementär Mann möchte auf seinem eingebrachten Grundstück ein Privathaus errichten. Hierzu will er das Grundstück aus dem Vermögen der KG entnehmen. Untersuchen Sie, ob er hierzu die Zustimmung von Frau Schrade benötigt!

3.8 Gesellschaft mit beschränkter Haftung (GmbH)

3.8.1 Begriff, Kapital und Firma der GmbH

(1) Begriff GmbH

- Die **Gesellschaft mit beschränkter Haftung** (GmbH) ist eine **Handelsgesellschaft** mit **eigener Rechtspersönlichkeit (juristische Person[1])**.
- Die Gesellschafter sind mit einem oder mehreren Geschäftsanteilen an der Gesellschaft beteiligt, **ohne persönlich** für die Verbindlichkeiten der Gesellschaft **zu haften** [§ 13 I, II GmbHG].
- Die GmbH ist eine **Kapitalgesellschaft**.

Die **GmbH** hat **selbstständige Rechte und Pflichten.** Mithilfe ihrer Organe ist es möglich, Rechtsgeschäfte abzuschließen. Sie kann z.B. Eigentum an Grundstücken erwerben und vor Gericht klagen und verklagt werden. Die GmbH ist Gläubiger und Schuldner, nicht etwa die GmbH-Gesellschafter. Die **GmbH-Gesellschafter** statten die GmbH lediglich mit **Eigenkapital** aus, indem sie sich mit Geschäftsanteilen am Stammkapital der GmbH beteiligen.

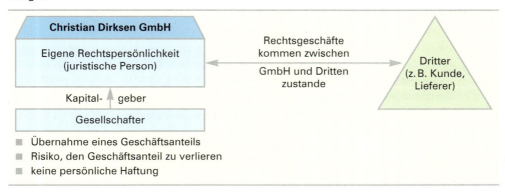

Die GmbH ist eine rechtliche Konstruktion, durch die unternehmerisches Kapital in einer juristischen Person verselbstständigt und die Haftung auf das Gesellschaftsvermögen begrenzt wird. Dies eröffnet Eigenkapitalgebern (Gesellschaftern) die Möglichkeit, ihr

---

1 Zur Erinnerung: Juristische (rechtliche) Personen sind „künstliche" Personen, denen der Staat die Eigenschaft von Personen kraft Gesetzes verliehen hat. Sie sind damit rechtsfähig, d.h. Träger von Rechten und Pflichten.

Risiko auf das eingesetzte Kapital zu begrenzen sowie ihre persönliche Haftung zu vermeiden. Es kommt zu einer rechtlichen **Trennung von Unternehmens- und Privatvermögen**. Bei der GmbH handelt es sich somit um eine **Kapitalgesellschaft**.

(2) Kapital der GmbH

Geschäftsanteil	Ein Geschäftsanteil ist der nominale Anteil am Stammkapital der GmbH. Er ist mit einem Nennbetrag versehen. Die **Nennbeträge** der einzelnen Geschäftsanteile können unterschiedlich hoch sein, müssen jedoch auf **volle Euro** lauten. Jeder Gesellschafter beteiligt sich im Rahmen der Errichtung (Gründung) der GmbH mit einem oder mehreren Geschäftsanteilen [§ 5 II GmbHG]. Die Summe der Nennbeträge aller Geschäftsanteile muss mit der Höhe des Stammkapitals übereinstimmen [§ 5 III GmbHG]. Geschäftsanteile können jederzeit – ohne dass eine Genehmigung der übrigen Gesellschafter eingeholt werden muss – veräußert werden. Der Wert der Geschäftsanteile kann steigen oder fallen, je nachdem wie erfolgreich die Geschäftstätigkeit der GmbH verläuft.	**Beispiel:** Florian Habel, Konstantin Schopel und Lasse Landmann wollen eine GmbH gründen. In dem Gesellschaftsvertrag setzen sie das Stammkapital auf 25 000,00 EUR fest. Florian Habel, der auch zum Geschäftsführer der GmbH bestimmt wird, übernimmt einen Geschäftsanteil mit einem Nennbetrag in Höhe von 15 000,00 EUR (Geschäftsanteil Nr. 1). Die beiden anderen Gesellschafter übernehmen jeweils einen Geschäftsanteil mit einem Nennbetrag in Höhe von 5 000,00 EUR (Geschäftsanteile Nr. 2 und 3).
Stammeinlagen	Der Betrag, der auf einen Geschäftsanteil zu leisten ist, wird als Stammeinlage bezeichnet. Die Höhe der zu **leistenden Einlage** richtet sich nach dem bei der Gründung der Gesellschaft im Gesellschaftsvertrag festgesetzten Nennbetrag des Geschäftsanteils [§ 14 GmbHG].	
Stammkapital	Dies ist der in der Satzung festgelegte **Gesamtbetrag aller Geschäftsanteile**. Das Stammkapital muss mindestens 25 000,00 EUR betragen [§ 5 I GmbHG]. Das Stammkapital wird in der offenzulegenden Bilanz als „gezeichnetes Kapital" ausgewiesen [§§ 266 III, 272 I HGB].	

(3) Firma

Die **Firma** der GmbH muss die Bezeichnung **„Gesellschaft mit beschränkter Haftung"** oder eine allgemein verständliche Abkürzung dieser Bezeichnung (z. B. GmbH) enthalten [§ 4 GmbHG].

Beispiele: Albrecht Büller GmbH; Celler Maschinenfabrik GmbH; Albrecht Büller Maschinenfabrik GmbH; Backhaus Unternehmergesellschaft (haftungsbeschränkt).

3.8.2 Gründung der GmbH

(1) Errichtung der GmbH

Die GmbH kann durch **eine Person**[1] oder **mehrere Personen** errichtet werden [§ 1 GmbHG].

---

1 Bei einer Einpersonen-GmbH erfolgt die Gründung in einem vereinfachten Verfahren unter Zuhilfenahme eines Musterprotokolls, das dem Vertrag gleichsteht und vom Gesetz ebenfalls als „Gesellschaftsvertrag" bezeichnet wird [§ 2 I a GmbHG].

Zur **Errichtung der GmbH** ist ein **notariell beurkundeter Gesellschaftsvertrag (Satzung)** erforderlich, der von sämtlichen Gesellschaftern unterzeichnet werden muss [§ 2 I GmbHG]. Der Gesellschaftsvertrag muss enthalten:

- die **Firma** und den **Sitz der Gesellschaft,**
- den **Gegenstand des Unternehmens,**
- den **Betrag des Stammkapitals** und
- die **Zahl und die Nennbeträge der Geschäftsanteile,** die jeder Gesellschafter gegen Einlage auf das Stammkapital (Stammeinlage) übernimmt [§ 3 GmbHG].

GmbH-Gesellschafter ist nur der, der in die **Gesellschafterliste** eingetragen ist [§ 16 I GmbHG]. Jeder Gesellschafter hat Anspruch darauf, in die Liste eingetragen zu werden.

Beachte:

Für **unkomplizierte Standardgründungen** steht den Gründern der GmbH ein **notariell zu beurkundendes Musterprotokoll** als Anlage zum GmbHG zur Verfügung. Als „einfache Standardgründung" gilt z.B. eine Bargründung[1] mit höchstens **drei Gesellschaftern** und **einem Geschäftsführer** [§ 2 I a GmbHG]. Am Musterprotokoll dürfen keine Veränderungen oder Ergänzungen vorgenommen werden.

---

(2) Anmeldung der GmbH ins Handelsregister

Die **Anmeldung zur Eintragung in das Handelsregister** darf erst erfolgen, wenn auf **jeden Geschäftsanteil** – soweit nicht Sacheinlagen vereinbart sind – **ein Viertel des Nennbetrags** eingezahlt sind [§ 7 II, S. 1 GmbHG]. Insgesamt muss auf das Stammkapital mindestens so viel eingezahlt werden, dass der Gesamtbetrag der eingezahlten Geldeinlagen zuzüglich des Gesamtnennbetrags der Geschäftsanteile, für die Sacheinlagen zu leisten sind, die Hälfte des Mindeststammkapitals, d.h. 12 500,00 EUR, erreicht [§ 7 II, S. 2 GmbHG]. Außerdem müssen die Nennbeträge und die laufenden Nummern der von jedem Gesellschafter übernommenen Geschäftsanteile ersichtlich sein [§ 8 I, Nr. 3 GmbHG].

Die GmbH als juristische Person mit Kaufmannseigenschaft entsteht erst durch die Eintragung der GmbH ins Handelsregister **(konstitutive Wirkung der Eintragung)** [§§ 11 I, 13 GmbHG]. Schließen die Gesellschafter **vor der Handelsregistereintragung** im Namen der Gesellschaft Rechtsgeschäfte ab, so haften die Handelnden persönlich und solidarisch [§ 11 II GmbHG].

3.8.3 Organe der GmbH

(1) Geschäftsführer

Die Geschäftsführer leiten die GmbH. Sie werden von der Gesellschafterversammlung gewählt oder durch den Gesellschaftsvertrag (Satzung) bestimmt. Die Zeitdauer der Bestellung ist nicht bestimmt. Die Geschäftsführer sind die gesetzlichen Vertreter der GmbH. Sind mehrere Geschäftsführer bestellt, besteht **Gesamtvertretungsbefugnis,** sofern der Gesellschaftsvertrag nichts anderes vorsieht [§ 35 II GmbHG]. Eine Beschränkung der Vertretungsmacht ist Dritten gegenüber unwirksam [§ 37 GmbHG].

---

1 Das bedeutet, dass **keine Sacheinlagen** getätigt werden dürfen.

Beispiel einer GmbH-Satzung:[1]

§ 1 Sitz der Gesellschaft

Die Gesellschaft hat ihren Sitz in Hildesheim. Die Gesellschaft betreibt einen Arzneimittelgroß-
handel. Die Gesellschaft kann Filialen errichten und sich an anderen Firmen beteiligen.

§ 2 Name der Firma

Der Name der Firma lautet: Arzneimittelgroßhandlung Hildesheim GmbH

§ 3 Stammkapital

Das Stammkapital der Gesellschaft wird auf 60 000,00 EUR festgesetzt. Darauf übernehmen Sven
Burger Geschäftsanteil 1: Nennwert 30 000,00 EUR, Sonja Maunz Geschäftsanteil 2: Nennwert
20 000,00 EUR und Max Moser Geschäftsanteil 3: Nennwert 10 000,00 EUR.

§ 4 Geschäftsführung und Vertretung

Zu den ersten Geschäftsführern der Gesellschaft werden Sven Burger und Sonja Maunz bestellt.
Sie besitzen Einzelvertretungsmacht. Die arbeitsrechtlichen Bestimmungen sind in einem geson-
derten Vertrag zu vereinbaren.

§ 5 Gesellschafterversammlung

Über wichtige Entscheidungen ist eine Gesellschafterversammlung abzuhalten und das Ergebnis
zu protokollieren. Die Einberufung erfolgt zwei Wochen vor der Abhaltung der Versammlung
unter Bekanntgabe der zu beschließenden Punkte.

§ 6 Beschlussfassung

Abgestimmt wird mit einfacher Mehrheit. Dabei gewährt jeder Euro eines Geschäftsanteils eine
Stimme. Bei Stimmengleichheit gilt der Antrag als abgelehnt.

§ 7 Feststellung des Jahresabschlusses, Entlastung der Geschäftsführer

Die Gesellschafterversammlung hat auch über die Feststellung des Jahresabschlusses, die
Gewinnverwendung und die Entlastung der Geschäftsführer zu beschließen.

§ 8 Übertragung von Geschäftsanteilen

Die Geschäftsanteile können nur mit Zustimmung der anderen Gesellschafter zum Ende eines
Geschäftsjahres übertragen werden. Diese Übertragung muss der Gesellschaft mindestens vier
Monate zuvor angezeigt werden.

§ 9 Einziehung von Geschäftsanteilen

Die Gesellschafter können auch die Einziehung von Geschäftsanteilen beschließen. Dies gilt besonders dann, wenn über das Vermögen eines Gesellschafters das Insolvenzverfahren eröffnet
wurde. Der betroffene Gesellschafter hat dabei kein Stimmrecht.

§ 10 Auflösung der Gesellschaft

Wird die Gesellschaft durch Auflösung beendet, so ist aus den Reihen der Gesellschafter ein
Liquidator zu bestellen. Dieser hat das Geschäftsvermögen zu veräußern, die Gläubiger zu befriedigen und den verbleibenden Überschuss entsprechend der Höhe der zuletzt von den Gesellschaftern gehaltenen Beteiligung zu verteilen.

Hildesheim, den 15. September 20..

Den vorstehenden Vertrag beurkundet:

_____   _____
Unterschriften der Gesellschafter   Unterschrift des Notars

---

1 In Anlehnung an: Konz, Franz: 1000 Tipps und Tricks für Selbstständige und zur Existenzgründung, München 2002.

(2) Gesellschafterversammlung

Die Geschäftsführer leiten die Gesellschaft **nicht** in eigener Verantwortung; sie müssen vielmehr im Rahmen der Satzung und des Gesetzes die **Weisungen der Gesellschafter** unmittelbar befolgen. Aus diesem Grund ist die Gesamtheit (Versammlung) der Gesellschafter das **oberste Organ** der GmbH. In ihm nehmen die Gesellschafter ihre Rechte wahr. Beschlussfassungen erfolgen grundsätzlich mit der Mehrheit der abgegebenen Stimmen. Dabei gewährt **jeder Euro** eines Geschäftsanteils **eine Stimme**. Notariell zu beurkundende Satzungsänderungen bedürfen einer Mehrheit von drei Vierteln der abgegebenen Stimmen.

(3) Aufsichtsrat

Grundsätzlich benötigen Gesellschaften mit bis zu 500 Arbeitnehmern keinen Aufsichtsrat, es sei denn, die Satzung schreibt die Bestellung eines Aufsichtsrats vor [§ 52 I GmbHG]. Beschäftigt die GmbH **mehr als 500 Arbeitnehmer,** so **muss ein Aufsichtsrat gewählt werden** [§ 1 I Nr. 3 DrittelbG]. Durch die verschiedenen Gesetze zur Stärkung der Mitbestimmungsrechte der Arbeitnehmer und Gewerkschaften gelten bezüglich der **Wahl, Zusammensetzung** und **Zahl der Aufsichtsräte** unterschiedliche Vorschriften:

Größe der GmbH	Geltendes Gesetz	Vorschriften über den Aufsichtsrat (AR)
GmbH mit i. d. R. mehr als 500 bis zu 2 000 Arbeitnehmer	Drittelbeteiligungs-gesetz von 2004 [DrittelbG]	Der AR besteht aus mindestens 3 Personen oder aus einer höheren, durch drei teilbaren Mitgliederzahl. Die Gesellschafterversammlung wählt $2/3$, die Belegschaft $1/3$ der AR-Mitglieder (**„Drittel-Parität"**).
GmbH mit in der Regel mehr als 2 000 Arbeitnehmer	Mitbestimmungs-gesetz von 1976 [MitbestG 1976]	Der AR hat 12 bis 20 Mitglieder. Die Hälfte wird von der Gesellschafterversammlung gewählt. Ein AR-Mitglied wird von den leitenden Angestellten, die übrigen von der restlichen Belegschaft gewählt (**„gleichgewichtige Mitbestimmung"**).

Die **Aufgaben** des **Aufsichtsrats** sind vor allem:

- **Überwachung der Geschäftsführung,** Einsicht und Prüfung der Geschäftsbücher und Schriften sowie der Vermögensgegenstände,
- **Einberufung einer außerordentlichen Gesellschafterversammlung,** wenn es das Wohl der Gesellschaft erfordert (z. B. bei Eintritt hoher Verluste),
- **Prüfung des Jahresabschlusses.** Der Aufsichtsrat hat die Gesellschafterversammlung über das Ergebnis der Prüfung schriftlich zu unterrichten.

3.8.4 Pflichten und Rechte der Gesellschafter

(1) Pflichten der Gesellschafter

Leistung des Geschäftsanteils	Bei **nicht rechtzeitiger Einzahlung** sind **Verzugszinsen** zu entrichten [§ 20 GmbHG].
Nachschusspflicht	Die Satzung kann eine **beschränkte** oder **unbeschränkte Nachschusspflicht** vorsehen. Nachschüsse werden in der Regel dann verlangt, wenn die GmbH einen Eigenkapitalbedarf (z. B. für Investitionen) hat. Sie dienen nur mittelbar zur Sicherung der Gläubiger.

Risikohaftung[1]	Die **Gesellschafter** der GmbH **haften nicht** für die Verbindlichkeiten der Gesellschaft. Als juristische Person des Handelsrechts (Kapitalgesellschaft) haftet lediglich die GmbH selbst [§ 13 I, II GmbHG]. Das einzige Risiko, das der GmbH-Gesellschafter eingeht, ist, dass er den Wert seines Geschäftsanteils teilweise oder ganz verliert. Das Letztere ist der Fall, wenn die GmbH wegen Überschuldung oder Zahlungsunfähigkeit aufgelöst wird, also kein Eigenkapital mehr übrig bleibt. Die GmbH-Gesellschafter übernehmen daher nur eine „Risikohaftung".

(2) Gegenüberstellung der Haftung bei einer OHG (Personengesellschaft) und einer GmbH (Kapitalgesellschaft)

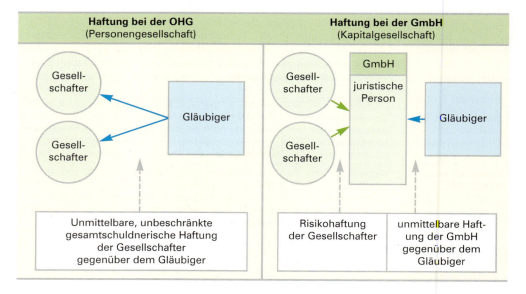

(3) Rechte der Gesellschafter

Gewinnanteil	Jeder Gesellschafter hat einen Anspruch auf den sich nach der jährlichen Bilanz ergebenden **Reingewinn**. Die Verteilung des Gewinns erfolgt nach dem Verhältnis der Geschäftsanteile. Im Gesellschaftsvertrag kann eine andere Gewinnverteilung vereinbart sein [§ 29 GmbHG].
Auskunfts- und Einsichtsrecht	Der Geschäftsführer hat einem Gesellschafter auf dessen Wunsch unverzüglich Auskunft über die Angelegenheit der Gesellschaft zu geben. Die Einsicht in die Bücher und Schriften ist dem Gesellschafter gestattet [§ 51a GmbHG].
Geschäftsführungs- und Vertretungsrecht sowie Mitverwaltungsrecht	Aus der engen persönlichen Bindung der Gesellschafter an die GmbH ergibt sich für sie ein weitgehendes Mitverwaltungsrecht.

---

1 Siehe auch S. 183 und S. 205.

3.8.5 Unternehmergesellschaft als Sonderform der GmbH

Höhe des Kapitals	Die **Unternehmergesellschaft** (UG, „Mini-GmbH")[1] kann mit **einem geringeren Stammkapital** als dem Mindeststammkapital von 25000,00 EUR gegründet werden [§ 5a I GmbHG]. Das Stammkapital kann somit zwischen 1 EUR und 24999,00 EUR liegen. **Sacheinlagen sind ausgeschlossen** [§ 5a II GmbHG].
Firma	Die **Unternehmergesellschaft** muss in der Firma den Rechtsformzusatz „**Unternehmergesellschaft (haftungsbeschränkt)**" oder „**UG (haftungsbeschränkt)**" führen.
Anmeldung zum Handelsregister	Die Anmeldung einer Unternehmergesellschaft zur Handelsregistereintragung kann erst erfolgen, wenn das Stammkapital in voller Höhe eingezahlt ist.
Gewinn-ausschüttung	Die Unternehmergesellschaft darf ihre **Gewinne** – sofern sie welche erzielt – **zu höchstens** $^3/_4$ an die Gesellschafter **ausschütten**. Sie muss **ein Viertel** des um einen Verlustvortrag aus dem Vorjahr geminderten Jahresüberschusses **ansparen, bis sie das Mindestkapital** von 25000,00 EUR erreicht hat. Der angesparte Betrag ist in eine gesetzliche Rücklage einzustellen. Die Rücklage darf nur verwandt werden zur **Erhöhung des Stammkapitals,** zum **Ausgleich eines Jahresfehlbetrags,** soweit er nicht durch einen Gewinnvortrag aus dem Vorjahr gedeckt ist, oder zum **Ausgleich eines Verlustvortrags aus dem Vorjahr,** soweit er nicht durch einen Jahresüberschuss gedeckt ist [§ 5a, III GmbHG].
Umwandlung in eine GmbH	Wenn das Mindestkapital von 25000,00 EUR erreicht ist, kann die Unternehmergesellschaft in eine „gewöhnliche" GmbH umgewandelt werden. Die UG ist als „Einbahnstraße" konzipiert. Das bedeutet, dass die UG nur im Rahmen einer **Erstgründung** errichtet werden kann und daher insbesondere eine Zurückführung der GmbH in eine UG nicht möglich ist.

3.8.6 Auflösung und Bedeutung der GmbH

(1) Auflösung der GmbH

Die Auflösung der GmbH ist in den §§ 60ff. GmbHG geregelt. Neben der zwangsweisen Auflösung durch das Gericht (im Rahmen eines Insolvenzverfahrens) wegen **Zahlungsunfähigkeit** oder **Überschuldung** kann die GmbH nach **Ablauf der im Gesellschaftsvertrag bestimmten Zeit,** durch **Beschluss der Gesellschafter** (grundsätzlich mit einer Mehrheit von drei Viertel der abgegebenen Stimmen) oder auch durch **gerichtliches Urteil** aufgelöst werden.

(2) Bedeutung der GmbH

Die Gesellschaft mit beschränkter Haftung ist vor allem bei Familienunternehmen und bei Unternehmen mittlerer Größe anzutreffen, weil für die Gründung ein sehr niedriges Anfangskapital (Eigenkapital) vorgeschrieben ist, die Haftung der Gesellschafter begrenzt ist, ein enges Verhältnis zwischen Gesellschaftern und Geschäftsführern besteht (die Gesellschafter häufig selbst Geschäftsführer sind) und die Gründung verhältnismäßig unkompliziert und kostengünstig ist. Hinzu kommt, dass bei kleineren Gesellschaften die Prüfungs- und Offenlegungspflicht entfällt.

---

1 Die Unternehmergesellschaft ist **keine eigene Rechtsform,** sondern lediglich eine besondere Variante der GmbH.

Häufig gründen auch Großunternehmen Gesellschaften mit beschränkter Haftung, die Teilfunktionen übernehmen (z.B. Forschung und Entwicklung, Erschließung neuer Rohstoffquellen, Wahrnehmung des Vertriebs). Daneben eignet sich die Rechtsform der GmbH auch zur Ausgliederung bestimmter kommunaler Aufgaben (z.B. können kommunale Wasserwerke, Versorgungsunternehmen, Krankenhäuser, Müllverbrennungsanlagen in Rechtsform der GmbH betrieben werden).

3.9 GmbH & Co. KG

(1) Begriff

Bei der **GmbH & Co. KG** handelt es sich um eine **Kommanditgesellschaft** (KG), an der eine **GmbH** als einzige persönlich haftende Gesellschafterin **(Komplementär)** beteiligt ist.

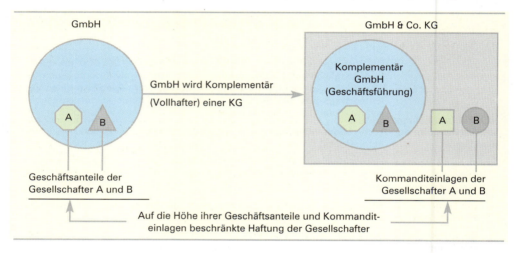

Kommanditisten können die **Gesellschafter der GmbH** (echte, typische GmbH & Co. KG) **oder andere Personen** (unechte, atypische GmbH & Co. KG) sein.

(2) Firma

Die **Firma** einer GmbH & Co. KG muss die Bezeichnung „Kommanditgesellschaft" oder eine allgemein verständliche Abkürzung dieser Bezeichnung enthalten [§ 19 I, Nr. 3 HGB].

> **Beispiele:**
>
> Exportgesellschaft Wild m.b.H. & Co. KG; Impex GmbH KG; Celler Saatgut GmbH KG; Friedrich Metzger GmbH & Co. KG.

(3) Geschäftsführung und Vertretung

Die GmbH & Co. KG wird durch die GmbH (Komplementär) vertreten, die auch die Geschäftsführungsbefugnis besitzt. Für die GmbH handeln die Geschäftsführer, die bei der typischen GmbH & Co. KG mit den Kommanditisten identisch sind. Im Übrigen sind die Rechtsgrundlagen die gleichen wie bei der KG.

(4) Gründe für die Ausgestaltung der KG als GmbH & Co. KG

Haftungs-beschränkung	Die GmbH als Komplementär haftet zwar unbeschränkt mit ihrem Vermögen, die Gesellschafter der GmbH allerdings nur mit ihren Geschäftsanteilen.
Erleichterung der Kapitalbeschaffung	Die GmbH & Co. KG kann durch die Aufnahme weiterer Kommanditisten ihr Kapital erweitern, wobei die neuen Gesellschafter nur einen geringen Einfluss auf das Unternehmen gewinnen.
Nachfolgeregelung	Anstelle einer natürlichen Person tritt die GmbH als Vollhafter ein. Damit ist die Unternehmensfortführung gesichert, denn die GmbH ist „unsterblich". Dies ist insbesondere für Familienunternehmen wichtig.
Geschäftsführung	Als Geschäftsführer der Komplementär-GmbH können außenstehende Fachleute angestellt werden.

Zusammenfassung

■ Die **GmbH** ist durch folgende **Merkmale** charakterisiert: (1) juristische Person; (2) Handelsgesellschaft; (3) Gesellschafter sind mit Geschäftsanteilen am Stammkapital beteiligt; (4) keine persönliche Haftung der Gesellschafter.

■ Das **Stammkapital** beträgt mindestens 25 000,00 EUR. Es ergibt sich aus der **Summe aller Geschäftsanteile.**

■ Die **Unternehmergesellschaft** – eine Sonderform der GmbH – kann auch mit einem geringeren Stammkapital als das Mindeststammkapital von 25 000,00 EUR gegründet werden.

■ Jeder Gesellschafter übernimmt eine bestimmte Zahl an **Geschäftsanteilen.** Jeder Geschäftsanteil ist wiederum mit einem **Nennbetrag** versehen. Der Nennbetrag jedes Geschäftsanteils muss auf volle EUR lauten. Die Summe der Nennbeträge aller Geschäftsanteile muss mit dem Stammkapital übereinstimmen.

■ Die **Firma der GmbH** muss die Bezeichnung „Gesellschaft mit beschränkter Haftung" oder eine allgemein verständliche Abkürzung dieser Bezeichnung enthalten.

Die **Unternehmergesellschaft** muss in der Firma den Rechtsformzusatz „Unternehmergesellschaft (haftungsbeschränkt)" oder „UG (haftungsbeschränkt)" führen.

■ Zur **Gründung der GmbH** sind erforderlich: (1) eine Person oder mehrere Personen; (2) notariell beurkundete Satzung; (3) Mindesteinzahlung 12 500,00 EUR bzw. $^1/_4$ aller Geschäftsanteile; (4) Eintragung ins Handelsregister.

■ Erst durch die Eintragung entsteht die GmbH als juristische Person mit Kaufmannseigenschaft **(konstitutive Wirkung der Eintragung).**

■ Organe der GmbH

- **Gesellschafterversammlung:** beschließendes Organ
- **Geschäftsführer:** ausführendes Organ
- **Aufsichtsrat:** kontrollierendes Organ

■ Als juristische Person des Handelsrechts **haftet die GmbH** in Höhe des Stammkapitals selbst. Die Gesellschafter der GmbH haften nur indirekt, d. h., sie riskieren den Wert ihres Geschäftsanteils teilweise oder ganz zu verlieren **(Risikohaftung).**

■ Die **Vertretung** der GmbH nach außen erfolgt durch den (die) Geschäftsführer. Soweit die Satzung nichts anderes bestimmt, besteht für eine aus mehreren Personen bestehende Geschäftsführung **Gesamtvertretungsmacht. Einzelvertretungsmacht** muss, um rechtswirksam zu sein, im **Handelsregister eingetragen** werden.

- Die **Geschäftsführung** erfolgt durch die Geschäftsführer, die Gesellschafter der GmbH und/ oder auch andere unbeschränkt geschäftsfähige natürliche Personen.

  Wenn die Geschäftsführung mehrere Personen umfasst, besteht grundsätzlich **Gesamtgeschäftsführungsbefugnis**. Die Satzung kann Abweichendes bestimmen.

- Die **Auflösung der GmbH** erfolgt im Rahmen eines Insolvenzverfahrens, durch Beschluss der Gesellschafterversammlung oder aufgrund einer Satzungsbestimmung.

- Die **Merkmale der GmbH & Co. KG** sind: (1) Es handelt sich um eine KG; (2) Vollhafter (Komplementär) ist eine GmbH.

Übungsaufgaben

34 1. Die Heinz Kern OHG betreibt eine Großhandlung für Medizintechnik. Sie soll in eine GmbH umgewandelt werden. Gleichzeitig soll der bisherige Verkaufsleiter Fritz Dick als Gesellschafter in die neue GmbH aufgenommen werden.

   Aufgaben:

   1.1 Erläutern Sie, wodurch sich die Personengesellschaft von der Kapitalgesellschaft unterscheidet!

   1.2 Nennen Sie zwei Gründe, die für die Wahl der Gesellschaftsform GmbH sprechen!

   1.3 Klären Sie die finanziellen Voraussetzungen, die für die Anmeldung zur Eintragung der GmbH in das Handelsregister gegeben sein müssen!

   1.4 Unterbreiten Sie zwei Vorschläge für die Firmierung der GmbH!

   1.5 Vergleichen Sie die Haftungsverhältnisse bei der GmbH und der OHG!

   1.6 Zeigen Sie die Unterschiede bei der Vertretung der GmbH und der der OHG auf!

   1.7 Nennen Sie drei Gründe, die zur Auflösung der GmbH führen können!

2. Unterscheiden Sie zwischen Stammkapital, Stammeinlage und Geschäftsanteil!

3. Klären Sie mithilfe des Gesetzestextes, wie die Mindesteinzahlung der Gesellschafter im GmbHG geregelt ist!

4. An den Hernern Impfstoffwerken GmbH sind beteiligt:
   - Adam mit einem Geschäftsanteil von 25 000,00 EUR,
   - Brecht mit einem Geschäftsanteil von 30 000,00 EUR und
   - Czerny mit einem Geschäftsanteil von 45 000,00 EUR.

   Aufgaben:

   4.1 Nennen Sie die Höhe des Stammkapitals!

   4.2 Untersuchen Sie, wie der Reingewinn in Höhe von 90 000,00 EUR zu verteilen ist, wenn die Gewinnverteilung nach dem GmbHG erfolgt! Berechnen Sie den Gewinnanteil jedes Gesellschafters!

   4.3 Czerny möchte seinen Geschäftsanteil verkaufen. Prüfen Sie, ob und gegebenenfalls wie er das kann!

35 Die Albrecht Bühner OHG stellt Nahrungsergänzungsmittel her. An der OHG sind beteiligt Albrecht Bühner und Sigrid Bühner. Da auf dem Markt ein starker Wettbewerb herrscht, müssen erhebliche Investitionen vorgenommen werden. Albrecht Bühner entschließt sich daher, die OHG in eine GmbH umzuwandeln und zwei neue Gesellschafter aufzunehmen. Es sind dies Ingo Bach und Franz Werder.

Albrecht Bühner legt folgenden Vorschlag für einen Gesellschaftsvertrag vor (Auszug):

Auszug aus dem Gesellschaftsvertrag

§ 1 Firma: Albrecht Bühner GmbH

§ 2 Sitz der Gesellschaft: Dortmund

§ 3 Geschäftsbeginn: 10. August 12

§ 4 Die Geschäftsanteile betragen:
- Geschäftsanteil Nr.1, Albrecht Bühner Nennwert: 30 000,00 EUR
- Geschäftsanteil Nr.2, Sigrid Bühner   Nennwert: 20 000,00 EUR
- Geschäftsanteil Nr.3, Ingo Bach   Nennwert: 15 000,00 EUR
  Einzahlung: 50 % bis zum 30. September 12
                                                       50 % bis zum 31. Dezember 12

- Geschäftsanteil Nr.4, Franz Werder   Nennwert: 40 000,00 EUR

Das Stammkapital der Gesellschaft beträgt 105 000,00 EUR.

§ 5 Gegenstand des Unternehmens ist die Produktion und der Vertrieb von Nahrungs-ergänzungsmitteln.

§ 6 Zu Geschäftsführern der GmbH werden bestellt:
- Albrecht Bühner, zuständig für Beschaffung und Produktion
- Sigrid Bühner, zuständig für Marketing und Vertrieb

Die Geschäftsführer besitzen Einzelvertretungsmacht.

Ingo Bach und Franz Werder sind von der Geschäftsführung ausgeschlossen.

Die notarielle Beurkundung des Gesellschaftsvertrags erfolgt am 30. Juli 20.., die Handels-registereintragung am 30. August 20..

Aufgaben:

1. Stellen Sie dar, welche gesetzlichen Gesellschaftsrechte Albrecht Bühner und Sigrid Bühner haben, solange das Unternehmen als offene Handelsgesellschaft betrieben wird!

2. Erörtern Sie, welche Vorteile sich für die Gesellschafter insgesamt aus der Umwandlung in eine GmbH ergeben!

3. Prüfen Sie, was die GmbH unternehmen kann, wenn Ingo Bach den noch zu leistenden Restbetrag auf seinen Geschäftsanteil nicht vertragsgemäß zahlt!

4. Sigrid Bühner, zuständig für Marketing und Vertrieb, kauft ohne Wissen von Albrecht Büh-ner Rohstoffe im Wert von 56 000,00 EUR ein. Albrecht Bühner verweigert die Zahlung mit der Begründung, der Kaufvertrag sei ohne sein Wissen abgeschlossen worden.

   Beurteilen Sie die Rechtslage!

5. Geben Sie in Stichworten an, welcher Punkt im Gesellschaftsvertrag der GmbH außer den in den §§ 1 – 6 genannten vertraglich noch geregelt werden sollten!

6. Ingo Bach und Franz Werder sind mit der Geschäftsführung von Sigrid Bühner nicht zufrie-den und verlangen ihre Ablösung als Geschäftsführerin.

   Außerdem sind Bach und Werder der Meinung, die Kleber GmbH, ein starkes Konkurrenz-unternehmen auf dem Nahrungsergänzungsmittelmarkt, zu übernehmen. Hierzu verlangen Sie eine Erhöhung des Stammkapitals um 200 000,00 EUR.

   Beurteilen Sie die Erfolgsaussichten von Bach und Werder bezüglich der beiden Vorhaben bei den gegebenen Beteiligungsverhältnissen!

7. Die Albrecht Bühner GmbH beschäftigt Ende des Geschäftsjahres 480 Mitarbeiter. Im kommenden Jahr soll die Belegschaft um 180 Mitarbeiter aufgestockt werden.

7.1 Erläutern Sie, ob für diesen Fall ein Aufsichtsrat zwingend zu bilden ist und wie er sich gegebenenfalls zusammensetzt!

7.2 Sigrid Bühner schlägt die Umwandlung der GmbH in eine GmbH & Co. KG, unter Beibehaltung der bisherigen Gesellschafter, vor.

Erläutern Sie die Rechtsform dieser GmbH & Co. KG!

7.3 Die Gesellschafter möchten die Einrichtung eines Aufsichtsrats vermeiden. Prüfen Sie rechtlich, wie das Problem durch die Umwandlung der GmbH in eine GmbH & Co. KG zu lösen ist!

36 Patrick Hirschfeldt, gelernter Schlosser, und Kathrin Grabisch, gelernte Bürokauffrau, wollen gemeinsam ihre Kenntnisse und Fertigkeiten selbstständig am Markt anbieten. Sie lassen bei der Notarin Elke Romländer das folgende Musterprotokoll beurkunden.

Urk.-Nr. 0001

Heute, den *15. November 20..* erschienen vor mir, *Elke Romländer*, Notar/in mit dem Amtssitz in *Hamm*,

Herr/~~Frau~~[1]

Hirschfeldt, Patrick, *geb. am 20.03.1975 in Unna, wohnhaft Am Lausbach 12, 59075 Hamm, PA-Nr. 10029990,*[2]

~~Herr~~/Frau[1]

Grabisch, Kathrin, *geb. am 10.04.1980 in Baden-Baden, wohnhaft Römerstraße 8, 59075 Hamm, PA-Nr. 26394029,*[2]

Herr/Frau[1]

. . . .

. . . . [2]

1. Die Erschienenen errichten hiermit nach § 2 Abs. 1a GmbHG eine Gesellschaft mit beschränkter Haftung unter der Firma *Hirschfeld Reparaturdienstleistungen UG (haftungsbeschränkt)* mit Sitz in *Hamm.*

2. Gegenstand des Unternehmens ist *die Erbringung von Reparaturdiensten.*

3. Das Stammkapital der Gesellschaft beträgt *5 000,00 EUR (i. W. Fünftausend Euro)* und wird wie folgt übernommen:

Herr/~~Frau~~[1] *Hirschfeldt,* Patrick, übernimmt einen Geschäftsanteil mit einem Nennbetrag in Höhe von *4 000,00 EUR (i. W. Viertausend Euro)* (Geschäftsanteil Nr. 1),

~~Herr~~/Frau[1] *Grabisch,* Kathrin, übernimmt einen Geschäftsanteil mit einem Nennbetrag in Höhe von *1 000,00 EUR (i. W. Eintausend Euro)* (Geschäftsanteil Nr. 2).

Die Einlagen sind in Geld zu erbringen, und zwar sofort in voller Höhe/~~zu 50 % sofort~~, im Übrigen sobald die Gesellschafterversammlung ihre Einforderung beschließt[3].

4. Zum Geschäftsführer der Gesellschaft wird Herr/~~Frau~~[4] *Hirschfeldt,* Patrick, geboren am *20.03.1975,* wohnhaft in *Am Lausbach 12, Hamm,* bestellt. Der Geschäftsführer ist von den Beschränkungen des § 181 des Bürgerlichen Gesetzbuchs befreit.

5. Die Gesellschaft trägt die mit der Gründung verbundenen Kosten bis zu einem Gesamtbetrag von 300 EUR, höchstens jedoch bis zum Betrag ihres Stammkapitals. Darüber hinausgehende Kosten tragen die Gesellschafter im Verhältnis der Nennbeträge ihrer Geschäftsanteile.

6. Von dieser Urkunde erhält eine Ausfertigung jeder Gesellschafter, beglaubigte Ablichtungen die Gesellschaft und das Registergericht (in elektronischer Form) sowie eine einfache Abschrift das Finanzamt – Körperschaftsteuerstelle – .

7. Die Erschienenen wurden ~~vom Notar~~ / von der Notarin insbesondere auf Folgendes hingewiesen:

   ....
   ....

Hinweise:
1 Nichtzutreffendes streichen. Bei juristischen Personen ist die Anrede Herr/Frau wegzulassen.
2 Hier sind neben der Bezeichnung des Gesellschafters und den Angaben zur notariellen Identitätsfeststellung ggf. der Güterstand und die Zustimmung des Ehegatten sowie die Angaben zu einer etwaigen Vertretung zu vermerken.
3 Nichtzutreffendes streichen. Bei der Unternehmergesellschaft muss die zweite Alternative gestrichen werden.
4 Nichtzutreffendes streichen.

Aufgaben:
1. Prüfen Sie, ob dieses Musterprotokoll den rechtlichen Anforderungen entsprechend erstellt wurde!
2. Nehmen Sie Stellung, aus welchem Grund der Gesetzgeber eine notarielle Beurkundung eines Gesellschaftsvertrags bzw. eines Musterprotokolls bei der Gründung einer GmbH festgelegt haben mag!

3.10 Aktiengesellschaft (AG)

3.10.1 Begriff, Firma und Gründung der Aktiengesellschaft

(1) Begriff

Die Aktiengesellschaft ist eine **juristische Person,** d. h. eine Personenvereinigung, der das Aktiengesetz die Eigenschaft einer Person verleiht. Dies bedeutet, dass die Aktiengesellschaft ab ihrer Eintragung in das Handelsregister **rechtsfähig** ist [§ 6 HGB; § 41 I AktG]. Sie selbst ist es, die Rechtsgeschäfte abschließt, klagen oder verklagt werden kann. Die Aktiengesellschaft ist Gläubiger oder Schuldner, nicht etwa ihre Geldgeber, die Aktionäre. Die Aktionäre statten die AG lediglich mit Eigenkapital aus, indem sie sich mit Einlagen (Aktien) am Grundkapital der AG beteiligen.[1] Wir halten fest: Die Aktiengesellschaft allein haftet für die Verbindlichkeiten der Gesellschaft [§ 1 AktG].

- Die **Aktiengesellschaft** ist eine **Handelsgesellschaft mit eigener Rechtspersönlichkeit (juristische Person),** deren Gesellschafter (Aktionäre) **mit Einlagen an dem in Aktien** zerlegten **Grundkapital** beteiligt sind, **ohne persönlich für die Verbindlichkeiten** der Gesellschaft zu **haften.**
- Die Aktiengesellschaft ist eine **Kapitalgesellschaft.**

---
1 Bei den Nennbetragsaktien bestimmt sich der Anteil der Aktien am Grundkapital nach dem Verhältnis ihres Nennbetrags zum Grundkapital, bei Stückaktien nach der Zahl der Aktien [§ 8 I, IV AktG].

Die Funktion der Aktiengesellschaft besteht vom Grundsatz her darin, eine Vielzahl von Kapitaleinsätzen zu organisieren. Der Prototyp dieser Gesellschaftsform stellt sich als eine Verknüpfung einer großen Anzahl eher passiver Aktionäre dar, die beruflich anderweitig gebunden sind und die ihre Beteiligung am Grundkapital einer Aktiengesellschaft in Form von Aktien als (zeitweilige) Kapitalanlage betrachten.

> **Beachte:**
>
> Die **juristischen Folgerungen** aus dieser Ausgangssituation sind: die Verselbstständigung des angesammelten Eigenkapitals in einer **juristischen Person mit Ausschluss der persönlichen Haftung der Gesellschafter,** die Zerlegung des Eigenkapitals in **standardisierte Anteile (Aktien)** und deren rechtlich erleichterte Übertragbarkeit, die **Verwaltung der Aktiengesellschaft durch Organe** und eine daran anknüpfende **komplizierte Unternehmensverfassung,** mannigfaltige **Schutzvorschriften für Aktionäre und Gläubiger.**

Die genannten Begriffsmerkmale machen die Aktiengesellschaft zur geeigneten Unternehmungsform zur Sammlung und zum risikoabhängigen wirtschaftlichen Einsatz einer Vielzahl kleinerer Kapitalien. Gleichzeitig erlaubt die Börse eine kurzfristige Rückführung des individuellen Kapitaleinsatzes in liquide Mittel trotz langfristiger Bindung des investierten Kapitals.

(2) Firma

Die Firma der AG muss die Bezeichnung Aktiengesellschaft oder eine allgemein verständliche Abkürzung dieser Bezeichnung (z.B. AG) enthalten [§ 4 AktG].

> **Beispiele:**
>
> Duisburger Motorenwerke Aktiengesellschaft; Münsterländer Spiegelglas Aktiengesellschaft; Volkswagenwerk Aktiengesellschaft; Mitter & Töchter AG; Spielwarenfabrik Spiwa AG.

(3) Gründung

Vom Gründer bzw. von den Gründern muss ein **Gesellschaftsvertrag (Satzung)** abgeschlossen werden, der von einem **Notar zu beurkunden ist** [§ 23 I AktG].

Bargründung	Hier erfolgt die Übernahme der Aktien gegen Geldeinzahlungen. Gesetzlich ist ein Mindestnennbetrag des Grundkapitals (Summe der auf den **Nennbetragsaktien** aufgedruckten Nennwerte) von 50 000,00 EUR vorgeschrieben [§ 7 AktG].
Sachgründung	Hier bringen die Aktionäre statt der Geldeinlagen **Sacheinlagen** (z.B. Einbringung von Patenten und/oder Grundstücken) ein oder die AG tätigt **Sachübernahmen** (z.B. Übernahme von Gebäuden oder Maschinen). Sacheinlagen bzw. Sachübernahmen müssen in der Satzung festgehalten werden [§ 27 AktG].

Der übernommene Anteil am Grundkapital wird in Aktien verbrieft. Der Mindestnennwert einer **Nennbetragsaktie** beträgt 1,00 EUR. Höhere Nennbeträge müssen auf volle Euro lauten [§ 8 II AktG]. Der auf eine **Stückaktie** (Aktie ohne Nennbetrag; nennwertlose Aktie) entfallende anteilige Betrag des Grundkapitals (fiktiver Nennwert) darf 1,00 EUR nicht unterschreiten.

Nachdem die Gründer den Vorstand, den Aufsichtsrat sowie den Abschlussprüfer gewählt und einen Gründungsbericht (mit Prüfungsvermerk) erstellt haben, wird die Gesellschaft ins **Handelsregister eingetragen.** Mit der Eintragung ist die Aktiengesellschaft (juristische Person, Kaufmann) entstanden **(konstitutive Wirkung der Eintragung).**

3.10.2 Organe der Aktiengesellschaft

Da die Aktiengesellschaft als juristische Person nicht wie ein Mensch handeln kann, braucht sie, um handlungsfähig zu sein, Organe. Diese Organe sind: der **Vorstand**, der **Aufsichtsrat** und die **Hauptversammlung.**

Organe der AG		
Vorstand (leitendes Organ)	**Aufsichtsrat** (überwachendes Organ)	**Hauptversammlung** (beschließendes Organ)

3.10.2.1 Vorstand

Der Vorstand als leitendes Organ wird vom **Aufsichtsrat** auf höchstens 5 Jahre **bestellt** [§ 84 I AktG]. Er kann aus einer Person oder aus mehreren Personen bestehen [§ 76 III AktG]. Bei Gesellschaften mit einem Grundkapital von mehr als drei Millionen EUR muss er, soweit die Satzung nicht ausdrücklich anderes bestimmt, aus mindestens zwei Personen bestehen [§ 76 II AktG].

(1) Aufgaben des Vorstands

- **Geschäftsführung** nach innen und **Vertretung** der AG nach außen, z.B. Abschluss von Verträgen, Ernennung von Bevollmächtigten, Verkehr mit Behörden. Der Vorstand hat die AG in eigener Verantwortung zu leiten.

  Nach dem Gesetz besteht, sofern der Vorstand mehrere Mitglieder hat, **Gesamtgeschäftsführungsrecht** und **Gesamtvertretungsmacht**. Abweichende Bestimmungen müssen in der Satzung niedergelegt sein. Einzelvertretungsmacht muss aber, um wirksam zu sein, im Handelsregister eingetragen werden.

- **Regelmäßige Unterrichtung des Aufsichtsrats** über die Geschäftslage der AG.

- **Erstellung des Jahresabschlusses.** Er besteht aus der **Bilanz** mit der **Gewinn- und Verlustrechnung** und dem **Anhang**. Daneben hat der Vorstand mittlerer und großer Aktiengesellschaften einen **Lagebericht** aufzustellen. In diesem Lagebericht, der nicht Teil des Jahresabschlusses ist, ist zumindest der Geschäftsverlauf und die Lage der Kapitalgesellschaft darzustellen.

- **Einberufung der ordentlichen Hauptversammlung** mindestens einmal jährlich sowie einer außerordentlichen Hauptversammlung bei hohen Verlusten, Überschuldung oder Zahlungsunfähigkeit.

  Die ordentliche Hauptversammlung hat in den **ersten acht Monaten des Geschäftsjahres** zur Entgegennahme des Jahresabschlusses und des Lageberichts sowie zur Beschlussfassung über die Verwendung des Bilanzgewinns stattzufinden.

(2) Einhaltung des Wettbewerbsverbots [§ 88 AktG]

Die Vorstandsmitglieder dürfen ohne Einwilligung des Aufsichtsrats weder ein Handelsgewerbe betreiben noch im Geschäftszweig der Gesellschaft für eigene oder fremde Rechnung Geschäfte machen. Verstößt ein Vorstandsmitglied gegen dieses Verbot, so kann die Gesellschaft z.B. Schadensersatz fordern.

(3) Vergütung

Die Bezüge der Vorstandsmitglieder können sich zusammensetzen aus einem Gehalt, Gewinnbeteiligungen, Aufwandsentschädigungen, Versicherungsentgelte, Provisionen und Nebenleistungen jeder Art. Der Aufsichtsrat hat jedoch dafür zu sorgen, dass die Gesamtbezüge in einem angemessenen Verhältnis zu den Aufgaben des Vorstandsmitglieds und zur Lage der Gesellschafter stehen.

3.10.2.2 Aufsichtsrat

(1) Wahl, Zusammensetzung, Anzahl der Aufsichtsratsmitglieder

Der Aufsichtsrat besteht – sofern dem nicht andere Gesetze entgegenstehen – aus **mindestens drei Mitgliedern**.

Durch die verschiedenen Gesetze zur Stärkung der **Mitbestimmungsrechte** der Arbeitnehmer und Gewerkschaften gelten bezüglich der **Wahl, Zusammensetzung** und **Zahl der Aufsichtsräte** unterschiedliche Vorschriften, wie die folgende Übersicht zeigt.

Art der AG	Geltendes Gesetz	Vorschriften über den AR
Kleine Aktiengesellschaften (500 bis 2000 Arbeitnehmer) [§ 1 DrittelbG]	**DrittelbG 2004**	Der AR besteht aus mindestens 3 Personen oder aus einer höheren durch drei teilbaren Mitgliederzahl. Die HV wählt $2/3$, die Arbeitnehmer oder deren Delegierte wählen $1/3$ der AR-Mitglieder (**„Drittel-Parität"**). Höchstzahl 21 Mitglieder.
Große Aktiengesellschaften (i. d. R. mehr als 2000 Arbeitnehmer) [§ 1 MitbestG]	**MitbestG 1976**	Der AR hat 12 bis 20 Mitglieder. Die Hälfte wird grundsätzlich von der HV gewählt (Vertreter der Aktionäre). Die übrigen AR-Mitglieder der Arbeitnehmer werden von den Delegierten der Arbeitnehmer oder direkt von den wahlberechtigten Arbeitnehmern gewählt (**„gleichgewichtige Mitbestimmung"**).

Die Aufsichtsratsmitglieder werden von der **Hauptversammlung** sowie von der Belegschaft (den Arbeitnehmern) **für 4 Jahre gewählt**. Nur natürliche und unbeschränkt geschäftsfähige Personen können Aufsichtsratsmitglieder werden [§ 100 I AktG].

(2) Aufgaben des Aufsichtsrats

- **Bestellung des Vorstands,** Abberufung des Vorstands, wenn wichtige Gründe (z. B. Pflichtverletzungen) vorliegen, Überwachung des Vorstands, Einsicht und Prüfung der Geschäftsbücher.
- **Prüfung des Jahresabschlusses,** des Lageberichts und des Vorschlags für die Verwendung des Bilanzgewinns.
- **Einberufung einer außerordentlichen Hauptversammlung,** wenn es das Wohl der Gesellschaft erfordert (z. B. bei Eintritt hoher Verluste).

(3) Vergütung

Für seine Tätigkeit erhält der Aufsichtsrat in der Regel eine **Vergütung (Tantieme),** deren Höhe entweder in der Satzung festgelegt ist oder durch die Hauptversammlung beschlossen wird. Da die Aufsichtsratsmitglieder keine Angestellten der AG sind, erhalten sie **kein Gehalt.**

3.10.2.3 Hauptversammlung

Die Hauptversammlung als **beschließendes Organ** der Aktiengesellschaft ist die **Versammlung der Gesellschafter (Aktionäre)**. In der Hauptversammlung nehmen die **Aktionäre ihre Rechte** durch **Ausübung des Stimmrechts** wahr [§ 118 I AktG].

Jedem Aktionär ist auf Verlangen in der Hauptversammlung vom Vorstand Auskunft über Angelegenheiten der Gesellschaft zu geben, soweit sie zur sachgemäßen Beurteilung des Gegenstands der Tagesordnung erforderlich ist [§ 131 I, S. 1 AktG]. Allerdings darf die Auskunft verweigert werden, wenn dadurch der Gesellschaft oder einem verbundenen Unternehmen ein nicht unerheblicher Nachteil zugefügt würde. Im Zweifelsfall entscheidet das Gericht über die Berechtigung einer Auskunftsverweigerung.

Wichtige **Aufgaben der Hauptversammlung** sind z. B.:

3.10.3 Pflichten und Rechte des Aktionärs

(1) Pflichten des Aktionärs

Leistung der übernommenen Kapitaleinlage [§ 54 AktG]	Bei **Geldeinlagen** muss der eingeforderte Betrag [§ 36 II AktG] mindestens ein Viertel des geringsten Ausgabebetrags und bei Ausgabe der Aktien für einen höheren als diesen auch den Mehrbetrag (das Agio) umfassen. **Sacheinlagen** sind (vor allem zum Gläubigerschutz) vollständig zu leisten.
Übernahme der Risikohaftung in Höhe des Aktienwerts [§ 1 I AktG]	Wer Aktien bei einer Gründung übernimmt oder über die Wertpapierbörse kauft, haftet nicht für die Verbindlichkeiten der Gesellschaft. Als juristische Person haftet lediglich die Aktiengesellschaft selbst. Das einzige Risiko, das der Aktionär eingeht, ist, dass er einen Kursverlust erleidet oder dass er im Extremfall den Wert der gesamten Aktien verliert. Das Letztere ist der Fall, wenn die Aktiengesellschaft z.B. wegen Überschuldung aufgelöst wird, also kein Eigenkapital mehr übrig bleibt. Man sagt daher, dass die Aktionäre lediglich eine „Risikohaftung" übernehmen.

(2) Rechte des Aktionärs

Dividendenrecht [§§ 58 IV, 60 I AktG]	Die Aktionäre haben – im Verhältnis zu ihrem Anteil am Grundkapital – Anspruch auf den Bilanzgewinn. Der Gewinnanteil je Aktie wird Dividende genannt. Das Anrecht auf Dividende wird in der Regel in einem Eurobetrag je Aktie ausgedrückt. Beträgt z.B. die Dividende 0,20 EUR je 1-EUR-Aktie, so schüttet die AG bei einem Grundkapital von 30 Mio. EUR 6 Mio. EUR Gewinn aus.

Bezugsrecht [§§ 186 I, III AktG]	Der Aktionär hat das Recht, dass ihm bei einer Kapitalerhöhung, gemäß seinem Anteil am bisherigen Grundkapital, junge Aktien zugeteilt werden. Allerdings kann das Bezugsrecht durch Beschluss der Hauptversammlung ganz oder teilweise ausgeschlossen werden.
Anteil am Liquidationserlös [§ 271 AktG]	Wird eine Aktiengesellschaft aufgelöst, so wird das Vermögen nach Abzug der Verbindlichkeiten anteilmäßig unter den Aktionären verteilt.
Recht auf Teilnahme an der Hauptversammlung [§§ 118, 175 AktG]	Jedem Aktionär steht das Recht zu, an der Hauptversammlung teilzunehmen und dort seine Aktionärsrechte wahrzunehmen.
Stimmrecht in der Hauptversammlung [§§ 133 ff. AktG]	▪ In der Hauptversammlung entscheiden die Aktionäre über die vom Gesetz bzw. in der Satzung festgelegten Fälle. ▪ Das Stimmrecht der Aktionäre richtet sich an dem Aktiennennwert oder der Anzahl der Stückaktien aus, die sich im Eigentum des Aktionärs befinden [§ 134 I AktG].[1] Zur Ausübung des Stimmrechts muss der Aktionär nicht persönlich an der Hauptversammlung teilnehmen. Das Stimmrecht kann auch durch eine schriftlich beauftragte Person oder Institution (z.B. eine Bank) ausgeübt werden. ▪ Jeder Beschluss der Hauptversammlung muss bei börsennotierten Aktiengesellschaften notariell beurkundet werden. Bei nicht börsennotierten Gesellschaften reicht eine vom Vorsitzenden des Aufsichtsrats zu unterzeichnende Niederschrift aus, soweit keine Beschlüsse gefasst werden, für die das AktG eine Dreiviertel- oder größere Mehrheit bestimmt (z.B. bei Satzungsänderungen) [§ 130 I AktG].

3.10.4 Auflösung der Aktiengesellschaft

Die Auflösung der Aktiengesellschaft ist in den §§ 262 ff. AktG geregelt. Neben der zwangsweisen Auflösung im Rahmen eines **Insolvenzverfahrens** wegen **Zahlungsunfähigkeit** und/oder **Überschuldung** kann die AG auch durch **Beschluss der Hauptversammlung** mit einer Mehrheit von mindestens drei Viertel des bei der Beschlussfassung vertretenen Grundkapitals aufgelöst (beendet, liquidiert) werden. Die Satzung kann weitere Auflösungsgründe bestimmen.

3.10.5 Bedeutung der Aktiengesellschaft

(1) Leichtere Kapitalbeschaffung

Durch die Aufteilung des Grundkapitals in viele kleine Kapitalanteile sind die Aktiengesellschaften in der Lage, große Kapitalbeträge anzusammeln und zu investieren.

---

1 Ein Aktionär mit einem „Aktienpaket" zum Nennwert von 10000,00 EUR hat also das fünffache Gewicht gegenüber einem Aktionär, dem nur Aktien im Nennwert von 2000,00 EUR gehören. Da für die Beschlüsse der Hauptversammlung grundsätzlich die einfache Mehrheit der abgegebenen Stimmen genügt [§ 133 AktG], kann ein Großaktionär mit theoretisch 50%igem Aktienbesitz über den von ihm mitbestimmten Aufsichtsrat erheblichen Einfluss auf die Aktiengesellschaft gewinnen. Lediglich bei Satzungsänderungen [§ 179 AktG] und bei der Abberufung von Aufsichtsratsmitgliedern [§ 103 I AktG] ist eine Mehrheit von mindestens 75% des bei der Beschlussfassung vertretenen Grundkapitals erforderlich **(qualifizierte Mehrheit)** [§§ 179, 182 ff. AktG]. Besitzt ein Aktionär also nur wenig mehr als 25%, so kann er solche Beschlüsse verhindern **(Sperrminorität)**.

Praktisch genügt eine geringere Mehrheit, weil bei der Hauptversammlung in aller Regel nicht alle Aktionäre erscheinen oder ihr Stimmrecht an andere (z.B. an ihre Bank) abtreten.

Die Aktiengesellschaft ist damit in der Regel die Unternehmensform für Großunternehmen. Ihr Gewicht in der Gesamtwirtschaft ist beträchtlich.

Die starke Marktstellung der großen Kapitalgesellschaften ermöglicht diesen, hohe soziale Leistungen für ihre Belegschaftsmitglieder zu erbringen (z.B. übertarifliche Löhne, zusätzliche Altersversorgung, Ferienheime usw.). Zum Abbau der Interessenkonflikte zwischen Arbeitnehmern (primäres Interesse an hohen Löhnen bzw. Sicherung des Arbeitsplatzes) und dem Kapital (primäres Interesse an der Kapitalbildung bzw. dem Unternehmenswachstum) tragen die verschiedenen Mitbestimmungsgesetze bei.

Schließlich sind die großen Unternehmen aufgrund ihrer Kapitalkraft in der Lage, kostspielige Forschungsvorhaben zu finanzieren und durchzuführen (z.B. Auffinden neuer Rohstoffquellen, Entwicklung neuer Technologien). Sie sind daher wesentliche Träger der weiteren Produktivitätsentwicklung. Andererseits sind sie aufgrund ihrer Größe wenig flexibel, weil grundsätzliche Entscheidungen lange brauchen.

> Die Aktiengesellschaft ist die Unternehmensform für kapitalintensive Großbetriebe, die teure Betriebsanlagen benötigen, hohe Aufwendungen für Forschung und Entwicklung haben und eine Vielzahl von qualifizierten und hoch bezahlten Mitarbeitern anstellen.

(2) Kompetentere Unternehmensführung

Ein Vorteil der Trennung von Unternehmensleitung und Eigenkapitalaufbringung ist, dass ausgesuchte qualifizierte Fachleute mit der Unternehmensleitung beauftragt werden können. Allerdings birgt die Trennung von Eigenkapital und Management (Geschäftsleitung), also die Entstehung von „Manager-Unternehmern", die Gefahr in sich, dass einzelne Personen ohne jeden Anteil am Eigenkapital des verwalteten und vertretenen Unternehmens ihre unbestreitbar große wirtschaftliche und politische Macht missbrauchen. Es ist daher kein Zufall, dass die Mitbestimmung gerade bei den Aktiengesellschaften am weitesten vorangetrieben wurde.

> Die Führung der Aktiengesellschaft kann besonders geeigneten und tüchtigen Fachkräften übertragen werden. Durch die Verteilung der Verantwortung auf mehrere Personen wird das Problem einer guten Unternehmensführung besser abgesichert.

(3) Gesamtwirtschaftliche Bedeutung

Ein weiterer Vorteil der Aktiengesellschaft ist die beschränkte, mittelbare Haftung der Aktionäre. Damit kann auch ein wirtschafts- und sozialpolitisches Ziel der sozialen Marktwirtschaft, nämlich eine größere Unternehmensbeteiligung der Arbeitnehmer verfolgt werden.

Die Gefahr für eine marktwirtschaftlich orientierte Wirtschaftsordnung besteht allerdings darin, dass die Möglichkeit, jederzeit Aktien anderer Unternehmen aufkaufen zu können, die Konzentration (z.B. die Machtzusammenballung durch Konzernbildung) erleichtert. Durch hintereinandergeschaltete Beteiligungen kann so mit verhältnismäßig geringem Kapital eine Gruppe von Manager-Unternehmern (denen kein „Cent" an den beherrschten Unternehmen „gehören" muss) eine Vielzahl von Unternehmen beherrschen.

Aus gesamtwirtschaftlicher Sicht haben große Kapitalgesellschaften den Vorteil, dass sie zu einer breiteren Streuung der Beteiligung der Arbeitnehmer am Produktivvermögen beitragen können. Andererseits besteht die Gefahr, dass es über Verflechtungen zu einer Konzentration der Wirtschaftsmacht kommt.

Zusammenfassung

- Die **AG** ist vor allem durch folgende **Merkmale** charakterisiert: (1) juristische Person; (2) Handelsgesellschaft; (3) Aktionäre sind mit Einlagen am Grundkapital beteiligt; (4) keine persönliche Haftung der Aktionäre.

- Die **Firma** der AG muss die Bezeichnung „Aktiengesellschaft" oder eine allgemein verständliche Abkürzung dieser Bezeichnung enthalten.

- Das **gezeichnete Kapital (Grundkapital)** ist in **Nennbetragsaktien** oder **Stückaktien** (nennwertlose Aktien) zerlegt. Diese Aktien verbriefen z. B. ein **Anteilsrecht am Eigenkapital der AG** und **Mitgliedschaftsrechte** (z. B. Stimmrecht in der Hauptversammlung).

- Die **Bestellung, Rechtsstellung und Aufgaben der Organe der Aktiengesellschaft** lassen sich aus nachstehender Abbildung entnehmen:

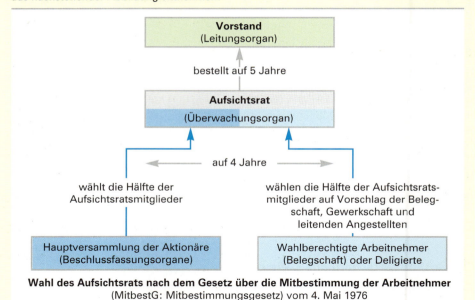

Wahl des Aufsichtsrats nach dem Gesetz über die Mitbestimmung der Arbeitnehmer
(MitbestG: Mitbestimmungsgesetz) vom 4. Mai 1976

- Zur **Gründung** der AG sind erforderlich: (1) ein oder mehrere Gründer; (2) Satzung; (3) Mindestnennbetrag des Grundkapitals 50 000,00 EUR; (4) Übernahme der Aktien durch die Gründer; (5) Eintragung ins Handelsregister.

- Die **Rechte des Aktionärs** umfassen: (1) Teilnahme an der HV; (2) Auskunftsrecht; (3) Recht auf Anfechtung eines HV-Beschlusses; (4) Gewinnbeteiligung; (5) Bezugsrecht auf junge Aktien; (6) Anspruch auf Liquidationserlös; (7) Entgegennahme des Jahresabschlusses, Lageberichts, Berichts des Aufsichtsrats und Beschluss über die Verwendung des Bilanzgewinns; (8) Entlastung des Vorstands und des Aufsichtsrats.

- Die **Pflichten des Aktionärs** sind: (1) Leistung der übernommenen Kapitaleinlage; (2) Übernahme der Risikohaftung.

Übungsaufgaben

37 1. Die Franz Schneider OHG liefert seit Langem Tuche an die Kleiderfabrik Schorndorf AG, deren Vorstand Herr Dipl.-Kfm. Moder ist. In letzter Zeit erfolgen die Zahlungen der Schorndorf AG nur schleppend, die Bezahlung einiger Rechnungen steht trotz mehrmaliger Mahnungen aus. Die Franz Schneider OHG will daher Herrn Moder auf Zahlung verklagen.

Nehmen Sie im Zusammenhang mit diesem Fall zu folgenden Fragen Stellung:

Aufgaben:

1.1 Prüfen Sie, ob die Franz Schneider OHG den Vorstand auf Zahlung verklagen kann!

1.2 Erklären Sie, ob es sinnvoller wäre, die Aktionäre zu verklagen!

1.3 Falls Vorstand und/oder Aktionäre nicht haften: Erläutern Sie, wer dann haftet!

2. In der Hauptversammlung der Steinbach AG ist die Mehrheit der Anwesenden der Meinung, dass der Vorstand den Umsatzrückgang des vergangenen Jahres durch leichtsinnige Geschäftsführung verschuldet habe. Man verlangt die Absetzung des Vorstands.

Aufgaben:

2.1 Nennen Sie den Personenkreis, der in der Hauptversammlung vertreten ist!

2.2 Prüfen Sie, ob die Hauptversammlung den Vorstand absetzen kann!

2.3 Stellen Sie dar, ob die Hauptversammlung überhaupt einen Einfluss darauf hat, wer Vorstand einer AG wird!

3. Erklären Sie, worauf es zurückzuführen ist, dass die meisten großen Unternehmen die Rechtsform der Aktiengesellschaft (AG) aufweisen!

4. Aktiengesellschaften können sich durch Ausgabe von Aktien Finanzmittel beschaffen.

Aufgaben:

4.1 Erklären Sie die Begriffe Nennwert und Kurs!

4.2 Nennen Sie fünf Rechte, die eine Aktie verbrieft. Belegen Sie Ihre Aussage jeweils mit der Angabe der Gesetzesquelle!

4.3 Erklären Sie, warum eine Aktie mit einem Nennwert von 5,00 EUR auf 98,00 EUR steigen kann!

4.4 Nennen Sie die „Funktion" der Aktie!

38 Peter Kaiser, alleiniger Inhaber (Gesellschafter) einer Maschinenfabrik, hat ein neues patentiertes Verfahren zur Wiederaufbereitung (Recycling) von Kunststoffen entwickelt und möchte zur Auswertung seiner Erfindung eine Aktiengesellschaft gründen.

Aufgaben:

1. Nennen Sie zwei wichtige wirtschaftliche Entscheidungen, die bei der Gründung dieser AG außer der Wahl der Rechtsform getroffen werden müssen!

2. Nennen Sie die Anzahl der Personen, die zur Gründung einer Aktiengesellschaft erforderlich sind und geben Sie die Höhe des Grundkapitals an, das die Gesellschafter mindestens aufbringen müssen!

3. Bei der Gründerversammlung wird auch über eine Bargründung und/oder Sachgründung sowie über die Firma der zu gründenden AG gesprochen.

3.1 Erklären Sie kurz die beiden Gründungsarten!

3.2 Unterbreiten Sie einen Firmenvorschlag und erklären Sie kurz drei Grundsätze, die bei der Wahl der Firma berücksichtigt werden müssen!

4. Nachdem die Gründervoraussetzungen erfüllt sind, wird die Satzung am 28. Juli 20.. unterschrieben und die Aktiengesellschaft am 14. August 20.. beim Handelsregister angemeldet. Am 8. Oktober 20.. erfolgt die Handelsregistereintragung.

4.1 Begründen Sie, in welcher Form der Gesellschaftsvertrag abgeschlossen werden muss!

4.2 Nennen Sie zwei Stellen, bei denen die neu gegründete AG angemeldet werden muss und begründen Sie kurz diese Anmeldpflicht!

4.3 Nennen Sie die Aufgaben, die das Handelsregister hat und wo es geführt wird! Erläutern Sie die Rechtswirkung der erfolgten Handelsregistereintragung für die AG!

4.4 Nennen Sie zwei eintragungspflichtige Tatsachen der AG!

4.5 Begründen Sie, an welchem Tag die AG als juristische Person entstanden ist!

4.6 Erklären Sie, warum eine AG sogenannte Organe haben muss! Nennen Sie die Organe und jeweils zwei ihrer Aufgaben!

4.7 Nennen Sie zwei Gründe, die zur Auflösung der AG führen können!

5. Nennen und beurteilen Sie einige Vor- und Nachteile großer Aktiengesellschaften

5.1 aus der Sicht der Kapitalgeber,

5.2 aus der Sicht der im Unternehmen Beschäftigten und

5.3 aus der Sicht der Verbraucher!

39 Die Baumwollfärberei Max Maier e. Kfm., ein Unternehmen mittlerer Größe, benötigt für die aus Konkurrenzgründen erforderlich gewordene Erweiterung und Rationalisierung ihres Betriebs zusätzliche Finanzierungsmittel. Die Beleihungsgrenzen der Hausbank würden eine etwa 40 %ige Finanzierung der Neuinvestitionen mit Fremdkapital gestatten. Da Maier aber das für die Restfinanzierung notwendige Eigenkapital nicht besitzt, sieht er sich gezwungen, in Zukunft mit Gesellschaftern zusammenzuarbeiten. Er gründet mit den Herren Merger und Baum die Heidelberger Textilveredelungs-GmbH, in die er selbst seinen bisherigen Betrieb einbringt, während sich Merger und Baum mit Bareinlagen beteiligen.

Aufgaben:

1. Erörtern Sie die Vorteile der GmbH gegenüber dem Einzelunternehmen und den Personengesellschaften!

2. Die Rechtsform der GmbH erschien den drei Gesellschaftern günstiger als die der Aktiengesellschaft. Nennen Sie drei mögliche Gründe!

   Vergleichen Sie hierbei auch die Gründungsvoraussetzungen bei der GmbH und AG!

3. Schlagen Sie Max Maier eine Regelung des Geschäftsführungsrechts und der Vertretungsmacht vor!

4. Vergleichen Sie die Rechte der Gesellschafterversammlung einer GmbH mit den Rechten der Hauptversammlung einer Aktiengesellschaft!

5. Beschreiben Sie die Haftung des Einzelunternehmers sowie die der Gesellschafter einer OHG und GmbH!

6. Führen Sie aus, wodurch sich die Gewinnverteilung der OHG von der der GmbH unterscheidet! Nennen Sie zwei weitere Merkmale, durch die sich eine Personengesellschaft von einer Kapitalgesellschaft unterscheidet!

7. Geben Sie drei Gründe an, warum viele „mittelgroße" Industrieunternehmen die Rechtsform der GmbH haben!

40 Karl Schwarzbauer aus Neustadt hatte vor 20 Jahren eine Idee: Er nahm den Großunternehmen der pharmazeutischen und kosmetischen Industrie die teure Aufgabe ab, Pröbchen zu verpacken und zu versenden. Sechs Jahre später holte er von namhaften Herstellern immer mehr Aufträge herein, sodass er neue Verpackungsmaschinen kaufte und von Jahr zu Jahr mehr Mitarbeiter einstellen konnte. Zurzeit beschäftigt Karl Schwarzbauer 620 Arbeitskräfte. Die Zukunftsaussichten sind so gut, dass Karl Schwarzbauer eine Aktiengesellschaft gründet, um die Eigenkapitalbasis des Unternehmens zu erweitern.

Aufgaben:

1. Das Grundkapital der neu zu gründenden Aktiengesellschaft soll 10 Mio. EUR betragen. Die Aktien sollen auf den gesetzlichen Mindestnennwert lauten und zum Ausgabekurs von 1,70 EUR emittiert (ausgegeben) werden. Die Hälfte der Aktien will Karl Schwarzbauer übernehmen, indem er sein Unternehmen in die AG einbringt.

   1.1 Nennen Sie Vorteile, die Karl Schwarzbauer durch die Gründung einer AG hat!

   1.2 Die neue AG soll „Verpackungs-Logistik AG" heißen. Prüfen Sie, ob diese Firma den Erfordernissen des Aktiengesetzes entspricht!

   1.3 Stellen Sie dar, warum Karl Schwarzbauer ausgerechnet 50 % der Aktien übernehmen will!

   1.4 Nennen Sie die rechtlichen Erfordernisse, die Karl Schwarzbauer erfüllen muss, bevor die neue Aktiengesellschaft ins Handelsregister eingetragen wird!

   1.5 In der von Karl Schwarzbauer und seinem Rechtsanwalt Herrn Dr. Winterhalder verfassten Satzung wird festgelegt, dass die AG von einem Vorstand geleitet und vertreten werden soll. Beurteilen Sie, ob diese Regelung rechtlich möglich ist!

2. Die Aktiengesellschaft wird zum 1. April 20.. in das Handelsregister eingetragen. Sie wird damit Kaufmann kraft Rechtsform. Erläutern Sie, was hierunter zu verstehen ist!

3. Sämtliche Aktien wurden termingerecht untergebracht (verkauft). Zur ersten Hauptversammlung erscheinen 36 Aktionäre, die 80 % des Grundkapitals vertreten.

   3.1 Geben Sie an, wie viel Stimmen Karl Schwarzbauer und wie viel Stimmen die in der Hauptversammlung erschienenen Aktionäre haben!

   3.2 Nennen Sie fünf wichtige Aufgaben der Hauptversammlung!

4. Der Aufsichtsrat der Verpackungs-Logistik AG wird nach dem DrittelbG gewählt. Die Satzung sieht für den Aufsichtsrat keine höhere Mitgliederzahl als das Aktiengesetz vor. Zum Aufsichtsratsvorsitzenden wird Karl Schwarzbauer gewählt.

   4.1 Recherchieren Sie, wie viel Aufsichtsratsmitglieder zu wählen sind!

   4.2 Geben Sie an, wer den Aufsichtsrat wählt!

   4.3 Nennen und beschreiben Sie fünf wesentliche Aufgaben des Aufsichtsrats!

   4.4 Begründen Sie, warum der Aufsichtsrat kein Gehalt erhält, i.d.R. jedoch eine Tantieme!

5. Karl Schwarzbauer wird vom Aufsichtsrat zum Vorstand bestimmt. Erläutern Sie, welche Aufgaben Karl Schwarzbauer dadurch übertragen werden! (Nennen Sie fünf Beispiele!)

6. Aufgrund eines Buchungsfehlers wird die Eingangsrechnung des langjährigen Lieferers Hugo Baumann, Verpackungsmaschinen GmbH, in Freiburg nicht beglichen. Hugo Baumann wendet sich daher an Karl Schwarzbauer persönlich und verlangt Zahlung. Beurteilen Sie die Rechtslage!

41 Die Peter Böhm KG soll als Folge des gestiegenen Kapitalbedarfs in eine Aktiengesellschaft umgewandelt werden. Die Komplementäre Peter Böhm und Rudolf Wetzel, die jeweils 5 Mio. EUR halten, sowie die Kommanditistin Anne Kraft, deren Einlage 2 Mio. EUR beträgt, sollen in Höhe der bisherigen Kapitalanteile Aktien zum Nennwert von je fünf Euro übernehmen. Zusätzlich sollen 20 Mio. EUR Grundkapital neu geschaffen und dem Publikum zur Zeichnung angeboten werden. Einzelheiten sind noch festzulegen.

Im Zusammenhang mit der Idee der Umwandlung der KG in eine AG diskutieren die bisherigen Gesellschafter u.a. folgende Fragen:

Aufgaben:

1. Nennen Sie drei Gründe, die für die geplante Umwandlung in die Rechtsform der AG sprechen!

2. Erläutern Sie den Unterschied zwischen einer KG und einer Aktiengesellschaft hinsichtlich
   - Firma,
   - Geschäftsführung, Vertretung und
   - Haftung!

3. Die Kommanditistin Anne Kraft hat Bedenken gegen die Umwandlung der KG in eine AG.
   Beurteilen Sie, ob sie die geplante Umwandlung verhindern kann!

4. Die geplante AG soll später 3000 Mitarbeiter beschäftigen.
   Geben Sie an, von wem die Aufsichtsratsmitglieder gewählt werden!

5. Ein Vorteil der AG besteht darin, dass das Aktienkapital seitens der Gesellschafter unkündbar ist.
   Erläutern Sie diese Aussage!

6. Erklären Sie, warum es für eine AG leichter als für Personengesellschaften und Gesellschaften mit beschränkter Haftung ist, größere Kapitalbeträge aufzubringen!

7. Erläutern Sie, wie die Aktionäre Einfluss auf die Entscheidungen der AG nehmen können!

8. Prüfen Sie, ob ein Lieferer von einem Aktionär, der 10000 Aktien zu je 5,00 EUR besitzt, den Rechnungsbetrag in Höhe von 2000,00 EUR verlangen kann!
   Begründen Sie Ihre Meinung!

42 1. Entscheiden Sie bei den folgenden Problemlagen, welche Rechtsform am besten geeignet ist und begründen Sie Ihre Rechtsformwahl:

    1.1 Fritz Müller arbeitet als angestellter Bäckermeister in einer Brotfabrik. Sein großer Wunsch ist, selbst (allein) eine eigene Bäckerei zu haben und zu leiten. Aus einer unerwarteten Erbschaft stehen ihm 130000,00 EUR zur freien Verfügung. Soweit Kredite erforderlich sind, ist Fritz Müller bereit, mit seinem gesamten Privatvermögen unbeschränkt zu haften.

    1.2 Weil die eigenen Finanzmittel nicht ausreichen und um sich nicht zu stark zu verschulden, sucht Fritz Müller einen weiteren Gesellschafter, der sich an der Finanzierung der Bäckerei beteiligt.

        1.2.1 Sein Schwager Thein ist bereit, sich mit 100000,00 EUR zu beteiligen, hat jedoch kein Interesse an der Geschäftsführung und möchte außerdem nur bis zur Höhe seiner Einlage für die Verbindlichkeiten des zu gründenden Unternehmens haften.

        1.2.2 Max Kaiser ist ebenfalls bereit, sich mit 100000,00 EUR zu beteiligen, er möchte jedoch (wie Fritz Müller) das Geschäftsführungs- und Vertretungsrecht haben.

    1.3 Fritz Müller und Max Kaiser entscheiden sich, eine kleinere Brotfabrik zu gründen, die sie auch allein leiten wollen, ohne jedoch den Gläubigern des Unternehmens gegenüber unbeschränkt haften zu müssen!

    1.4 Nennen Sie Gründe, warum die Rechtsform der Aktiengesellschaft in den Fällen 1.1 und 1.2 nicht geeignet ist!

2. Die bisherigen Einzelunternehmer Heinz Lang und Kurt Lehmann planen gemeinsam die Gründung eines Gesellschaftsunternehmens zur Herstellung von Büromöbeln.

Aufgaben:

2.1 Nennen Sie zwei Gründe, warum Lang und Lehmann ihre Unternehmen zunächst als Einzelunternehmen betrieben haben!

2.2 Beide Gesellschafter möchten das Geschäftsführungs- und Vertretungsrecht haben.

Prüfen Sie, bei welchen Unternehmensformen ihnen dies (gesetzlich) möglich ist!

2.3 Fritz Lang ist bereit, auch persönlich und unbeschränkt zu haften, Kurt Lehmann möchte jedoch nur mit seiner Kapitaleinlage und nicht direkt haften.

Begründen Sie, welche Unternehmensform beide Gründer wählen werden!

4 Finanzplan

Die auf die Finanzierung gerichteten Überlegungen der Geschäftsleitung erschöpfen sich nicht in der einmaligen Feststellung des Kapitalbedarfs bei Gründungen, Erweiterungen oder Umstrukturierungen eines Unternehmens. Vielmehr müssen **Finanzpläne** erstellt werden, die die erwarteten (geplanten) Einnahmen den erwarteten (geplanten) Ausgaben je Periode (z. B. 14-tägig, monatlich, jährlich) gegenüberstellen. Dabei müssen die erwarteten Einnahmen zumindest die erwarteten Ausgaben **längerfristig** decken. Sind auf längere Sicht die erwarteten Ausgaben höher als die erwarteten Einnahmen, ist das **finanzielle Gleichgewicht** gestört, d.h., das Unternehmen kann in ernste Schwierigkeiten geraten, wenn die Geschäftsleitung nicht rechtzeitig Maßnahmen ergreift. Hier zeigt sich dann auch die große Bedeutung der Finanzplanung als Steuerungsinstrument der Geschäftsleitung.

Der **Finanzplan** ist eine **Einnahme-Ausgabe-Vorschaurechnung**. Man unterscheidet kurz-, mittel- und langfristige Finanzpläne.

Der Finanzplan muss **ständig überprüft** und gegebenenfalls einem **veränderten Kapitalbedarf angepasst** werden.

Beispiel:

Die Einnahmen-Ausgaben-Entwicklung in einem kleinen Zweigwerk der Max Raibold GmbH wird aufgrund der Abstimmungsergebnisse mit der Absatz-, Beschaffungs-, Personal- und Investitionsplanung für die kommenden 6 Monate wie folgt geplant:

1. Januarumsatz 200 000,00 EUR. Monatliche Wachstumsrate (preislich und mengenmäßig) 1%. Das durchschnittliche Kundenziel beträgt ein Monat. Eingänge aus den Dezemberforderungen 190 000,00 EUR im Januar.
2. Einzahlung einer noch ausstehenden Einlage im März: 25 000,00 EUR.
3. Roh-, Hilfs- und Betriebsstoffkäufe im Januar: 40 000,00 EUR. Die monatliche Wachstumsrate (preislich und mengenmäßig) beläuft sich auf 1%. Das durchschnittliche Liefererziel beträgt $1/2$ Monat. Die Zahlungen an Lieferer aus den Dezemberrechnungen betragen 19 000,00 EUR.
4. Sonstige monatliche ausgabewirksame Aufwendungen im Januar: 130 000,00 EUR. Monatliche Steigerungsrate 0,5%.

5. Tilgung einer Darlehensschuld im April: 90 000,00 EUR.

6. Kauf einer Fertigungsmaschine im Juni. Anschaffungswert 80 000,00 EUR, zahlbar netto Kasse.

Alle Zahlungen erfolgen über das Bankkonto. Der eingeräumte Kontokorrentkredit[1] beträgt 50 000,00 EUR. Kontostand Anfang Januar: Soll 30 000,00 EUR.

Aufgabe:

Erstellen Sie einen Finanzplan für die Monate Januar bis Juni!

Lösung:

Monate Einnah- men/Ausgaben	Januar	Februar	März	April	Mai	Juni
1. **Einnahmen** Erlöse Einlage	190 000,00[1]	200 000,00	202 000,00 25 000,00	204 020,00	206 060,00	208 120,00
Summe der Einnahmen	190 000,00	200 000,00	227 000,00	204 020,00	206 060,00	208 120,00
2. **Ausgaben** Vorratskäufe sonstige Ausgaben Darlehenstilgung Maschinenkauf	39 000,00[2] 130 000,00	40 200,00 130 650,00	40 602,00 131 303,00	41 008,00 131 960,00 90 000,00	41 418,00 132 620,00	41 832,00 133 283,00 80 000,00
Summe der Ausgaben	169 000,00	170 850,00	171 905,00	262 968,00	174 038,00	255 115,00
3. Überschuss/Defizit	21 000,00	29 150,00	55 095,00	− 58 948,00	32 022,00	− 46 995,00
4. Kontokorrentkonto	− 9 000,00[3]	20 150,00	75 245,00	16 297,00	48 319,00	1 324,00

Erläuterungen:

1. Die Zahlungseingänge für die im Januar entstandenen Forderungen erfolgen im Februar, für die im Februar entstandenen Forderungen im März usw.

2. 19 000,00 EUR werden im Januar für die Restverbindlichkeiten aus Dezember bezahlt. Hinzu kommen 20 000,00 EUR aus den im Januar entstandenen Verbindlichkeiten. Im Februar ist die zweite Hälfte in Höhe von 20 000,00 EUR zu zahlen. Hinzu kommen 50 % der im Februar entstandenen Verbindlichkeiten in Höhe von 20 200,00 EUR, sodass im Februar insgesamt 40 200,00 EUR Ausgaben für den Kauf von Roh-, Hilfs- und Betriebsstoffen anzusetzen sind. Für die Folgemonate gelten die gleichen Überlegungen.

3. Berechnung:

Kontostand Monatsanfang	− 30 000,00 EUR	−	9 000,00 EUR
Überschuss/Defizit	+ 21 000,00 EUR	+	29 150,00 EUR
Monatsende	− 9 000,00 EUR	+	20 150,00 EUR

Zusammenfassung

Ein **Finanzplan** schreibt die Ein- und Ausgaben der nächsten Planungsperioden fort und erlaubt es, finanzielle Engpässe rechtzeitig zu erkennen.

---

1 Siehe die Ausführungen auf S. 215 unter der Rubrik „Hinweis".

Übungsaufgabe

43 1. Beschreiben Sie den Zweck eines Finanzplans!

2. Erläutern Sie, warum der Finanzplan eng mit dem Investitionsplan verknüpft ist!

3. Ein Finanzplan, der in der Praxis hunderte von Seiten umfassen kann, enthält häufig nicht nur die Planzahlen (das „Soll"), sondern auch die tatsächlichen Zahlen (das „Ist") sowie die Planabweichungen.

Monate / Einnahmen/Ausgaben	Januar			Februar			März		
	Soll	Ist	Abw.	Soll	Ist	Abw.	Soll	Ist	Abw.
1. Einnahmen . .									
Summe der Einnahmen									
2. Ausgaben . .									
Summe der Ausgaben									
3. Überschuss/Defizit									
4. Kontokorrentkonto									

Abw: Abweichungen vom Plan

Aufgaben:

3.1 Vervollständigen Sie den Finanzplan von S. 214 für das erste Quartal nach obigem Muster, wenn sich die tatsächlichen Einnahmen und Ausgaben wie folgt entwickeln:

	Januar	Februar	März
Erlöse	185 000,00 EUR	196 000,00 EUR	205 000,00 EUR
Einlage			25 000,00 EUR
Vorratskäufe	40 000,00 EUR	40 300,00 EUR	39 000,00 EUR
sonstige Ausgaben	132 000,00 EUR	133 000,00 EUR	131 500,00 EUR

3.2 Erklären Sie, worauf die Abweichungen (Über- bzw. Unterdeckungen) zurückzuführen sein können!

Hinweis:

■ **Kontokorrent** heißt wörtlich „laufendes Konto", weil sich i.d.R. der Kontostand laufend verändert. Rechtlich ist das Kontokorrentkonto geregelt in den §§ 355ff. HGB.

■ Unter **Kontokorrentkredit** versteht man eine laufende Rechnung zwischen zwei Vertragspartnern, i.d.R. zwischen einer Bank und einem Bankkunden. Aber auch Unternehmen können untereinander Kontokorrente führen.

■ Das Wesen des Kontokorrents besteht darin, dass sich beide Vertragspartner ihre **gegenseitigen Forderungen stunden** und in **regelmäßigen Zeitabständen** (meist vierteljährlich oder halbjährlich) **gegeneinander aufrechnen**. Schuldner ist jeweils die Partei, zu deren Ungunsten der Saldo des Kontokorrentkontos steht.

■ Der **Saldo** (Ergebnis der Aufrechnung) wird **auf neue Rechnung vorgetragen**. In ihm gehen die verschiedenen Forderungen unter, d.h., dass nur der Saldo eingeklagt werden kann (siehe auch §§ 355ff. HGB).

5 Interessen unterschiedlicher Anspruchsgruppen (Stakeholder[1]) an das gegründete Unternehmen

5.1 Begriff Stakeholder und Übersicht über die Stakeholder

Stakeholder sind alle internen und externen Anspruchsgruppen, die von den unternehmerischen Tätigkeiten direkt oder indirekt betroffen sind.

Nach Auffassung der Vertreter des Stakeholder-Konzepts haben alle Personen oder Personengruppen, die von den Entscheidungen des Unternehmens betroffen sind, Ansprüche an das Unternehmen. Eine Begründung für die Ansprüche leiten die Vertreter des Stakeholder-Konzepts von der Tatsache ab, dass die Anspruchsgruppen einen **Beitrag zum Unternehmen** leisten.

Externe Stakeholder eines Unternehmens sind:

- Kunden
- Lieferanten
- Kreditgeber
- Staat

Interne Stakeholder eines Unternehmens sind:

- Eigentümer
- Mitarbeiter

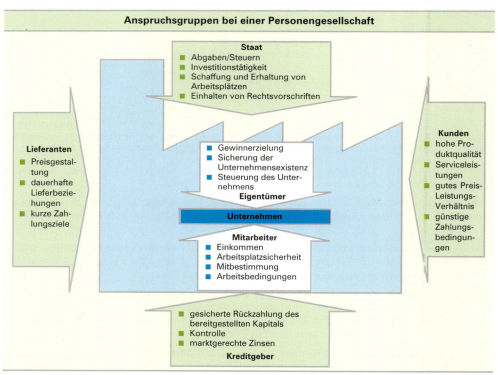

1 Stakeholder (engl.): Anspruchsberechtigter, Interessenbewahrer.

5.2 Ansprüche an das Unternehmen von außen

5.2.1 Ansprüche und Erwartungen der Kunden

Der ökonomische Unternehmenszweck liegt in der effizienten[1] Produktion von Gütern und/oder Dienstleistungen, welche die Nachfrage von Kunden deckt. Da für die meisten Produkte ein Käufermarkt[2] besteht, ist das Unternehmen von den Kunden abhängig. Der Kunde verschafft dem Unternehmen Erlöse aus dem Verkauf von Erzeugnissen. Ist der Kunde mit dem gekauften Produkt zufrieden, wird er sich in seinem Umfeld positiv über den Produzenten äußern und bei ihm Folgekäufe tätigen. Werden die Erwartungen des Kunden nicht erfüllt, kann er das Unternehmen sanktionieren, indem er es in Zukunft boykottiert bzw. bei Konkurrenzunternehmen kauft.

Als Kunde kann ein privater Haushalt, ein Industrieunternehmen oder eine staatliche Organisationseinheit auftreten. Als Abnehmer der betrieblichen Leistungen erwartet er

- sichere und umweltfreundliche Produkte,
- die Produkte in der bestellten Qualität und Quantität,
- ein gutes Preis-Leistungs-Verhältnis,
- pünktliche und schnelle Lieferung,
- gute Zahlungs- und Lieferungsbedingungen (z.B. Gewährung von Skonto, Lieferung frei Haus),
- Service,
- Garantieleistungen,
- …

5.2.2 Ziele und Erwartungen der Lieferanten

Lieferanten stellen dem Unternehmen z.B. Werkstoffe und/oder Dienstleistungen für die Produktion zur Verfügung oder gewähren kurzfristige Liefererkredite.[3] Sie besitzen in der Regel jedoch nur geringe Einflussmöglichkeiten, weil das Unternehmen fast immer auf eine große Anzahl untereinander konkurrierender Zulieferer zugreifen kann.

Werden die Erwartungen eines Lieferanten nicht erfüllt, kann er den Auftrag des Unternehmens ablehnen und Konkurrenzunternehmen beliefern.

Lieferanten können Produzenten oder Händler sein. Ihre Erwartungen an das Unternehmen sind

- Vertrauen und Fairness als Geschäftsgrundlage,
- günstige Vertragsgestaltung, keine Knebelverträge,
- langfristige Geschäftsbeziehungen und Planungssicherheit,
- partnerschaftliche Zusammenarbeit in der gesamten, unternehmensübergreifenden Wertschöpfungskette,

---

1 Effizient: besonders wirksam und wirtschaftlich; leistungsfähig.
2 Das Angebot an Gütern ist größer als die Nachfrage, und der Käufer auf dem Markt kann aus einer Vielzahl von Angeboten auswählen.
3 Zeitpunkt der Warenlieferung und Zeitpunkt der Zahlung fallen auseinander, weil der Lieferer seinem Kunden ein Zahlungsziel einräumt.

- große Abnahmemengen,
- fairer Verkaufspreis,
- pünktliche Bezahlung,
- verlässliche Ansprechpartner,
- Vertrauensverhältnis, Wahrung von Geschäftsgeheimnissen,
- ...

5.2.3 Interessen der Kreditgeber

Ein Unternehmen benötigt Kredite zur Investition in Anlage- und Umlaufvermögen und zur Begleichung von Verbindlichkeiten. Die Zahlungsbereitschaft eines Unternehmens muss gesichert sein, damit finanzielle Ansprüche von Stakeholdern pünktlich und in vereinbarter Höhe erfüllt werden können.

Der Kreditgeber investiert Kapital in Unternehmen, um eine Rendite zu erwirtschaften. Um seine Risiken zu minimieren, nimmt er eine Unternehmensbewertung, z.B. mithilfe von Bilanzen, vor. Die Machtposition von Kreditgebern ist sehr hoch, da sie durch eine Entziehung oder Verweigerung der benötigten Kredite die Existenz eines Unternehmens gefährden können. Bei unternehmensrelevanten Entscheidungen müssen sie zum Großteil mit einbezogen werden.

Die wichtigsten Kreditgeber für kleine und mittelständische Gesellschaften sind Banken. Großunternehmen können sich die benötigten finanziellen Mittel auf Finanzmärkten beschaffen. Die Interessen der Banken bzw. Finanzmärkte sind

- hohe und sichere Rendite (hohe Verzinsung des eingesetzten Kapitals),
- gesicherte und pünktliche Tilgung der aufgenommenen Kredite,
- gutes Management des Unternehmens,
- erfolgreiche Unternehmenspolitik; Ausbau der Wettbewerbssituation,
- überzeugende Unternehmensstrategie,
- hohe Umsatzerlöse; hoher Jahresüberschuss,
- Steigerung des Unternehmenswertes,
- steigende Aktienkurse an der Börse,
- hohe und sichere Gewinne,
- verlässliche Geschäftsberichte,
- gute Öffentlichkeitsarbeit des Managements,
- ...

5.2.4 Ansprüche des Staates

Der Staat ermöglicht die unternehmerische Tätigkeit eines Betriebs, indem er öffentliche Güter (z.B. eine Infrastruktur, eine Rechtsordnung) zur Verfügung stellt. Das Unternehmen kann von diesen öffentlichen Gütern nicht ausgeschlossen werden. Der Einfluss des Staates ist dennoch sehr hoch, da er für die Unternehmung Genehmigungen oder Verbote erteilen kann.

Durch eine Vorwegnahme von gesetzlichen Entscheidungen (z.B. auf dem Umweltsektor) kann ein Unternehmen Differenzen mit dem Staat vermeiden.

Der Gebrauch von Eigentum soll dem Wohl der Allgemeinheit dienen.[1] Dies trifft auch bzw. gerade für Unternehmen zu. Die Ansprüche des Staates sind

- Schaffung und Erhaltung von Arbeits- und Ausbildungsplätzen in der Region,
- Erwirtschaftung von Gewinnen und pünktliche Abführung der fälligen Steuern an die Gebietskörperschaften,
- keine Belastung der Umwelt durch Lärm oder Schadstoffemissionen,
- ökologisch verantwortungsvolle Produktion,
- sparsamer Umgang mit knappen Ressourcen,
- Reduzierung des Abfallaufkommens,
- fachgerechte Entsorgung der Abfälle,
- Verwendung von wiederverwertbaren Transportverpackungen,
- Unterstützung regionaler und überregionaler Projekte (z.B. Untenehmen unterstützen Schulprojekte wie Schüler-Azubi-Tage),
- Fabrikarchitektur, die sich in die Landschaft/Umgebung harmonisch einfügt,
- ...

5.3 Ansprüche an das Unternehmen von innen

5.3.1 Interessen der Eigentümer am Beispiel von Personengesellschaften

Bei einer Personengesellschaft (z.B. einer OHG) sind die Eigentümer interne Stakeholder. Sie stellen das Eigenkapital und ihre Geschäftsführertätigkeit zur Verfügung und tragen das unternehmerische Risiko. Ihre Kapitalrendite ändert sich jedes Geschäftsjahr, je nach erwirtschaftetem Überschuss oder Verlust. Bei einem andauernden Geschäftsrückgang ist die Existenz des Unternehmens bedroht.

Die Interessen der Eigentümer sind

- Kontrolle und Steuerung des Unternehmens,
- stetiges Umsatzwachstum,
- Investitionen in das Anlagevermögen,
- Gewinnerzielung
- Sicherung der Unternehmensexistenz,
- ...

5.3.2 Aufgaben und Verantwortungsbereiche der Mitarbeiter

Arbeitnehmer erbringen für das Unternehmen den **Produktionsfaktor Arbeit,** ohne den die betriebliche Leistung nicht möglich wäre. Unmotivierte Mitarbeiter sind imstande, dem Unternehmen durch verringerte Leistungen zu schaden. Unzufriedene Arbeitnehmer können kündigen und mit ihrem Wissen zu Konkurrenzunternehmen wechseln. Durch eine Einbeziehung der Mitarbeiter in Unternehmensentscheidungen (z.B. Arbeitsabläufe) findet eine ständige Kommunikation zwischen Unternehmen und Arbeitnehmern statt und die Kooperationsbereitschaft der Mitarbeiter wird erhöht.

---

1 Grundgesetz, Artikel 14 II.

Die Erwartungen der Mitarbeiter an das Unternehmen sind unter anderem

- Arbeitsplatzsicherheit,
- angemessene, gesicherte und pünktliche Zahlung des Lohns,
- gute Arbeitsbedingungen (geregelte Arbeitszeiten, sauberer Arbeitsplatz, ...),
- Beteiligung am Unternehmenserfolg,
- Mitspracherecht,
- ...

6 Shareholder[1]-Konzept

6.1 Begriff Shareholder und Übersicht über das Shareholder-Konzept

Shareholder sind die **Eigentümer (Anteilseigner)** eines Unternehmens.

Nach dem Shareholder-Konzept hat die Unternehmensleitung die Aufgabe, die unternehmerischen Entscheidungen so zu treffen, dass der (Markt-)**Wert des Eigenkapitals (Shareholder Value)** erhöht wird. Durch eine langfristige Gewinnmaximierung soll die Einkommens- und Vermögensposition der Eigenkapitalgeber verbessert werden.

Das **Shareholder-Konzept** ist durch **drei Kriterien** gekennzeichnet:

- Ziel der Unternehmensleitung muss es sein, für die **Eigenkapitalgeber** eine **langfristige Gewinnmaximierung** zu erreichen.
- Die **unternehmerische Entscheidungsgewalt** liegt bei den **Eigenkapitalgebern** bzw. bei den von ihnen eingesetzten Führungskräften (z. B. Vorstand, Geschäftsführer).
- Der **Unternehmenserfolg (Gewinn oder Verlust)** trifft in vollem Umfang die **Eigenkapitalgeber.**

Die Ansprüche der Eigentümer werden im Folgenden am Beispiel der offenen Handelsgesellschaft (OHG) aufgezeigt. Bei dieser Gesellschaftsform stellen die Eigentümer das **Eigenkapital** und ihre **Geschäftsführungstätigkeit** zur Verfügung und tragen das **unternehmerische Risiko**. Ihre Kapitalrendite ändert sich jedes Geschäftsjahr, je nach erwirtschaftetem Überschuss oder Verlust. Bei einem andauernden Geschäftsrückgang ist die Existenz des Unternehmens bedroht.

Die Interessen der Eigentümer sind:

- Kontrolle und Steuerung des Unternehmens,
- stetiges Umsatzwachstum,
- Investitionen in das Anlagevermögen,
- Gewinnerzielung
- Sicherung der Unternehmensexistenz,
- ...

---

[1] Shareholder (engl.): Aktionär (von share: Aktie und holder: Inhaber).

Die einseitige Ausrichtung des Shareholder-Konzepts auf die Interessen der Eigenkapitalgeber wird häufig abgelehnt, weil die Interessen anderer Anspruchsgruppen vernachlässigt werden.

> Beim **Shareholder-Konzept** sind vorrangig die Unternehmensziele zu verfolgen, die den Marktwert des Eigenkapitalanteils erhöhen.

6.2 Beziehungen zwischen Shareholder-Konzept und Stakeholder-Konzept

In der öffentlichen Meinung wird der Stakeholder-Ansatz meistens positiver dargestellt als der Shareholder-Ansatz. Die Ansätze sind bei genauer Betrachtung jedoch gar nicht so unversöhnlich: So liegt es auch in der Natur des Shareholder-Ansatzes, dass – wenngleich der Aktionär unbestritten im Vordergrund steht – die Interessen anderer Gruppierungen nicht vernachlässigt werden dürfen, wenn langfristig Gewinne für die Aktionäre erwirtschaftet werden sollen. Kein Unternehmen kann in gesättigten Käufermärkten langfristig überleben, wenn es nicht die Wünsche seiner Kunden nach qualitativ hochwertiger Ware zu erschwinglichen Preisen verbunden mit hoher Lieferbereitschaft, guter Verfügbarkeit und zufriedenstellendem Kundendienst erfüllt. In ähnlicher Weise ist es für innovative Technologieunternehmen, die auf hoch qualifizierte Arbeitnehmer angewiesen sind, ein Muss, ihre Mitarbeiter durch ein angenehmes Betriebsklima, hohe Löhne und gute Aufstiegschancen im Unternehmen zu halten, wenn weiterhin erfolgreiche Produkte entwickelt und auf den Markt gebracht werden sollen.

> - Beim **Stakeholder-Ansatz** sind vorrangig die Unternehmensziele zu verfolgen, die Ansprüche und **Interessen der Stakeholder** zu erfassen, zu ordnen und bestmöglichst zu erfüllen.
> - Das **Stakeholder-Konzept** erweitert den Shareholder-Ansatz, indem neben einer rein **finanziellen Zielperspektive** auch eine **soziale** und **ökologische Verantwortung** verlangt wird.

Dass sich das Stakeholder-Konzept aufgrund der stark auseinanderstrebenden Interessen der Anspruchsgruppen in der Realität durchsetzen kann, ist kaum zu erwarten. Derzeit überwiegt in der Unternehmenspraxis eindeutig das Shareholder-Konzept.

Zusammenfassung

- Damit das Unternehmen existieren kann, ist es auf die Zusammenarbeit mit seinen **internen** und **externen Anspruchsgruppen (Stakeholder)** angewiesen.
- Wichtige **externe Stakeholder** sind der Staat, die Lieferanten, die Kunden und die Kreditgeber.
- Wichtige **interne Stakeholder** sind die Eigentümer und die Mitarbeiter.
- Beim **Shareholder-Ansatz** sind vorrangig die Unternehmensziele zu verfolgen, die den Marktwert des Eigenkapitals erhöhen.
- Das **Stakeholder-Konzept** erweitert den Shareholder-Ansatz, indem neben einer rein finanziellen Zielperspektive auch eine soziale und ökologische Verantwortung verlangt wird, die eine gesellschaftliche Akzeptanz einschließt.

Übungsaufgabe

44
1. Erläutern Sie die Grundzüge des Shareholder-Konzepts!
2. 2.1 Nennen Sie die Stakeholder einer Personengesellschaft!
   2.2 Beschreiben Sie, welchen wichtigen Anspruch ein Stakeholder abgesehen von den finanziellen Ansprüchen hat!
   2.3 Erläutern Sie, inwiefern Stakeholder das Unternehmen beeinflussen können!
3. Zitat eines Verfechters des Shareholder Values, dem liberalen Ökonomen Milton Friedman:
   „Die einzige soziale Verantwortung der Unternehmung ist es, im Rahmen geltender Gesetze Gewinne zu erzielen. Jedes weitere Verfolgen sozialer Ziele ist Diebstahl an den Aktionären.
   Die Geschäftsleitungen sind nicht gewählte Volksvertreter und haben deshalb auch kein soziales Mandat. Sie dürften sich deshalb auch nicht anmaßen, das Geld des Aktionärs im Namen der sozialen Verantwortung nach nicht-ökonomischen Kriterien auszugeben."

   Aufgabe:
   Nehmen Sie zu Kernaussagen des Textes Stellung!
4. Erläutern Sie die nebenstehende Abbildung!

Stichwortverzeichnis

A

Abbaufaktor 22
Abgaben- und Steuerbelastung 81
absolute Preisuntergrenze 35, 54
Agenda 21 112 f.
Aktien 201 f.
Aktiengesellschaft 201 ff.
– große 204
– kleine 204
Aktionär
– Pflichten 205
– Rechte 205 f.
Allgemeinverbindlichkeit 91 f.
Anbaufaktor 22
Anbieterrente 41 f.
Anbieterverhalten 34 ff.
Angebot 35
Angebotskurven 36
Angebotslücke 42 f.
Angebotsmonopol 38, 50 f., 53 f.
Angebotsoligopol 38, 54 f.
Angebotsverschiebungen 37
Angemessenheitsprinzip 18
Anmeldung eines Unternehmens 166
Arbeit 22
Arbeitgeberverbände 90
Arbeitskampf 92
Arbeitslosengeld II 108
Arbeitsordnung 90 ff.
Arbeitsrecht 99
Arbeitsrisiken 104 f.
Arbeitsschutz 99 ff.
Arbeitsschutzgesetz 100
Arbeitsschutzpolitik 98 ff.
Arbeitszeit 101
Arbeitszeitgesetz 100
Arbeitszeitkorridor 91
Auflösung
– Aktiengesellschaft 206
– Einzelunternehmen 167
– GmbH 195
– KG 184
– OHG 175
Aufsichtsrat
– Aktiengesellschaft 204
– GmbH 193
Auftragsunternehmer 163
Aufwandsminimierung 17
Ausgleichsfunktion 60
Außenverhältnis 165, 169, 173 ff., 183 f.
außergewöhnliche Geschäfte 172
Aussperrung 92
ausstehende Kommanditeinlagen 184

B

Bargründung 202
Bedarf 14
Bedarfsgemeinschaft 107
Bedürfnispyramide 12
Bedürfnisse 11 ff.
Bedürfnisträger 12
Beglaubigung 158
Benchmarking 153
Beratungsrecht (Betriebsrat) 95
Berufsfreiheit 75 f.
Berufsgenossenschaften 99
Beschäftigungspolitik 98
beschränkter Markt 30
Betrieb
– Standort 143 ff.
– Umweltschutz 145 f.
Betriebsrat 93 ff.
Betriebsverfassung 93
Bezugsrecht 206
Bildung 25 f.
Bildungspolitik 26
Bodenbelastung 111
Break-even-Point 126 f.
Bundeselterngeld und Elternzeitgesetz –
  BEEG 100
Bundeskartellamt 88
Businessplan 136 ff.

C

Chancengleichheit 77
Chancen-Risiken-Analyse 151
Checkliste für Existenzgründer 120

D

deklaratorisch 157, 169
derivativer Produktionsfaktor 24
Diagonaler Zusammenschluss 85
Dienstleistungen 16
Dividendenrecht 205
Drittel-Parität 193, 204
Dualismus 72

E

Eigentümerunternehmer 163, 176
einfacher Wirtschaftskreislauf 62
Eingliederungsvereinbarungen 108
Einkommensentstehungsgleichung 65
Einkommensverwendungsgleichung 65
Einstiegsgeld 108
Einzelgeschäftsführung 172
Einzelunternehmung 163 ff.
Einzelvertretungsrecht 175

elastische Nachfrage (Fußnote 1) 52
Elastizität 52
Elterngeld 100
Elternzeit 100
Emission 146
Entgeltkorridor 91
erweiterter Wirtschaftskreislauf 63
erwerbsfähige Hilfebedürftige 107
Erziehungsfunktion 60
Existenzbedürfnisse 11
Existenzgründung
– Businessplan 131 f., 136
– Chancen und Risiken 127
– Checkliste für Existenzgründer 120
– Existenzgründung 137 f.
– Finanzierung 126, 136 ff.
– Geschäftsidee 119
– Grundlegendes 118
– Gründungsvoraussetzungen 120 f.
– Marktanalyse 121
– Planung 130
– Standortanalyse 122

F

Faktormarkt 30
Fantasiefirma 159
Finanzplan 213 f.
Firma
– Aktiengesellschaft 160, 202
– Begriff 159
– Einzelunternehmen 160, 164
– GmbH 160, 190
– GmbH & Co. KG 196
– KG 181
– OHG 160, 169
Firmengrundsätze 160
Firmenzusatz 160
fixe Kosten 34, 127
Flächentarifvertrag 91
Formkaufmann 157
freie Güter 15
Funktionen des Preises 60
Fusionskontrolle 87

G

Gegenwartsgüter 16
Geldkapital 25
Geldkreislauf 63 f.
Geldwirtschaft 25
Geltungsbedürfnisse 13
Gemeinwohlorientierung 82
gemischte Firmen 159
Geräte- und Produktsicherheit 102
Gesamtangebot 36
Gesamtgeschäftsführungsrecht 172, 193, 203

Gesamthandsvermögen 171
Gesamtkosten 34, 51
Gesamtnachfrage 33, 50
Gesamtvertretungsrecht 175, 191, 203
Geschäftsanteil 190
Geschäftsführer 191 ff.
Geschäftsführung
– Aktiengesellschaft 203
– Einzelunternehmung 165
– GmbH 191
– GmbH & Co. KG 196
– KG 181, 183
– OHG 172
Geschäftsidee 119
geschlossener Markt 30
Gesellschaft mit beschränkter Haftung
  (GmbH) 189 ff.
Gesellschafterversammlung 193
Gesellschaftsunternehmen 163
Gesellschaftsvertrag 169 f.
– GmbH 191
– OHG 169
Gesetz der Massenproduktion 35 f.
Gesetz der Nachfrage 32
Gesetz des Angebots 35 f.
Gesetz gegen Wettbewerbs-
  beschränkungen 86
Gesetz zum Elterngeld und zur Elternzeit 100
Gewässerbelastung 111
Gewerbeaufsichtsämter 99
Gewerbebetrieb (Fußnote 2) 156
Gewerbefreiheit 74 f.
Gewerbetreibender 156
Gewerkschaften 90
Gewinn 51
Gewinnbeteiligung
– Aktiengesellschaft 205
– GmbH 194
– KG 182 f.
– OHG 173
Gewinngrenze 51
Gewinnmaximierung 18, 29
Gewinnmaximierungsprinzip 51
Gewinnmaximum 51 f.
Gewinnschwelle 51 f., 126 f.
Gewinnzone 52
gewöhnliche Geschäfte 172
gleichgewichtige Mitbestimmung 193, 204
Gleichgewichtspreis 40 ff.
Gleichheit (vor dem Gesetz) 77
Globalisierung 82
Global Sourcing 82
GmbH & Co. KG 196 f.
Goodwill (Fußnote 1) 161
Grenzkosten 51 f., 54
Grenzumsatz 51 f.
Grundbedürfnisse 13

224

Grundgesetz 74 ff.
Grundkapital 201
Grundsicherung für Arbeitsuchende 107 f.
Gründung einer Unternehmung
– Aktiengesellschaft 202
– Einzelunternehmung 165
– GmbH 190 f.
– KG 181
– OHG 169
Grundzulage 106
Güter 15
Güterknappheit 15 f.
Güterkreislauf 63 f.
Gütermarkt 30

H

Haftsumme (Kommanditist) 182
Haftung
– Aktiengesellschaft 205
– Einzelunternehmen 165
– GmbH 194
– GmbH & Co. KG 197
– KG (Kommanditist) 183 f.
– OHG 174 f., 194
haftungsbeschränkte Unternehmergesell-
schaft 195
Handelsgewerbe 156, 168, 180
Handelsrecht 156
Handelsregister 158 f.
Hauptversammlung 205
Herausforderer 123
heterogene Zusammenschlüsse 85
homogenes Gut 50
horizontaler Zusammenschluss 84
Human Capital 25
Humanprinzip 18

I

Immissionen 75
Individualbedürfnisse 12
Individualismus 72
individuelle Nachfrage 31
individuelles Angebot 34
inferiore Güter 33
Informationsrecht (Betriebsrat) 95
Innenverhältnis 165, 171 ff., 181 ff.
Inverkehrbringung 103
Investition 25
Istkaufmann 157

J

Jugend- und Auszubildendenvertretung 93
Jugendarbeitsschutz 101 f.
juristische Person 189, 201 f.

K

Kannkaufmann 157
Kapital (Begriff) 24
Kapitalbildung 24 f.
Kapitaleinlage
– AG 205
– GmbH 189 ff.
– KG 182
– OHG 171
kapitalgedecktes Altersvorsorge-
vermögen 106
kapitalgedecktes Altersvorsorgevermögen
(Fußnote 2) 106
Kapitalgesellschaft 163, 189 f., 201
Kartell (Fußnote 1) 86
Käufermarkt 38
Kaufkraft 14
Kaufmann 157
Kaufmann kraft Rechtsform 157
Kinderzulage 106
kleine Aktiengesellschaft 204
Klimapolitik 115
Kollektivbedürfnisse 12
Kollektivismus 72
Kommanditgesellschaft (KG) 180 ff.
Kommanditist 180 ff., 196
Komplementär 180 f., 196
Komplementärgüter (Fußnote 3) 31
konstitutiv 157, 169, 191, 202
Konsum 65
Konsumentenrente 41 f.
Konsumfreiheit 74
Konsumgüter 16
Konsumverzicht 24
Kontrollrecht
– KG 182
– OHG 172
Konzentration 84
Konzerne (Fußnote 1) 86
Kooperation 56, 84
Kooperationsstrategie 56
Kosten 34
Kostenminimierung 18
kritische Punkte 51
Kulturbedürfnisse 11
Kundenanalyse 124 f.
Kündigungsrecht
– Kommanditist 183
– OHG-Gesellschafter 173
Kyoto-Protokoll 115

L

laterale Zusammenschlüsse 85
Lenkungsfunktion 60
Lohn- und Gehaltstarifvertrag 91

Luftverschmutzung 111
Luxusbedürfnisse 11

M

magisches Dreieck 114
magisches Dreieck der Nachhaltigkeit 113
Managerunternehmer 163
Manteltarifvertrag 91
Markt 29 f.
Marktanalyse 121
Marktangebot 36
Marktaustrittsbarrieren 123
Marktbeherrschung 88
Markteintrittsschranken 123
Marktformen 37
Marktführer 123
Marktmacht 38
Marktmodell 29
Marktnachfrage 33
Marktpositionierung 122 ff.
Marktwirtschaft 69, 72 f.
Maximalprinzip 17
Mengenpolitik 50
Mini-GmbH 195
Minimalprinzip 17
Missbrauch 88
Missbrauchsaufsicht 87 f.
Mitbestimmung 94
– nach Betriebsverfassungsgesetz 93
Mitbestimmungsrecht (Betriebsrat) 95
Mitläufer 123 f.
Mitwirkungsrecht (Betriebsrat) 95
Monopol 38, 50
monopolistischer Markt 30
monopolistischer Preisspielraum 55
Monopolpreisbildung 50 f.
Musterprotokoll 191
Mutterschutzgesetz 100

N

Nachfrage (Begriff) 14
Nachfrageelastizität 52
Nachfragekurve 32
Nachfragelücke 43
Nachfragemonopol 38, 50
Nachfrageoligopol 38
Nachfragerrente 41 f.
Nachfrageverhalten 31 ff.
Nachfrageverschiebung 33
nachhaltiges Wirtschaften 112 f.
Nachhaltigkeit 112
Nachschusspflicht 193
Natur 21 f.
Nennbetragsaktie 202
nicht organisierter Markt 30
Nichtkaufmann 156

Nischenbesetzer 124
normale Gesamtnachfrage 33
normale Nachfrage 32
normales Gesamtangebot 36
Nutzengewinn 41
Nutzenmaximierung 17, 29
Nutzenschwelle 126 f.

O

offene Handelsgesellschaft 170 f.
offene Handelsgesellschaft (OHG) 168 f.
offener Markt 30
öffentliche Beglaubigung 158
öffentlicher Glaube 158
ökologische Ziele 115, 131
ökologisch-soziale Marktwirtschaft 110 ff.
ökonomische Ziele 115, 131
ökonomisches Prinzip 16 f.
Oligopol 38, 54
oligopolistischer Markt 30
Ordnungspolitik 75, 86
organisierter Markt 30
originäre Produktionsfaktoren 21

P

Personenfirma 159
Personengesellschaft 163, 168, 180
persönliche Freiheitsrechte 74 f.
Pflichtangaben (auf Geschäftsbriefen)
    (Fußnote 2) 160
Pflichtversicherung 105
Politik zur Absicherung von Arbeitsrisiken 98
polypolistischer Markt 30
Präferenz 39
Preis-Absatz-Kurve 50, 55
Preisbildung 39
– bei vollständiger Konkurrenz 39 ff.
– des Angebotsmonopols 50 ff.
– des Angebotsoligopols 54 f.
Preisdifferenzierung 53
Preisdiskriminierung 53
Preiselastizität der Nachfrage (Fußnote 1) 52
Preisgesetze 44 f.
Preismechanismus 43 f.
Preisobergrenze 55
Preispolitik 50
Preisuntergrenze 35, 54 f.
Prinzip der geringstmöglichen Umwelt-
    belastung 18
private Altersvorsorge 106
Privatentnahme 173, 183
Produktionsfaktor 21 ff.
Produktionsgüter 16
Produzentenrente 41 f.

Q

qualifizierte Mehrheit (Fußnote 1)   206

R

Rahmentarifvertrag   91
Raumordnungspolitik   145
Rechte   16
Rechtsform der Unternehmen   132
Rechtsformzusätze   160
relevanter Markt   122
Risikohaftung   183, 194, 205

S

Sachfirmen   159
Sachgründung   202
Sachgüter   16
Satzung   191 f., 202
Selbstkosten   35
Selbststeuerungsmechanismus des
    Marktes   29
Selbstverwirklichung (Bedürfnis nach)   13
Shareholder-Konzept   220 f.
Sicherheitsbeauftragte   100
Sicherheitsbedürfnisse   13
Signalfunktion   60
Solidaritätsprinzip   105
sonstige sozialpolitische Maßnahmen   98
soziale Bedürfnisse   13
soziale Bindung des Eigentums   76
soziale Marktwirtschaft   70 ff.
soziale Ziele   131
soziales Netz   80 f.
Sozialgeld   108
Sozialgesetzbuch   100
Sozialordnung   98
Sozialpartner   90
Sozialversicherung   104 ff.
Sparen   24 f., 65
Sperrminorität (Fußnote 1)   206
Stakeholder   216 ff., 221
Stammeinlage   190
Stammkapital   190
Standardgründung (GmbH)   191
Standort   143
Standortanalyse   122
Standortfaktoren   22, 143 ff.
Stärken-Schwächen-Analyse   149 ff.
Steuerbelastung   81
Streik   92
Stückaktie   202
Substitutionsgüter (Fußnote 2)   31
Subventionen   145
superiore Güter   33
sustainable development   112
SWOT-Analyse   149 ff.

T

Tantieme   204
Tarifautonomie   90
Tariffähigkeit   90
Tariföffnungsklausel   91
Tarifvertrag   90 ff.
Tarifvertragsparteien   90
technische Arbeitsmittel   102
Trusts (Fußnote 2)   86

U

überwachungsbedürftige Anlagen   102
UG (haftungsbeschränkt)   195
Umsatzmaximum   52
Umweltbelastung   82, 111
Umweltschutz   145 ff.
Umweltschutzgesetze   75
unelastische Nachfrage (Fußnote 1)   52
Unternehmensverfassung   93
Unternehmensziele   130, 131
Unternehmenszusammenschlüsse   83 ff.
Unternehmergesellschaft (haftungsbe-
    schränkt)   195
unvollkommener Markt   30, 38 f.
unvollkommenes Angebotsmonopol   53 f.
unvollkommenes Monopol   53

V

variable Kosten   34, 127
Verbraucherprodukte   103
Verdrängungswettbewerb   56
Vereinigungsfreiheit   76
Verkäufermarkt   38
Verlustbeteiligung
    – KG   182
    – OHG   172
    – Einzelunternehmen   165
Versorgungsstaat   72
Verteilungspolitik   98
vertikaler Zusammenschluss   85
Vertragsfreiheit   74
Vertretung
    – Aktiengesellschaft   203
    – Einzelunternehmung   165
    – GmbH   191
    – GmbH & Co. KG   197
    – KG   181, 183
    – OHG   175
Vetorecht   172
vollkommen polypolistischer Markt   40
vollkommener Markt   30, 38 f.
vollkommenes Angebotsmonopol   50
vollkommenes Polypol (Fußnote 1)   39
vollständige Konkurrenz   39
Vorstand   203 f.

W

Wettbewerberanalyse   125f., 149ff.
Wettbewerbspolitik   86
Wettbewerbsverbot   171, 183, 203
Widerspruchsrecht   183
Wirtschaften   17
wirtschaftliche Güter   16
wirtschaftliches Handeln   16
Wirtschaftsethik   80
Wirtschaftskreislauf   62ff.

Wirtschaftsordnung   70, 72
Wirtschaftswachstum   76

Z

Zentralverwaltungswirtschaft   69, 72f.
Zielharmonie   114, 132
Zielkonflikt   115, 132
Zielmarkt   122
Zukunftsgüter   16
zweiseitiges Monopol   38